KERRVILLE DAILY TIMES
OBITUARY BOOKS
1986-2000
MASTER INDEX

GLORIA CLIFTON DOZIER

HERITAGE BOOKS
2006

HERITAGE BOOKS
AN IMPRINT OF HERITAGE BOOKS, INC.

Books, CDs, and more—Worldwide

For our listing of thousands of titles see our website at
www.HeritageBooks.com

Published 2006 by
HERITAGE BOOKS, INC.
Publishing Division
65 East Main Street
Westminster, Maryland 21157-5026

Copyright © 2005 Gloria Clifton Dozier

Other books by the author:
Kerr County, Texas Birth Records
Kerr County, Texas Death Records, 1903-1960
Kerr County, Texas Land Records, 1837-1927
Kerrville Daily Times *Obituary Index, 1925-April 30, 1979*
Kerrville Mountain Sun *and* Kerrville Advance *Obituary and Death Notice Index, 1898-1965*

All rights reserved. No part of this book may be reproduced or transmitted in any form or by any means, electronic or mechanical, including photocopying, recording or by any information storage and retrieval system without written permission from the author, except for the inclusion of brief quotations in a review.

International Standard Book Number: 978-0-7884-3563-9

Foreword

This is the master index of the obituaries which appeared in the Kerrville Daily Times from 1986 through the year 2000. The actual obituaries may be found in a series of book, by year, that were compiled by Gloria Clifton Dozier and are found in the archives of the Kerrville Genealogical Society, Inc. which is based at the Kerrville History Center, 425 Water Street, Kerrville, Texas 78028.

Since Kerrville is the site of a Veterans' Administration Hospital and a State Hospital, plus being a large retirement community, these obituaries cover information on people from all over the United States.

Gloria Clifton Dozier
September 2004

Table of Contents

Alphabet	Page
A	1
B	12
C	44
D	69
E	85
F	93
G	106
H	124
I	152
J	154
K	164
L	178
M	195
N	230
O	237
P	241
Q	259
R	260
S	280
T	314
U	326
V	327
W	331
X	356
Y	356
Z	357

Name	Page	Year
Aaron, Douglas E.	109, 113	1993
Abbott, Edith S.	16, 19	1990
Abbott, Kathryn	36	1988
Abbott, Ruby	225, 226	1991
Abel, Bill D. (Sr.)	185, 186	1988
Abel, Dorothy Jo Ann	179	1998
Abel, Oliver J.	25, 27	1990
Abercrombie, Joe D.	125, 126	1991
Abernathy, Evelin	402	1994
Abernathy, Leaner May	322	1998
Abete, Alberto	257, 261	1995
Abraham, Margaret Collazo	424	2000
Abrahams, Otis A.	245, 246, 247	1993
Abrencia, Helen R.	43	2000
Abrescia, Nicholas L.	186	1989
Abshier, Laura G	248, 249	1986
Abshier, William R.	87, 90	1989
Aceto, Angelo	57, 59	1996
Acevedo, Lucio R.	246	1994
Acker, Betty	99	1997
Acker, Earl	371	1997
Acker, Gloria Ellen D'Avy	411	1997
Ackert, James H.	270, 274	1996
Acosta, Jesus	310	1992
Acosta, Jose	102	1998
Adair, Florence	344, 345	1995
Adamietz, Eunice	213, 214	1986
Adamietz, Henry R.	99	1989
Adamik, Franklin A.	228, 229	1987
Adamitz, Felix P.	312, 313	1995
Admitz, Jeanetta	2	2000
Adamitz, John J. (Sr.)	211, 212	1993
Adams, Amy Lee	167	1986
Adams, Archie Walter	72	1996
Adams, Benjamin F. (Sr.)	99	1989
Adams, Charles	296	1991

Name	Page	Year
Adams, David L.	121	1991
Adams, David N.	346	1994
Adams, Dorothea R.	194	1998
Adams, Edna	82, 83	1992
Adams, Elaine	114, 117	1993
Adams, Henry M. (Sr.)	168, 169	1987
Adams, Joe W.	198	1990
Adams, Laura	352	1992
Adams, Lorena H.	384, 386	1998
Adams, Louis Carroll	331, 332	1993
Adams, Lucille E.	22, 23	1996
Adams, Marian I. Wightman	409	1997
Adams, Mary Ella	112	1992
Adams, Mina Q.	67, 69	1986
Adams, Neely Tomlinson	78	1993
Adams, Nellie	77	1993
Adams. Nolan (Bumper)	267	1999
Adams, Richard	116, 118	1994
Adams, Richard E.	125, 128	1987
Adams, Robert B.	119, 121	1989
Adams, Stanly	243	1991
Adams, Travis E. (Tex)	285, 287	1994
Adams, William F.	287, 289	1995
Adamson, Barbara	128	1995
Adcock, Dave E.	241	1995
Adcock, Ola H.	6, 7	1986
Adkins, Hobert D.	98, 204	1992
Adkins, L. Roger	221	1994
Adkins, May R.	31	1986
Adkisson, Sam	76	1994
Admire, Gay	172	1992
Adolph, Helen	166	1993
Age, Juan C.	67	1986
Agreda, Fidel	54, 55	1996
Aguero, Joe (Jose) B.	68, 69	1992
Aguero, Juan M,	7, 10	1995

Name	Page	Year
Aguero, Maria C.	204, 205	1991
Aguero, Pedro E.	67	1986
Aguilar, Marciano R.	109	1989
Aguilar, Maria Isabel	357, 359	1998
Aguilar, Natividad	1	1991
Aguilar, Roberta Rubio	292	1991
Aguilar, Vincente (Jr.)	316, 317	1993
Aguirre, Manuel	269	1999
Aguirre, Manuel (Jr.)	158, 160	1997
Aguirre, Margarito	138, 139	1988
Ahern, Ruth S.	283	1995
Ahner, David J. (Dr.)	197	1996
Ahr, Helen	100, 105	1996
Ahr, Rosa Josephine	326, 328	1993
Ahr, Theresa	122, 123	1989
Ahrens, Arno H.	397	1996
Ahrens, Erwin	16, 19	1989
Ahrens, Guenther H.	272	1990
Ahrens, Leola E.	223	1993
Ahrens, Sylvester E.	333	1993
Ahring, Benny Jean	378	1999
Airheart, Lisa C.	195, 197, 198, 208	1996
Airheart, Louis W.	111, 112	1986
Ajjan, Louis	20, 21	1995
Akers, Mary H.	181, 182	1989
Akin, Marvin M.	249, 250	1991
Akin, Olga Gwendolyn	87	1999
Aklwicz, Henry G.	264, 265	1989
Alan, James V.	205	1994
Alanis, Daniel C.	101, 102	1986
Albe, Otha	17, 18	1987
Albe, Wright (Doc)	206, 207	1996
Albert, Eida Louisa	58	1987
Albert, Ruby N. K.	232, 233	1988
Alberthal, Erwin A.	281	1990
Alberthal, Leroy A.	102, 103	1989

Name	Page	Year
Albertson, Raymond David	11, 12	1993
Albrecht, Bodo	121	1992
Albrecht, Cassie Taylor	326	1999
Albrecht, Elsie Meurer	51	1987
Albrecht, Robert A.	69, 72	1989
Albrecht, Victor	279	1996
Albrecht, William	263, 264	1997
Albrecht, Willie O.	38, 40	1994
Albright, Raymond W. (Jr.)	109, 111	1996
Albritton, George W.	256	1992
Albritton, Grace Andrews	123	1989
Alcorn, James A.	220	1990
Alcorta, David O.	51	1998
Alcorta, Henrietta A.	105, 108, 109	1996
Alcorta, Hillario	87, 88	1986
Alden, Rita	86	1997
Alden, Robert	226	1986
Alderdice, Meta Real	231	1993
Aldis, Barney V.	201	1995
Aldous, Corriene A.	137	1988
Aldrich, Julia	174	1998
Aldridge, Arthur L.	389	1996
Aldridge, Lucille B.	189, 190	1987
Aldridge, William (Jr.)	191, 193	1990
Aleman, Dionicio (Sr.)	55, 60	1992
Aleman, Maria E.	224	1986
Aleman, Tomasa	7	1991
Alexander, Conrad C.	211, 215	1996
Alexander, Cy C.	186	1995
Alexander, Dorothy	32	1996
Alexander, Edward L.	221, 222	1992
Alexander Francis Lee	290	1996
Alexander, John E. (Red)	130	1990
Alexander, John Nathan	136, 138	2000
Alexander, Ray E.	221	1987
Alexander, Roxy Lee	132, 134	2000

Name	Page	Year
Alexander, Theodor W.	284	1994
Alexander, Thomas Edward	20, 21	1993
Alexander, Wayne	136	1989
Alexander, Woodrow E.	413, 415	1999
Alford, Zula T.	174, 175	1992
Alkek, Albert B.	81, 83	1995
Allan, Norma M.	282, 283	1995
Allen, David Lee	231, 233, 242	1999
Allen, Eleanor Stevens	276, 278	1999
Allen, Florence	217, 219	1992
Allen, Gary L.	97	1991
Allen, Charles Robert (Dr.)	192	2000
Allen, Grady D	244, 253	1999
Allen, Hazel	8, 9	1986
Allen, Herschel Paul	372	1999
Allen, J. Vic	207	1994
Allen, James R.	336	1997
Allen, Joe C.	288	1996
Allen, Julia M.	157	1986
Allen, Lee M.	8, 11	1990
Allen, Marva	32, 34	1992
Allen, Mozella	37, 41	1988
Allen, Myrtle	289, 292	1990
Allen, Roy B.	167	1986
Allen, Tina	201	1988
Allen, Virginia	153, 154	1997
Allen, Zoe M.	219, 220	1992
Allerkamp, Mrs. Arthur	85	1987
Allerkamp, Eddie George	274	1997
Allison, Charles Bailey	58, 59	1988
Allison, Helen E.	169	1989
Allison, Irene Mc Clellan	312, 313, 315	1996
Allison, Lee F.	274, 276	1989
Allison, William T.	184	1990
Allred, Edilee	195, 197	1996
Allsup, Alven F.	329	1991

Name	Page	Year
Allsup, Alven F. (Sr.)	1	1992
Allsup, Louie C.	201, 203	1993
Alpuero, Dennis R.	31	1996
Alson, M. L.	168, 169	1991
Alspaw, Marion R.	132, 135	1996
Alston, Shannon Trae	253	2000
Althaus, Betty	120	1989
Althoff, Gerhardt F.	285, 289	1991
Altom, Cecil E.	142	1991
Alva, Enrique (Jr,)	245	1992
Alvarado, Anastacio	245	2000
Alvarado, Concepcion R.	221, 222	1986
Alvarado, Melchor R.	315, 316	1993
Alvarado, Santos R.	145, 146	1986
Alvarez, Consuelo Ramirez	369, 372	1999
Alvarez, Felix	315	1995
Alvarez, Meliton (Jr.)	197	1997
Alvarez, Reyes Preiado	369, 372	1999
Alverado, Frances Duckworth	247, 249, 251	1996
Alverez, Isabel	381, 382	1996
Alvis, James Chester	115	1998
Amann, Laure H.	350	1992
Amann, Sue P.	87, 88, 89	1989
Amans, Peggy B.	117, 118	1995
Amberg, Nancy Ann	388, 391	1998
Ambrose, C. W. (Jr.)	16, 20	1989
Amerman, A. Earl (Jr.)	3, 4	1997
Amery, Kate	346	1994
Ames, Kirk D.	74, 76	1991
Ames, William L.	367, 372, 379	2000
Amonett, Clyde F.	228	1992
Amos, Estelle Ford	58	1994
Amos, James A.	51, 57	1994
Anderegg, Gilbert M.	118	1988
Anders, Allen C.	180, 181	1988
Anders, Donald D.	185, 186, 187	1986

Name	Page	Year
Anderson, Alice M.	26, 27	1989
Anderson, Andrew	361, 374, 377	1997
Anderson, Arthur	213, 217	1987
Anderson, Autie M.	85	1987
Anderson, Bernice	103, 105	1991
Anderson, Billy D.	117, 119	1998
Anderson, Buelah Irene	386	1996
Anderson, Charles M.	69	1987
Anderson, Denise (Denease)	151, 152	1988
Anderson, Don (Sr.)	16, 20	1989
Anderson, Donald M.	380	1998
Anderson, Dora E.	136, 137	1987
Anderson, Doris L.	279, 282	1999
Anderson, Dorothy	337	1993
Anderson, E. Malcolm (Jr.) (Tex)	334	1999
Anderson, Earl F.	384, 385	1999
Anderson, Earl W.	237	1996
Anderson, Edna Erle	385	1999
Anderson, Emily C.	119, 125	1995
Anderson, Evelyn	104	1987
Anderson, Evelyn L.	129	1987
Anderson, Florrie C.	138, 140	1996
Anderson, Georgia Lynn	38, 39	1997
Anderson, Gerald W.	390	1997
Anderson, Gertrude	197, 198	1986
Anderson, Helen V.	162	1997
Anderson, Henry L.	156, 161, 164	1992
Anderson, James R.	249, 251	1988
Anderson, Jennie B.	4	1986
Anderson, Jesse C.	74	1999
Anderson, Jo Evelyn	198	1998
Anderson, Lola	114, 116	1986
Anderson, Lola M.	91, 93	1987
Anderson, Lucille Mickey	338, 339	1998
Anderson, Margaret E.	236	1992
Anderson, Marie E.	284, 287	1987

Name	Page	Year
Anderson, Marvel B.	82, 84	1988
Anderson, Mary E.	114, 115	1995
Anderson, Mary K.	105, 108	1987
Anderson, Mary L.	63, 66	2000
Anderson, Myra Dean	305	1998
Anderson, Pearl C.	98	1999
Anderson, Peter	336, 337	1999
Anderson, Robert	412	2000
Anderson, Robert Glenn	300	1998
Anderson, Ruth	60	1993
Anderson, Vivian O.	113, 114	1994
Anderson, Warren E.	219, 222	1995
Anderson, Wilhelmina	83	1996
Anderson, William B.	61	1988
Anderwald, Frank R.	46, 47	1993
Anderwald, Mary Helen	100	2000
Anderwald, Hazel B.	101, 102	1987
Andreas, Timothy Wayne	33, 34	1989
Andreas, Tom Hartman (Dickie)	288	1989
Andres, Carrie A.	327	1995
Andrews, Albert (Lee)	99	1993
Andrews, Ima W.	252, 255, 256	1988
Andrews, Katherin J.	114	1994
Andrews, Mary A.	116, 118	1987
Andrews, Raymond E.	27, 30	1995
Andrews, Wayne Reese	259	1991
Andaruss, Taylor S.	259, 261	1992
Andrus, Cleveland	158, 161	1998
Angell, William Thompson	25	1998
Ansel, Sture A.	179, 181	1986
Anthony, Fred M.	116	1994
Anthony, Trixie Jeanne	78, 79	1999
Antony, Marie L.	130	1991
Apelt, Nora E.	214	1991
Appelt, Mrs. Weldon F.	217	1988
Apple, Jeanne Matteson	103	2000

Name	Page	Year
Apple, Julie L.	292	1990
Applleby, Shirley	311, 314	1997
Apts, L. B. (Al)	226, 227	1995
Apts, Ruth	207, 211	1999
Araiza, Jesus	349	1994
Arbaugh, Robert E.	301	1994
Archer, Cecil	284, 285	1994
Archer, Elizabeth B.	361, 363	1998
Archer, Girvace	427	1995
Archer, Girvace W.	3	1996
Archer, Leona G.	300, 303	2000
Archer, Michael M.	300, 303	2000
Archer, Phillip Raymond	234, 235	1999
Archibald, Donald L.	306, 308	1991
Archibald, Edith	107, 108	1999
Archibald, Fontella B.	249, 251	1986
Architect, Louis H.	424, 426	1995
Architect, Mildred	187, 189	1993
Ard, George	199, 200	1994
Arens, Robert W.	347	1997
Arevalo, Marina	169, 170	1988
Arheleger, Mrs. Otto	217	1987
Arhelger, Billie Jean	61	1993
Arhelger, E. L.	370	1993
Arhelger, Glenn A. (Red)	207, 208	1998
Arhelger, John W.	136, 137	1996
Arlitt, Hugo	15	1996
Arlitt, William (Sr.)	105	1987
Armelin, Percy	58, 58, 60	1986
Armendaris, Sergio	177	1991
Armstrong, Bonnal	318	1997
Armstrong, Minnie M.	163	1986
Armstrong, Sam M.	361	1997
Armstrong, Stephen B.	262, 265	1987
Armstrong, Viola T.	29, 32	1997
Arnecke, Bernice	33, 35	1999

Name	Page	Year
Arnecke, Charles O. (Sr.)	179	1989
Arnecke, Henry	291	1987
Arnecke, William F.	71	1991
Arizola, Eduardo C.	229, 234	1992
Arizola, Valeria B.	23, 234	1993
Armelin, Danny	169, 171	1995
Armendarez, Kathea Dawn	275	1994
Armstrong, John H.	366, 368, 370	1995
Armstrong, Lorraine	124	1993
Arnold, Bill A.	40	1989
Arnold, Carl C. (Bill)	309, 311	1992
Arnold, Charles H.	5	1998
Arnold, Doris	308, 310	1991
Arnold, Gertrude	19b	1986
Arnold, Itley A.	29, 30	1986
Arnold, James R.	137	1990
Arnold, Margaret A.	265	1997
Arnold, Melton F.	122	1994
Arnold, Thelma L.	160	1993
Arnot, Adrienne	95, 97	1992
Arntfield, Billy Ed	131, 132, 133	1990
Arny, David (Sr.)	101, 102	1999
Arny, Edwin W. (Jr.)	74, 77	1996
Arny, Virginia	319	1996
Aronson, Viggo	67, 68	1998
Arrasmith, Oscar F.	140, 141	1992
Arredondo, Elvira V.	111, 112	1996
Arredondo, Eugene	237	1992
Arredondo, Jerry Lynn	306	1991
Arredondo, Juan	205	1994
Arredondo, Raul	358, 360	2000
Arreola, Asuncion Martinez	372	1996
Arto, Martha W.	392	1998
Arvin, Edmond T. (Red)	238	1994
Arzave, Diana O.	253	1991
Ash, Rosalie	67	1988

Name	Page	Year
Ashbrook, Ruby L.	158, 159	1999
Ashbrook, William A.	260, 262	1990
Ashcroft, Izora I (Ikey)	132	1996
Asher, Marguerite	30	1996
Ashford, Irene S.	186, 187	1996
Ashford, Theodore F.	277, 288	1989
Ashley, J. Edward	236, 240	1988
Ashley, Richard Middleton	367	1998
Ashley, Robert	59, 60	1997
Ashton, Berniece	131	1993
Ashworth, Alyne M.	63	1987
Assereto, Melinda Gunter	90, 91	1994
Atessis, James W.	81	1997
Atkins, Jacqueline	240, 243	1997
Atkins, James E.	144, 145	1995
Atkins, Jay E.	82	1986
Atkins, Mabry F.	219, 220	1990
Atkins, Naomi	249, 253	1995
Atkins, Nelda Faye Welch	413	2000
Atkinson, Bess	22	1992
Atkinson, Harriet	94	1997
Atkinson, M. Burwin	254, 259	1994
Atnip, Helen N.	266, 268	1992
Atwater, Madine	63, 65	1996
Atwell, James F.	119, 120	1994
Atwell, Robert L.	300, 302	1991
Auld, Helene	356	1997
Auld, Ona Spillman	130	1998
Ault, Herbert E.	162, 163	1991
Austin, Carolyn Ann	278	1997
Austin, Eddie H.	248	1992
Austin, Jack L.	381	1994
Austin, Maurice L.	182, 183, 184	1987
Autery, Alexine (Peggy)	114, 115	1988
Autry, Catherine T.	55, 58	1995
Autry, Clarence D.	257	1998

Name	Page	Year
Autry, Etta	213	1999
Avallone, Mark	300	2000
Avalos, Sergio M.	241	1991
Avara, Guy E.	203, 205	1993
Avery, Edward J.	160	1992
Avila, Aurora	281	1994
Avila, Maria J.	166	1986
Ayala, Ada	210	1999
Ayala, Armando C. (Sr.)	282	1989
Ayala, Emma	12	2000
Ayala, Juanita	45, 47	1997
Ayala, Maria G.	157	1986
Ayala, Raynaldo C.	14	1997
Ayala, Rudolph R.	76	1989
Ayala, Sanrana B	236	1986
Ayala, Yolanda	342, 343	1996
Aycock, Jack N.	292	1990
Ayers, Frances V.	12	2000
Ayub, George	154, 158	1992
Azcona, Oralia	91, 93	1996

B

Name	Page	Year
Babb, Mattie	249	1994
Babb, William L.	326, 327	1992
Babcock, Thelma J.	101	1995
Babecki, John C.	124, 125	1988
Baber, Clara Louise	192	1997
Baccus, Charles H (Doc)	380, 381	1996
Baccus, Jessie L.	114, 116	1998
Baccus, Mary E.	347	1992
Bachrach, Mary E.	178	1989
Bacilieri, Bertha	237	2000
Bacon, Joe	94	1988
Bacot, David J.	344	1994

Name	Page	Year
Baethge, Felix W.	243	1993
Bagby, Donald E.	173	1999
Bagwell, Clyde E.	34, 36	1987
Bagwell, Freda Kay	146	2000
Bailey, Clara	46	1999
Bailey, Charles R.	221	1986
Bailey, Dama	49	1999
Bailey, Dessie	208, 209	1986
Bailey, Dorothy (Mrs. E. I.)	131	1992
Bailey, Edmond T. (Bill)	262	1998
Bailey, Elliot E.	120, 121	1986
Bailey, E. R.	188, 189	1989
Bailey, Ethel Bird	127, 130	1994
Bailey, Everett	202	1992
Bailey, James C.	397, 402	1996
Bailey, Haskell B.	228, 231	1994
Bailey, Jane Drake	99	2000
Bailey, Lois E.	122	1990
Bailey, Marie M.	180	1991
Bailey, Myrtis P.	84	2000
Bailey, Pearl T.	177	1987
Bailey, Robert L.	286, 287	1995
Bailey, Ross, N.	357	1996
Bain, Cecil	218, 222	1994
Bain, Essie O.	23	1996
Bain, Frances B.	213, 214	1993
Bain, Florence Crow	126, 127	1996
Baird, Walter F.	109, 112	1996
Baker, Alfred R.	60, 61	1993
Baker, Boyd L.	202	1990
Baker, Cleo M.	359	1998
Baker, Corinne S.	232	1990
Baker, Deedie Wells	5	1997
Baker, Edwin T.	360	1999
Baker, Hattie E.	277	1996
Baker, Helen	161, 163	1997

Name	Page	Year
Baker, Henry J.	167	1986
Baker, Isa P.	126	1988
Baker, Jaclyn Crystal	369, 371, 373	1996
Baker, James R.	355	1996
Baker, Jesse A.	234, 236	1987
Baker, Jesse I.	131, 132	1987
Baker, Jessie M.	133	1991
Baker, Kassidy Lynn	105	1999
Baker, Kenneth M. (Sr.)	178	1988
Baker, Lila	32	1998
Baker, La Rue	340	1996
Baker, Luetta T.	244	1996
Baker, Mary E.	300, 301	1992
Baker, Patrick James	267	1995
Baker, Royce E.	161	1991
Baker, Sidney J.	365, 367	1993
Baker, Susan Vada	276	1996
Baker, Tracy Marie	1	1999
Baker, Una R.	54, 57	1997
Baker, Van N.	113, 114	1995
Baker, Vaulter, F. (Frank)	79	1991
Baker, William A.	320	1993
Baker, William F.	305, 306	1996
Balanis, Nicholas J.	32	1997
Balcom, Barrie T.	171	1990
Baldock, Nola M.	326, 327	1991
Baldridge, Lillie M.	153	1991
Baldridge, May G.	164, 165	1992
Baldwin, Fannie M. (Nan)	206	1990
Baldwin, George W (Jr.)	347, 348	1995
Baldwin, John D.	200, 201	1989
Baldwin, Cecil C.	109	1987
Baldwin, Nora G.	365	1999
Baldwin, Owen Wilkes	260, 261	1996
Baldwin, Roxie	178	1986
Baldwin, Ruth L.	363, 364	1997

Name	Page	Year
Baley, Layton W.	89	1987
Balhorn, Ernest L.	10	1992
Baliff, E. S. (Ernie)	8	1990
Ball, Aram R.	156, 159, 160	1989
Ball, Boyd	102	1996
Ball, James B. (?Boyd?)	100	1996
Ball, Nelson	170	1993
Ball, Ryan A.	32	1992
Ballard, Amy M.	97, 98	1987
Ballard, Charoline	152, 153	1987
Ballard, Elizabeth F.	101, 104	1992
Ballard, Kermit H.	210	1999
Ballard, Norval	296, 297	1993
Ballard, Rennie Field	177	1996
Ballard, Sophie E.	412, 413	2000
Ballard, Virginia	37	1986
Ballard, William D.	302	1998
Ballenger, May Dell	34	1987
Balmos. Michael Edward	119	1992
Balser, Clifford	12	1995
Balser, Hortense	140	1991
Bandelean, Leroy	53, 54	1986
Bandelean, Lorna B.	246, 247	1990
Banister, III, John R.	25	1993
Banks, Dorothy E.	131, 145	1998
Banks, James	296	1993
Banks, Mariam	350	1997
Banks, Vincent A.	143, 145	1999
Banks, Wreatha A.	190, 192	1996
Bankston, Chris	17	1989
Banning, Larry M.	208	1997
Bannister, Archie D.	118, 121	1988
Bannister, Christine	289, 292	1992
Bannon, Frank William	37	1989
Banta, Brook W.	90	1988
Banta, Gladys Ray Tobey	32, 35	1998

Name	Page	Year
Banta, Hilton	28	1993
Baquet, Earl L.	276	1993
Barackey, Dennis R.	69, 73	1995
Barbee, Jerry	95	2000
Barbee, Terrance R.	121	1987
Barber, Carl E.	118	1992
Barber, Mary L.	149, 150	1990
Barber, Thylma Sutherland Walker	266	1995
Barber, Walter	193	1994
Barclay, T. S.	2	2000
Barden, Myrtle Marie	83	1999
Barefoot, Nettie M. L.	2	1986
Barfoot, H. Edwin	159, 160	1989
Barger, Mary B.	78, 79	2000
Barham, Bessie	387	1995
Barin, Dustin David	387	1997
Barin, Gabriel	58	1995
Barker, A. B.	316	1997
Barker, Bobbie J.	352, 355	1994
Barker, Jake M.	217	1988
Barker, Lewis	206, 208	1995
Barker, Marlis C.	301	1994
Barker, Nacy J. Jackson	445	2000
Barker, Olive	16, 18a	1986
Barker, Wilburn	234, 235	1986
Barlow, Arvil B.	289	1990
Barlow, Tessa V.	215, 216	1988
Barnes, Ara	46, 49	1999
Barnes, Dudley	267	1996
Barnes, Evelyn H.	269, 272	1992
Barnes, Gloria J.	141	1992
Barnes, Grace Evelyn	169	1999
Barnes, Hallie	179	1991
Barnes, J. C.	205, 207	1993
Barnes, John T.	363	2000
Barnes, Josephine W.	17	1989

Name	Page	Year
Barnes, Mabel P.	176, 177	1998
Barnes, Mary Jane Drake (Schotzie)	418, 420	2000
Barnes, Richard	231, 233	1999
Barnes, Tessie M. (Tressie)	106, 108	1988
Barnes, Willard J.	278	1997
Barnett, Dorothy L.	306, 307	1990
Barnett, Harry	4	2000
Barnett, Peter J.	386, 389	1996
Barnett, William Carroll	350	2000
Barnett, William W. (Jr.)	199, 200	1988
Barnett, Willie Mae Sharpe	25	2000
Barnhart, Daniel (Bill)	196, 198	1993
Barnhart, M. Laune	43	1991
Barnhill, Jean Miller	69	1993
Baron, Bertha Henneke	203	1989
Baron, John L.	203	1989
Barone, Martin John	357	1998
Barr, Audrey Mae	183, 184	1986
Barr, Edgar A. (Pops)	275, 277, 278	1997
Barremore, Ester	102, 105, 107	1998
Barrier, Brady Bill	46	1989
Barron, Benny (Jr.)	205	1993
Barron, James	181	1986
Barron, John Paul	329	1999
Barron, Manuela L.	208, 209	1986
Barron, Richard L.	164	1987
Barrow, Leslie D.	91, 92	1989
Barrow, Ruth	139	1990
Barrow, William E.	125, 126, 127	1996
Barry, Ruth	22	1997
Bartee, Doris H.	22, 23	1986
Bartee, William A.	154, 155	1986
Bartel, Meta	99	1992
Barth, Felicia	167, 169	1992
Bartlett, Jerry Philip	383	1998
Bartoldus, William A.	306, 311	1992

Name	Page	Year
Barton, Catherine	269	1996
Barton, Jack H.	155	1987
Barton, Jesse L.	327, 329	1991
Barton, Lelia B.	22, 24	1994
Barton, Minnie M.	283, 285	1989
Barton, Rhea	181, 183	1992
Barton, Ruby	311	1999
Bartts, Alvin	310	1997
Bartts, James M.	23, 25	1992
Barvosa, Jennette	369, 379	1993
Bascom, James A.	363	1994
Bascom, William Newell	321	2000
Basham, Dallas	285	1997
Basinger, Frances M.	16	1987
Basinger, Harlan L.	128	1989
Baskett, Michael E. (Jim Porter)	40	1994
Bass, Amanda	144, 145, 147	1989
Bass, Betty	381, 382	2000
Bass, Ora P.	323	1999
Bass, Wesley J.	11	2000
Basse, Florent Albert (Jr.)	5	1999
Basse, Leroy	322	1991
Bassham, T. C.	119	1987
Basylis, John M.	294, 295	1992
Batchelor, Gerald W. (Bill)	381, 382	1994
Bates, Charles C.	131	1991
Bate, Dorothy Fullen	296, 297	1993
Bates, Patricia Hill	166, 168	1993
Bates, Sarah K.	326	1998
Batley, Glenn	146, 147	1996
Batley, Willie May	121, 122	1987
Battersby, Lyle	249	1991
Batto, Raymond H. (Sr.)	1, 3	1987
Batts, Clark M.	238, 239	1986
Bauer, Elgin L.	398	1994
Bauer, Emil H.	208	1999

Name	Page	Year
Bauer, Ruby Belle	274	1997
Bauer-Krich, Eliner M.	105	2000
Bauerlein, Clarence O.	67, 68	1988
Baumann, Gwendolyn	336, 339, 340	2000
Baumann, Roy A.	102	1987
Bausch, Hugo	300, 302	1991
Bay, Edith	71	1998
Bayer, Richard Ralph	299, 300	1999
Bayer, Vernon J.	108	1994
Bayless, Donald F.	91, 92	1989
Bayliss, Opal Nash	266	1997
Bayne, William A.	187	1989
Bazan, Aurora A.	9, 13, 14	1994
Bazan, David	207, 208	1991
Bazan, David A. (Jr.)	27, 28	1990
Baze, Gladys	397, 400, 402	2000
Beach, Veola W.	80	1991
Beadles, Sandra L.	176	1988
Beakley, Alice M.	13, 15	1988
Beakley, Carl E.	205, 206	1992
Beakley, Clara	131, 132	1987
Beakley, James F.	310	1992
Beakley, Milton Charles	131	2000
Beal, Helen M.	287	1993
Beal, Katie L.	70	1994
Beall, Daniel E.	212	1989
Beals, Charles R.	274, 279	1993
Bean, Virginia	7, 8	1989
Beard, Derl Lee	137	1998
Beard, Eugene D.	211	1989
Beard, Jack	13	1986
Beard, Joyce Richter	316	1997
Beard, Mabel	26, 28	1994
Beard, Roy J.	230	1990
Bearden, Bobby Ray	176, 177	1986
Bearden, Will	243	299

Name	Page	Year
Beasley, Anna	405	1995
Beasley, Brownie	116, 117	1998
Beasley, Effie M.	4	1992
Beasley, Mary E.	266	1991
Beasley, Sunshine V.	297	1995
Beasley, Willa Mae	343	1993
Beaton, Peggy	297, 299	1995
Beaty, Sylvia E. Mrs. Elmer T.)	112	1986
Beaube, Audrey C.	264, 265	1988
Beauchamp, Walter M.	252, 254	1987
Beaumont, William	134	1993
Beaver, Bonnie	137, 143	1998
Beaver, John B.	134, 135	1994
Beavers, Glen E.	41, 47	1996
Beavers, Mary A.	329, 330	1998
Beavers, Richard C.	283, 285	1997
Beazley, Doris H.	134, 136	1993
Beazley, Louella W.	256	1999
Beck, Alma	383	1995
Beck, Harold R.	74	1992
Beck, Mary Meraid	343, 344	1998
Beck, Patricia	322, 323	1996
Beck, Walter E.	255, 256	1987
Beckendorf, Charles J.	155	1996
Beckendorff, Debbie	23, 27	1994
Becker, Cora Burg	293	1991
Becker, Ellen E.	55	1995
Becker, Vivian Bittel	160	1988
Beckmann, Julia	285	1991
Beckwith, Ardyce J.	110	1993
Beddow, Raymond	149, 153	1997
Bedea, Douglas Dale	120, 121, 124	1995
Bedell, Ivan L.	289, 291	1992
Bedford, Gladys	159, 160	1992
Bedford, William R.	33, 36, 37	1990
Beebe, Cregg O.	264	1988

Name	Page	Year
Beeler, George W. (Dr.)	261	1991
Beerwirth, Minna S.	132	1987
Beeson, Waldo D.	110, 112	1996
Behler, Margaret	87	1999
Behrends, Arno	185	1989
Bekken, Maurice Searle	322	1996
Belcher, James	340	1995
Belcher, Magda G.	202	1988
Bell, Beverly Nash	288	1997
Bell, Frederick H.	181, 182	1986
Bell, Katie B.	52	1999
Bell, Linn Roe	82, 83	1993
Bell, Lona Lea	184	1986
Bell, Marvyn H.	69, 70	1989
Bell, Ruth L.	250, 252	1993
Bell, T. M.	7	1993
Bell, Terry	298, 299	1992
Bell, Warren	93, 95	1989
Bell, William E. (Dr.)	181, 182	1989
Bellomy, Joyce	107	1999
Belluomini, Adolph (Rudy)	232	1992
Bellows, Joseph M.	220	1999
Bemis, Edward L.	201	1994
Benavides, Manuela	123	1990
Benbow, Robert L.	144	1994
Bender, Lawrence W.	77	1996
Benn, Maybelle A.	190	1995
Benner, Earl Lee	104, 105	1997
Benner, Ruby J.	237, 239	1997
Bennett, Angela	319	1996
Bennett, Claudia	172	1999
Bennett, Dudley W. (Woody)	302	1999
Bennett, Edna Mae	26	1986
Bennett, Frances M.	5	1988
Bennett, Gaston	340, 341	1992
Bennett, Harriet L.	128, 131	1992

Name	Page	Year
Bennett, John C.	130	1994
Bennett, Jules E.	53, 54	1998
Bennett, Marin C.	36, 37, 38	1990
Bennett, Paul D.	109	1992
Bennett, Paul O.	112	1992
Bennett, William L.	204	1996
Benning, Geraldine H.	418, 420	1999
Benning, Geraldine Howell (Jeri)	1	2000
Bennitt, Helen S.	76, 77	1991
Benson, Erma	188	1989
Benson, George C.	159, 160, 173, 175	1991
Benson, James A.	187, 190	1993
Benson, Jewell (Sandy)	222	1999
Benson, Johnny L.	258	1996
Benson, Henry (Bo)	265, 266	1992
Benson, Lloyd N.	3	1986
Benson, Mildred P.	318	1998
Benson, Willie M. Fifer	321, 336	1997
Bentley, Ann A.	36	1991
Bentley, Marie D.	11, 13	1990
Bentley, William H.	161, 162	1989
Benton, Francis Buchanan	387, 389	1997
Benton, Martha Markley	322	1998
Benys, Laddie A.	183	1996
Berg, Clara Mae	339	1998
Berg, John W.	59, 87	1991
Berg, Raymond	78, 79	1988
Berge, Ethel	356, 359, 373	1996
Berge, Walton	367, 371	1997
Berger, Mae Bell (Mabel)	85, 86	1987
Bergman, Harry	71	1994
Bergman, Noah	180	1997
Bergman, Norma Boerner	387	1999
Bergman, O. J.	134, 135, 143	1989
Bergner, Hans	280	1993
Bergvall, Edwin	135	1997

Name	Page	Year
Bermudez, Aurelio	199, 200	2000
Bernal, Efrin	154, 155	1995
Berner, Agnes L.	180	1990
Bernhard, Cora M.	187	1993
Bernhard, Gertrude I.	150, 151	1993
Bernhard, Helen	297, 298	1998
Bernhard, Lois B.	229, 230	1996
Bernhard, Marvin Alvin	148, 149	2000
Berrera, Estanislas	175, 176	1989
Berry, Bernice	91	1991
Berry, Everett R. (Bud)	101	1994
Berry, Florine	259, 260	1999
Berry, Gladys E.	186, 188	1990
Berry, Harold L.	24, 27	1989
Berry, Jimmie Ray	193, 194	1989
Berry, Martha L.	109	1986
Berry, Odes Leesa	171	1996
Berry, Reba N.	186	1990
Berry, William E.	46, 48	1988
Berryman, Mary W.	283	1989
Berson, Anita W.	113, 114	2000
Berthe, Nora L.	121, 122	1987
Bertheola, Robert	299	1996
Bertheola, Robert Edward	298, 300	1998
Berthiaume, Harriet Mitchell	418	2000
Beschle, Lois E.	393	2000
Besier, George C.	231	1989
Besier, John A. (Sr.)	78	1991
Besier, John A. (Jr.)	22	1997
Besier, Robert F.	77	1992
Bessent, Kevin L.	195	1997
Bessent, Willard	13	1989
Best, James C.	211	1995
Best, Mildred	93	1996
Best, William Joseph (III)	182	2000
Betcher, Edwin O.	243, 246	1994

Name	Page	Year
Bett, Joe W.	276, 277	1991
Bevers, Bill	68, 69	1988
Beyer, Ewald D.	75	1997
Beyer, Frieda	195	1994
Bialkowski, Joseph Augustine	31	2000
Bibb, Ruby S.	140, 141	1989
Bible, Dorothy G.	39, 42	1995
Bible, Larry A.	205	1997
Bible, Robert N.	230, 231	1998
Bible, Robin C.	11	1993
Bice, Ernestine Stotts	343	1998
Bickerstaff, Paul	249, 251	1988
Bickley, Possie M.	23, 24	1988
Bieberdorff, Edward D.	318	1997
Biediger, Arthur	123	1987
Biehler, Charles L.	108	1989
Biehler, Roy	109	1989
Bielefeldt, Winnie Euline	11	1994
Bien, Joyce R.	56	1989
Biermann, Alvin	264	1990
Biermann, Carl W.	29, 35	1990
Biermann, Dora	135	1995
Biermann, Eddie	213	1991
Biermann, Geraldine	301	1998
Biermann, Katy	206	1995
Biermann, Kurt	300	1992
Bierschwale, Carrol E.	34	1988
Bierschwale, Charles	315, 317	1996
Bierschwale, Cora Lou	332	1998
Bierschwale, John W.	289, 290	1987
Bierschwale, Lesa B.	17	1997
Bierschwale, Lydia Mc Dougall	150	1992
Bierschwale, William	74	1993
Biggs, Lawrence E. (Larry)	288, 289	1993
Biggs, Louise Jeanette	150	1999
Bigham, Frances Elaine	240	1999

Name	Page	Year
Bigley, Evelyn S.	289, 290	1987
Bilbrey, Dee	244, 248	1999
Bill, Catrina	195	1990
Billeiter, Betty	165, 167	1998
Billins, Felix W.	242, 243	1992
Billings, Ashley	166	1999
Billings, Charles L.	51	1999
Billings, Hazel	131	1997
Billings, Irving	223, 225	1994
Billings, Lorene	15, 17	1999
Billings, Ruth	324	2000
Billings, Wesley	99, 101	1992
Billingsley, Michael R.	94	1986
Billingsley, Monroe O.	147, 150	1986
Billingsley, Robert E.	281, 283	1998
Billington, Ann Medlin	94	2000
Bills, Alene M.	140, 141	1988
Bills, Mary	58	1992
Bills, Menzie H.	261	1986
Billy, Steven R.	323	1994
Bingham, John	246	1996
Binstein, Kathryn	287	1993
Biondolilio, Vance	11	1996
Birch, Marion F.	358, 359	1993
Birck, Lucille P.	380, 381	1999
Bird, Don H.	122	1986
Bird, Nicole Amanda	231	1997
Bird, Nina	82, 83	1997
Birdwell, Howard L.	181, 182	1990
Birge, Pauline E.	244, 245	1992
Bischoff, Arnold A. (Whitey)	368	1997
Bischoff, Gunther William	428	1995
Bischoff, Mildred N.	68	1989
Bischoff, Paul	3, 7	1996
Bischoff, Scott A.	26	1991
Bishoff, Emil	32, 37	1990

Name	Page	Year
Bishop, Elvis O.	167, 168	1990
Bishop, J. L.	172	1987
Bishop, Verdo H.	287, 290	1993
Bishop, Willie K.	389, 3909, 398	1997
Bitner, Billie Ray	160	1997
Bitner, Ellen	73	1992
Bitner, Virgil L.	94	2000
Bivens, Irene Holmes	50	1998
Bizzell, Michael	251	1992
Black, Albert G.	273	1989
Black, Etta Jo Bates	3	1987
Black, Emery Paul	54	1987
Black, Florine	360, 361	1994
Black, Fred R.	232	1989
Black, Kyle S.	304, 308	1995
Black, Lois O.	331	1999
Black, Mary Allen	6, 7	1999
Black, Mary E. S.	212	1987
Black, Mary S.	324, 328	1992
Black, Norma Lee M.	162	1987
Black, O. B.	204	1998
Black, Tommie Joe	332	1997
Black, Virginia Brice	181	1997
Blackard, Daniel Paul	389	1999
Blackard, F. L.	122	1989
Blackard, Katherine Lea	3	1995
Blackburn, Alice Ione	229	1997
Blackburn, John R.	319	1996
Blackburn, Judy	40	1999
Blackburn, Louis	197, 199	1987
Blackburn, Marvin (Jr.)	107	1997
Blackburn, Olga M.	36	1999
Blackburn, Thelma	131	1986
Blackburn, Tommie (Smitty)	145	1994
Blackburn, Victor	410	1999
Blackford, Ival	313, 315	1994

Name	Page	Year
Blackledge, Randall	297	1995
Blackshear, Sarah	292	1998
Blackstock, Audrey Lee	124	1997
Blackstock, Clarence E.	368	1997
Blackwell, E. Jane	174	1996
Blackwell, Gladys Olliff	358, 359	1994
Blackwell, Jim	135, 136	1991
Blades, Hazel I.	58, 59	1988
Blaha, Annie Mable	218	1998
Blair, Edna Piper	254	1991
Blair, Fred H.	285, 286	1987
Blair, James W.	421	1995
Blair, Mable Elizabeth	277, 279	1999
Blair, Pearl C.	55, 57	1986
Blake, Forrest R.	314	1993
Blake, Margaret C.	105	1987
Blake, Mary Carol Shook	261	2000
Blakely, Billy J.	159, 160	1989
Blakeley, Earline	258, 259	1986
Blakely, Esther M.	299, 300	1991
Blakeney, Mable E.	51, 53	1988
Blanchard, David S.	302, 306	1999
Blanchard, Leo	363	1995
Blanchard, L. Phillips	197	1990
Blanchett, Leonard D. (Jr.)	108, 109	1993
Blanco, Pete (Sr.)	252, 254	1986
Bland, Emma J.	103	1994
Bland, Hattye L.	26	1992
Blanke, Waldo	319	1994
Blankenship, Kevin	202	1997
Blanks, nnie	214, 217	2000
Blansett, Maryilyn Baker	188, 192	1999
Blanton, Ethel F.	47	1990
Blanton, Delores R.	63	1999
Blanton, Jack	259	1992
Blanton, Pauline Moore	63	1999

Name	Page	Year
Blaschke, Arthur B.	25	1992
Blaschke, Jean	180, 181	1990
Blasko, Mildred Mary Kott	134	1998
Blaycock, Louise F.	274	2000
Bleker, Julius W.	36	1996
Blette, Allie K.	402	1996
Blevins, Charles T,	3	1993
Blevins, Joward (Sr.)	151	2000
Blevins, Loren	314, 316	1996
Blevins, Melinda Robinette	398, 402	1996
Blevins, Melinda Robinette	15, 16	1997
Blevins, Robert	137, 139	1994
Blevins, Ruth	94	1999
Bliss, Imogene Adkins	1	1999
Blizzard, Laura A.	184, 185	1991
Blocker, Joe W.	212	1990
Blocker, Sallie E.	136	2000
Blodgett,Elizabeth K.	197	1991
Blodgett, Mollie A.	120, 122	1993
Bloemer, Don	21	1992
Bloeser, Rite E.	223	1994
Boehler, Gibson R.	88, 90	1994
Blohn, H. Kent	251	1988
Blomgren, Mary M.	366, 372	1995
Bloodworth, Ty	152, 154	1990
Bloss, Madelin	253, 255, 258	1995
Bloss, Richard R.	10, 11	1996
Blount, Mary L.	291, 295, 296	1997
Blount, Mayme L.	114	1993
Blount, Mildred P.	175	1998
Bloys, Ava S.	64, 65	1992
Bloys, James A. (Dr.)	184	1989
Blunt, Wilbur T.	250	1989
Bluntzer, Joseph T.	395	1997
Boatright, Louie Clifton	88, 89	1988
Boatwright, Edna Mae	188	1988

Name	Page	Year
Boatwright, Louise	53, 54	1986
Boazman, Howard	13, 14	1988
Bobek, Jacqueline W.	379, 380	1999
Bock, Carl E.	348	1992
Bode, Floy B.	285	1990
Bode, Maggie Mae (Mrs. Fred)	112, 113	1988
Bode, Mary Jane	307	1998
Bode, Reuben E.	198	1988
Bode, Mrs. Reuben (Anna Fay)	134	1989
Bode, Nancy Howe	85	2000
Bode, Ruby Durst	349	1999
Bodette, Richard E.	146, 211	1992
Bodiford, Joe M.	166	1987
Boe, Helen M.	14	1987
Boedeker, George M.	185	1989
Boerner, Beryl Ann	418	1995
Boerner, Leon	337	1999
Boerner, Michael Wade	154	1998
Boerner, Theresae	186	1996
Boerwinkle, James J.	170, 173	1998
Boerwinkle, Pauline L.	40	1990
Boessling, Ervin H.	123	1991
Boettger, Martin J.	135, 136, 138	1988
Bogeart, Benjamin Edard (Sr.)	232, 233	1995
Boggs, William P.	151	1991
Bohanek, Edward	318, 319	1996
Bohannan, Lorene	80, 81	1992
Bohannan, Ruby C.	214, 216	1994
Bohannon, Aubrey	271	1993
Bohannon, Leta	337	1993
Bohart, William P.	128, 129	1990
Bohnert, Anna	227	1991
Bohnert, Erno J.	294	2000
Bohnert, Irma Lich	324, 328	1993
Bohnert, Joseph E.	194	1986
Bohnert, Louis F.	135	1995

Name	Page	Year
Bohnert, Donalda P.	204	1996
Bohnert, Rudie	229	1993
Boils, John Wesley	250, 252	1995
Boise, Lorraine	160, 161	1991
Boise, Mary H.	164, 167	1998
Bolan, Charles P.	54	1995
Boland, Carl	63, 64	1989
Boldin, Viola	264, 266, 268	2000
Bolin, Alice	131	1991
Bolin, Patricia	38	1987
Bollinger, Howard	2	2000
Bollenbach, Edward J.	81, 86	1996
Bolles, Bernice Oleta	317, 318	1998
Bolles, Ortez	229	1993
Bolleter, Marion Wayne	63, 64	1989
Bollman, Altavine	53, 55	1992
Bollman, William H.	256, 257	1993
Bolton, Charles L.	330, 332	1998
Bomer, E. T.	231	1995
Bomer, Irene Ewing	223	1997
Bond, Lois B.	51, 52	1993
Bone, John H.	223, 225	1994
Bonifant, Carlos E.	220, 222	1989
Bonner, Louise	32, 36	1993
Bonner, Marguerite D.	57, 58	1989
Bonner, Milton J.	207, 211	1996
Bonner, Seaborn F. (Jr.)	208	1986
Bonnet, Cordelia Paralee	38, 39	2000
Bonnet, Naomi D.	83, 84	1989
Bononcini, Becky	198	1992
Boos, Mrs. Raymond E.	111	1991
Booth, Carroll N.	89, 91	1996
Booth, Daniel G.	388, 389	1995
Booth, Robert C.	246	2000
Borchers, Alberta O.	77	1991
Borchers, Chester M. (DDS)	244	1987

Name	Page	Year
Bordelon, Allen J.	3	1989
Borden, Edith Frances	267, 268	1997
Boren, Lewis C.	128	1993
Boring, Bertha M.	325, 326	1994
Borrayo, Joe O. (Jr.)	336, 338	1997
Borst, Carolyn Jean	339	1997
Borth, Helen	5	1991
Bosio, Patsy	248. 249	1997
Bosley, James M.	9	2000
Bosmans, Walter	231,233	1994
Bosquez, Manuel	262, 265	1987
Bost, Nell Hughes	193	1998
Bosworth, R. L.	142	1993
Bosworth, Wilma Mc Beth	144	2000
Bottom, Mina O.	216	1997
Bottriell, Emma D.	47	1989
Boucard, C. Victor	337	1999
Bougas, James D.	255	1994
Boultinghouse, Elton F.	153, 154	1991
Boultinghouse, John A.	197	1990
Bounsall, Edgar F.	93, 99	1992
Bourquein, Keaton	221	
Boussu, Marvin F.	31, 32	1995
Bouton, John W.	147, 149	1990
Boutin, Lillian (Little)	293	1997
Bowden, Betty K.	400	1996
Bowden, Evelyn	186, 187	1986
Bowden, James N.	178, 180	1995
Bowden, Ronny Rae	208	1999
Bowdle, Helen P.	86, 87	1991
Bowdle, R. Lloyd	101	1995
Bowdy, Matt Wayne	123	1998
Bowers, Reba N.	155, 156	1991
Bowers, Robert	282, 298	1999
Bowers, Walter Allen	226	1997
Bowie, Maria Concha	426	2000

Name	Page	Year
Bowie, Gordon John	361	1997
Bowlegs, Pat	246, 247	1987
Bowles, Ann E.	9, 14	1994
Bowles, James Earl	10, 15	1994
Bowles, Jubal T.	41	1996
Bowlin, Gladys Pearl	159, 160, 161	1988
Bowlin, Jerry R.	158, 159	1988
Bowling, Jerry	46, 47	1993
Bownds, Pauline	351	1996
Bownds, Robert C.	335	1998
Bowyer, Virginia W.	289	1987
Bowling, Leon H.	44	1986
Bowman, Mildred	37	1990
Bowyer, Bennie M.	1	1992
Bowyer, Virginia W.	1	1988
Bowyer, Wilber (Bill)	134, 136	1993
Box, James R.	268, 270	1992
Boyan, Laverne A.	182	1990
Boyce, Billie	170	1990
Boyd, Avrial Irene	343	1997
Boyd, Clarence R.	204	1993
Boyd, Harry G. (Bill)	17, 18	1998
Boyd, Irene F.	213	1997
Boyd, Margaret L.	333, 334	1999
Boyd, Sadie	219	1986
Boyer, Raymond C.	20, 21	1986
Boyer, Ruth D.	119	1996
Boyer, William E.	293	1999
Boyette, Trimble Eli	42, 43	1997
Boylan, Jewel Lillian	71	1997
Boyland, Herbert Layton (Jr.)	50	2000
Boyle, Edwina (Tuffy)	327	1997
Boyle, Edwina L.	296, 298	1993
Boyle, William	142	1997
Brach, Lucille M.	291, 292	1990
Bracher, Margaret A.	112	1995

Name	Page	Year
Brackeen, Hettie B.	226	1989
Bracken, Maudie Mae	240	1997
Bracknell, Huey (Sr.)	93, 95	1993
Brackney, Esther	5, 11, 12	1987
Braden, David Patrick	226	1994
Braden, Theis T.	209	1996
Braden, Verda F.	320	1992
Bradfield, Thomas E.	271	1991
Bradford, Sam L.	132, 133	1986
Brady, E. B. (Jr.)	268	1991
Brady, James	23, 24	1997
Brady, James C.	209, 211	1996
Brady, James F.	92	1995
Brady, Joe	152, 153	2000
Brady, Joseph R.	87, 89	1991
Brady, Nancy A.	263, 267	1993
Brady, Nellie L.	253, 256	2000
Brady, Rosa Lee	82	1986
Brady, Ruth S.	417, 418	1994
Braeutigam, John W.	23	1994
Braker, Fritz	69	1992
Braly, John Wade	76	1989
Braly, Zelma	32	1998
Brammer, Junie V.	76	1989
Bramsch, Edith H.	272, 276	1991
Branaman, Glen	61	1999
Brandau, Josephine	17, 18	1991
Brandes, Helen L.	3	1991
Brandon, Charles L.	129, 130	1988
Brandon, Florence T.	405	1995
Brandon, Matilda	199	1993
Brandon, Willie A.	95	1988
Brandrup, Clifford K.	141	1988
Brandt, Alfred J.	373	1996
Brandt, Dorothy	363, 364	1994
Brandt, Elmer W.	44, 48	1994

Name	Page	Year
Brandt, Ethel M.	245, 247	1992
Brandt, Harry O.	92	1999
Brannen, Russell F.	196	1991
Branniece, Mrs. G.C.	156	1990
Branson, John (Jr.)	34	1993
Branstetter, O. C. (Jr.)	1	1986
Brantley, Evan P.	112	1999
Braswell, Alice M.	83	1986
Braswell, Max R.	282, 283	1989
Brazwell, S. B.	118	1998
Bratcher, Charles B.	296	1999
Bratcher, Cordellia M.	258, 260	1987
Bratcher, Edward R.	396, 399	1996
Bratrich, William	36	1993
Bratton, Burris A.	76	1989
Braun, Anthony E.	143	1992
Braun, Aurilla	168	1986
Braun, Charles A.	313	1990
Braun, Winnie P.	245, 247	1986
Braune, Esther Jane	104, 106	1997
Braune, Nelosn Milton	104	1997
Bray, Clarence	15, 17	1996
Brayshaw, Melba	84, 86	2000
Brayton, Arnold E.	62	1993
Brayton, Pattie L.	50, 145	1998
Brazellton, Dorothy (Mrs. Lewis)	195	1988
Brecht, Lester (Sr.)	252	1990
Bredlow, Elizabeth (Bobby)	362	1997
Breen, Eleanor A.	209	1992
Breen, Harry	159, 161	2000
Brehm, Mary L.	190, 193	1997
Brehmer, Franklin R.	196	1995
Brehmer, Herbert W.	36, 39	1999
Brehmer, Margaret Hebbeler	370	1993
Brehmer, Laura Lucile	229, 230	1996
Breinlinger, Arthur	285	1991

Name	Page	Year
Breiten, Charles H.	22	1992
Bremseth, Joseph P.	214, 215	1995
Brennan, Hugh J.	281, 300	1990
Brennan, Lorraine Dettmann	60	2000
Brennen, Thelma B.	205, 206, 207	1988
Brenon, Preston H.	334, 335	1997
Bresett, Carl Wayne	81, 108	1997
Breshears, Jesse L.	85	1986
Brewer, Christine Anderson	151	1992
Brewer, Paul	193, 194	1996
Brewer, Pearl E.	161, 162	1993
Brice, Hortence Leath	352, 253	1999
Brice, Richard L.	340	1995
Brick, Robert L.	110	1989
Brick, Verna Oleta Etheredge	6	1994
Bridges, Allen O.	144, 146	1987
Bridges, Claudia A. Pangborn	258, 259	1987
Bridges, Donald J.	273, 274	1993
Bridges, James	165, 166	1987
Bridges, Thomas E.	108	1988
Bridges, Verda M.	187, 189	1987
Bridges, Vesta P.	106	1991
Briese, Edward	386, 387	1996
Briese, Jenny Jo	163, 171	1993
Briese, Lois	179	1986
Briese, Louise	178	1986
Briganti, Pasquale	251	1995
Briggs, David Alan	152	2000
Briggs, Glenn E.	29	1988
Briggs, Hettie I.	39, 41	1989
Briggs, Katherine C.	247	1993
Briggs, Vera E.	140	1987
Briggs, Walter L.	204	1989
Briggs, Willa M.	132	1992
Bright, Eveline M.	94	1986
Bright, Mary S.	94, 96	1987

Name	Page	Year
Brigl, Franz	85	1989
Brineman, John H.	294, 295	1990
Brink, J. J.	259	2000
Brinkley, Sarah B.	198, 202	1998
Brinkman, Astrid L.	87	1987
Brinkman, Ruth	336	1998
Brinkman, William J.	134	2000
Brinkmann, Gerhard	207	1989
Brinson, Anna L.	42	1987
Brinson, David	155, 161	1998
Britch, Elroy C.	83	1995
Britsch, Roland H.	232, 233	2000
Britt, Joe R.	415, 420	1999
Britt, Richard	235	1991
Broach, Fannie K.	192	1993
Brock, Melvin	243	1994
Brock, Milton J.	255	1993
Brock, Raymond	46, 48	2000
Brockenbrough, Minnie	43, 44	1989
Brodbeck, Albert A.	120	1994
Broden, Carolyn C.	187, 188	1989
Broe, Lucille R.	10	1992
Brogdon, Mrs. Donnie E.	236, 237	1988
Brogdon, Lola B.	160	1987
Brondo, Frank	22, 23	1988
Brondo, Rudy (Jr.)	180, 181	1996
Brook, Paige	143	1999
Brooks, Christopher	3, 4	1992
Brooks, Jackson Perry	338	2000
Brooks, Jimmie Lee	224	2000
Brooks, Joe A.	248	1986
Brooks, Joe Z.	251	1986
Brooks, Katherine	155	1990
Brooks, Sharon L.	143	1999
Brooks, W. C. (Bill)	150	1990
Broon, W. E. (Gene)	193	1993

Name	Page	Year
Brosch, Margaret H.	270	1997
Brouiliette, William H.	275	1992
Broun, Carletta G.	419, 420	1994
Brown, Albert	299, 300	1995
Brown, Amber	71, 72,73, 76	1998
Brown, Andrew M.	38	1990
Brown, Anne M.	20, 21	1990
Brown, Arlie J.	301	1992
Brown, Arthur T.	315, 317	1995
Brown, Ben T.	334, 335	2000
Brown, Bessie Mae	127	1999
Brown, Beth Nell	361, 362	1996
Brown, Bill M.	350, 251	2000
Brown, Bronte	112	1988
Brown, Charlrs Merle	300, 304	2000
Brown, Clovis Auteene	117	1993
Brown, Cora E.	20, 21	1989
Brown, Curtis E.	101, 103	1989
Brown, Doris J.	191, 192	1990
Brown, Dustin	217, 218, 220	1993
Brown, Elsie Louise	308	1998
Brown, Erven R.	188	1988
Brown, Ethel M.	109, 110	1994
Brown, Everton	117	1995
Brown, Florence D.	339	1995
Brown, Florence Jewell	267	1999
Brown, Frances A.	268	2000
Brown, George F.	138	1989
Brown, Hattie B.	133	1996
Brown, Helen Davis	207	1997
Brown, Henry H.	256, 257	1989
Brown, Herbert C.	48, 51	1990
Brown, H. Raymond	250	1994
Brown, Hilda Haas	27	1999
Brown, Iva M.	121	1991
Brown, James C. (Jr.)	299	1999

Name	Page	Year
Brown, James W.	109, 110	1989
Brown, James W.	290	1993
Brown, Jesse Lloyd	126	1997
Brown, Joe R.	182	1993
Brown, John	131, 135	1997
Brown, John D.	344	1999
Brown, Kate P.	277	1987
Brown, Kathryn	82, 83	1995
Brown, Kenton W.	55, 56	1993
Brown, Laurel A.	315, 317	1998
Brown, Lila B.	19	2000
Brown, Lourene S.	314	1995
Brown, Madeyline	347, 350	1997
Brown, Manuel G.	4, 6, 7	1993
Brown, Margaret	218	1999
Brown, Margaret S.	185, 186	1988
Brown, Mary	220	1998
Brown, Mary M.	264	1990
Brown, Mercedes Julia	179	1994
Brown, Nedra	72	1989
Brown, Nora	94	1992
Brown, Norris	217	1991
Brown, Oscar C. (Buddy)	32, 35	1994
Brown, Randolph W.	134	1992
Brown, Raymond L.	213, 214	1986
Brown, Raymond H.	84, 85	2000
Brown, Ruth	300	1992
Brown, Sammie	220, 223	1996
Brown, Vera A.	136	1986
Brown, Viola Rode Kott	269	1989
Brown, Virgil B.	62, 63	1988
Brown, W. L.	238	1998
Brown, Wanda Lee	287	1994
Brown, William P.	66	2000
Browning, Ben D.	151, 153	1986
Browning, Leona	71	1992

Name	Page	Year
Browning, Stella	223	1991
Browning, Wilburn	43, 46	1989
Broyles, Grafton W.	253, 254	1986
Broz, Joe E.	94	1995
Bruce, David A.	75	1986
Bruce, Lona Mae	204, 205	1991
Bruce, Robert	394, 397	1994
Bruce, Sidney L.	123, 124	1992
Bruce, Wilobel Preston	330	1998
Brueckheimer, Elmer Carl	32, 35	1998
Brummett, James E.	244	1986
Brundrett, George T.	231	1986
Brundrett, Herold M. (Sr.)	247, 251	1987
Brundridge, Doracele Demuth	335	1993
Bruns, Harvey	69	1999
Bruton, Connie L.	149, 150	1990
Bruton, Elma L.	189, 191	1986
Bruton, Jennie	109, 110	1999
Bryan, Charlotte Kay	152, 155	1999
Bryant, Docie H.	283, 285	1998
Bryant, Elon E.	22, 24	1993
Bryant, Helen	7	1995
Bryant, James H.	211, 212	1988
Bryant, Jim	178	1989
Bryant, Leo T.	258, 259	1990
Bryant, Louise K.	99	1991
Bryant, R. J.	10	1992
Bryant, Samuel H.	60, 65	1993
Bryant, W. J.	164, 165	1999
Bryant, William S.	28	1986
Bryla, Vernell	235	1994
Buchanan, Alfred G.	142, 143	1993
Buchanan, Alpha	385	1995
Buchanan, David Wayne	393	2000
Buchanan, Gladys	413, 415	1999
Buchanan, Gladys	4	2000

Name	Page	Year
Buchanan, M. K.	237	1992
Buchanan. Marie	91	1994
Buchanan, Robert B.	65	1987
Buchcanan, C. A. (Jr.)	45, 46	1987
Bucher, Charles F. (Sr.)	75, 80	1992
Buck, Hiram H.	116, 117	1988
Buck, Jack R.	356	1992
Buck, L. Causey	187, 188, 192	1999
Buckalew, John Earl	387, 389	1996
Buckelew, Marguerite	329	1992
Buckingham, Dorothy C.	286	1997
Buckingham, William	127, 128	1986
Buckman. Rosa M.	220	1992
Buckmaster, Jean W.	331	1998
Buckner, Dennis	155	2000
Buckner Johnnie Ray	236	1998
Buckner, Ray	355	1999
Bucy, Sena Ethel	129, 130	1988
Buell, John Edgar	421	1994
Buell, Shirley E.	25	1995
Buffington, Lyn H.	6, 11	1997
Bugg, Robert F.	89, 91	1999
Builta, Roy	95	1998
Bull, Lillian	171, 172	1987
Bull, Melvin	292, 296	1995
Bullard, Charoline L	153	1987
Bullard, Chester J.	385, 386	1998
Bullard, Ida Ingram	213	2000
Buloviny, Joe J.	255, 256	1988
Bunch, Iva M.	153, 154	1989
Bundick, Lois A.	87, 88	1987
Bundick, Otho Carl	214	1992
Bunge, Reinhard H.	253, 254, 256	1996
Bunker, Judith D.	142, 143	1995
Bunting, Ellen P.	177	1987
Bunton, Harper Manlove	20	1999

Name	Page	Year
Bural, Quincy Leon	286, 287	1992
Burch, Fred E. (Jr.)	188	1997
Burch, Grace R.	182, 184	1995
Burch, Jack N.	113, 115	2000
Burch, Kathryn E.	84	1993
Burch, Mack	105	1988
Burcham, Doris Jeanette	35	2000
Burchett, Lillie Wendt	76, 77	1989
Burdette, Raelyn Nykole	39	1998
Burdick, Beverly Ann	242, 244	1990
Burdick, Marsha Hoover	242, 245	1990
Burditt, Velma	21	1990
Burditt, William J.	105	1988
Burg, Simon J.	117	1995
Burgardt, Shirley	353	1993
Burger, Barbara A.	377, 378	1995
Burger, James O.	445	2000
Burger, Ray Cecil	181	1994
Burgess, Elmer	146	1989
Burgess, Floyd M.	81	1995
Burgess, Mabel C.	90	1987
Burk, Dorothy	392	2000
Burk, Winnie Mae	429	2000
Burke, Aline	78	2000
Burke, Roman	27, 28	1987
Burke, Thomas R.	117, 118	1995
Burkett, Hertha L.	34, 36	1992
Burkhalter, Patricia L.	96, 97	1992
Burkholder, Champ C.	185	1986
Burleigh, Paul	347	1994
Burleson, Barney	276	1998
Burleson, Gamewell D.	353, 354	1996
Burleson, Pauline	45, 46	1989
Burley, Erma B.	401	1997
Burn, C. H. (Red)	178	1989
Burnett, George Wm.	69	1994

Name	Page	Year
Burney, Edna Jordan	370, 373, 375	1998
Burney, Herman R.	248	1990
Burney, Jewell	148, 150	1997
Burney, Victor	228	1995
Burnham, Arzie	318, 319	1994
Burns, James	21	1992
Burns, Marilyn J.	226	1989
Burns, Ruth S.	32, 35	1990
Burns-Fossler, Dorothy Jane	242, 248	1992
Burow, Bertha	103	1996
Burrell, Fay	171	1994
Burrell, John	339, 340	1999
Burrer, Annie	66	1994
Burrer, R. Lois	332	1992
Burrier, Alva L.	175	1987
Burrier, James C.	154	1994
Burrier, James H.	308	1990
Burris, Earl E. (Jr.)	289	1994
Burris, Fountain W.	125	1988
Burrough, Nettie E.	349	1992
Burrough, Robert E.	187	1986
Burrows, Helen	294	1997
Burrus, Zelma M.	79	1987
Bursi, Katherine	108, 109, 120, 122, 123	1991
Burson, Ernest	17, 19a	1986
Burson, Vera E.	68, 71	1994
Burt, Duke C.	68	1986
Burton, Charles H.	1	1992
Burt, Pricilla C.	173, 174	1993
Burton, George A. (Jr.)	229, 231	1993
Burton, Harry Merrill (Jr.)	80, 81	1999
Burton, John Durey	82	1989
Burton, Perry H.	35	1988
Burton, Rodney D.	127	1992
Bury, Charles R. (Sr.)	296, 297	1990

Name	Page	Year
Busby, Carrie W.	83	1986
Busby, Guy	179	1987
Busby, Wilbur L.	337, 338	1994
Busch, Charles A.	204, 206	1991
Busch, Fannie N.	205, 208	1994
Bush, Henry N.	325	1991
Bushland, Raymond C.	41, 43	1995
Bushong, Jack L.	196	1986
Bussey, Michael T.	1	1999
Bussey, Mrs, William Allen	270	1993
Bussey, William Allen (Dr.)	271	1993
Bustin, Thomas N.	237	1996
Butler, David C.	321, 323	1995
Butler, Enid Marie	39, 40	1989
Butler, Gertrude A.	138	1996
Butler, Jerry G.	4	1986
Butler, Marjorie Lee	195, 199	2000
Butler, Mary	3	1999
Butler, Nea P.	17, 18	1987
Butler, Robert L.	191, 192, 194	1996
Butler, Walter V.	83, 86	1996
Butling, Doris	66, 67	1997
Butt, Howard E.	65, 66, 68, 69, 70	1991
Butt, Mary E.	263, 265	1993
Butts, Robert C.	61	1000
Buvinghausen, Rev. Victor	57	1989
Buxton, Earl (Jr.)	141, 143	1999
Buxton, Floy E.	34	1994
Buxton, Irvie Lee	167, 168	1987
Byars, Samie H.	244	1989
Byas, Thomas C.	292, 294	1995
Byerly, Harlan H.	94	1996
Byerly, Arthur H.	65	1986
Byers, Ila Mae	239, 240	1988
Byers, Vera Skeen	166, 167	1988

Name	Page	Year
Byrd, Arthur (Jr.)	378	2000
Byrd, Dan	118, 120	1988
Byrd, Elaine Hollingsworth	28	1999
Byrd, Fannie	231, 235	1994
Byrd, Robert Harold	7	1998
Byrd, Samuel P.	23, 25	1995
Byrn, Essie B.	433, 437	2000
Byrn, James Shelton	116	1988
Byrne, Kenneth C.	247	1996
Byrne, Mable M.	115	1995
Byrne, Michael	154, 155	1987
Byrnes, Bradford	228, 229, 230	1986
Byrnnes, Rachella	229, 235	1999
Byttlo, Don E.	107	1991

C

Name	Page	Year	
Cabiness, Elmer L.	271, 272	1990	
Cabrera, Esperanza Valdez	293	1996	
Caddell, Cleveland L.	12, 13	1987	
Cade, Connie	158	1997	
Cade, Alfred E.	296	1993	
Cade, Marcus Warren	9	1994	
Cade, Nellie F.	188	1994	
Cade, Robert B.	190	1997	
Cade, Sam	181, 182	1993	
Cadena, Saragosa	189	1986	
Caffal, Annie Mae	181	1999	
Caffall, E. L.	232	1988	
Caffall, Ruth C.	78	1992	
Caffell, Leland D.	61, 62	1989	
Cage, Ethel	178	1996	
Cagle, James A.	93, 95	1989	
Cagle, Joyce	21		1991
Cagle, Judith Ann	125, 127	1999	

Name	Page	Year
Cagle, Vena Mae	129	1989
Cagle, Vera Mae	130	1989
Cailloux, Floyd B.	190	1997
Cain, Elda M.	100	2000
Cain, Joseph W. (Sr.)	1	1990
Cain, Volney Curtiss	310	1998
Callaway, Ira L.	194, 199	1999
Calder, Truman B.	195	1997
Calderon, Pedro	324, 327	1993
Caldwell, Carroll L.	244	1993
Caldwell, Charlotte B	39	1989
Caldwell, James H.	148, 150	1989
Caldwell, Rose L.	3	1986
Caldwell, Zelma W.	275	1994
Calhoun, Dick	74	1996
Calhoun, Gordon M.	155, 157	1987
Callahan, Daniel	146	1989
Callahan, Ezra T.	25	1987
Callahan, Stanley C.	297	1998
Callery, Carol A.	143	1996
Callery, Myrtle C.	123	1987
Calloway, Raborn H.	212	1987
Calvert, Howard	208	1987
Calvert, Luther Howard	207, 208	1987
Calvit, Robert C.	139, 140	1990
Cambridge, Richard W.	42, 43	2000
Cameron, Don	48, 49	1987
Cameron, Jo Anna S.	232	1997
Cameron, John W.	85	1993
Cameron, Jessie D.	86	1988
Cameron, William F.	16	1997
Camililo, Andre	365	1999
Cammack, Ed	15	1992
Cammack, James E.	14	1992
Camareri, Charles	55	1992
Campbell, Albert (Jr.)	48	1987

Name	Page	Year
Campbell, Ferd W.	278	1998
Campbell, George Lee (Dr.)	350, 360	2000
Campbell, Gladys A.	53	1991
Campbell, Harshall	75, 76	1995
Campbell, I. N. (Ike)	17, 23	1994
Campbell, Jane	88, 89	1992
Campbell, Josephine R.	130	1994
Campbell, Kenneth	11, 12	1997
Campbell, Marguerite	172, 179	2000
Campbell, Roy L.	122	1994
Campbell, Theodore R.	234	1988
Campbell, Velma M.	58, 59	1989
Campion, Denise C.	355	1993
Canady, Willie G.	433, 437	2000
Canales, Stephen	201, 203, 204	1995
Canine, Laura	23	1989
Canniff, Ruby L.	91, 92	1986
Cannon, David C.	22, 23	1992
Cannon, Margaret Porter	354	1998
Cannon, Ricky	342	1993
Canto, Rilda	365, 368	1999
Cantu, Margaret	190, 191	1998
Cantu, Mario A.	239, 240	1996
Cantu, Melissa A.	7, 9	1991
Cantu, Santos A. (Sr.)	144, 147	1987
Cantwell, Addison H.	40, 41	1999
Cantwell, Clara	272	1998
Cantwell, Nora Edith	21	1999
Cantwell, Opal Graham	306	2000
Capansky, Fern	2	1999
Cape, Chester H.	226	1989
Caperton, Carrie B.	118	1994
Capps, Joyce Donaghe	364	1996
Car, Julia	221	1999
Carabajal, Victoriano (Jr.)	27	1987
Carafoil, Alex	14, 19	1990

Name	Page	Year
Caraway, Jack J.	411, 412	1995
Cardenas, Guadalupe	175	1996
Cardenas, Oscar R. (Jr.)	112	1988
Carder, Ruby Sumner	212	1994
Cardone, Theresa	152, 160	1996
Cardwell, Chylas Mc Right	331, 350	1994
Cardwell, Walter W. (Jr.)	2	1991
Cardwell, Weldon W.	231, 232	1991
Carey, Wilma T.	275	1995
Carleton, Vera L.	164, 165	1987
Carlile, Harry T.	240, 242	1986
Carlson, Earl Carl	94, 96	1995
Carlson, Ernest Beal	170	2000
Carlson, Harry	65, 66	1991
Carlson, Mary P. (Pat)	381	1995
Carlson, Rachel	2, 3	1988
Carlton, Richard J.	162, 163, 165	1991
Carmichael-Slack, Dorothy E.	288, 289	1997
Carnahan, Thelma Gulley	151, 152	1999
Carnes, Chester	215	1998
Carnes, Etta	349, 350	1994
Carnes, Evelyn	274	2000
Carnes, Irene Cullum	49, 50	1987
Carney, Janice A.	173	1990
Carolan, Edsel	173	1997
Carouthers, Charles G.	384, 387	1997
Carpenter, Ahllie A.	118, 119	1986
Carpenter, Catherine	136, 137	1996
Carpenter, E. Frances	142, 143	1987
Carpenter, Florence M.	26	1986
Carpenter, Fred R.	200, 201	1991
Carpenter, Hubert Eugene	192	1999
Carpenter, James W. (Jr.)	286	2000
Carpenter, Lorine M.	118	1989
Carpenter, Lydia D.	343, 344	1998
Carpenter, Maedell	340, 341	1992

Name	Page	Year
Carpenter, Neil	53, 54	1991
Carr, Betty Jo	190	1987
Carr, John Douglas	186	1997
Carr, Joseph W.	237, 238	1990
Carr, Neva	155, 156	1990
Carr, Vivian M.	363, 365	1993
Carr, Wayne	324, 327	1999
Carr, Zack (III)	446	2000
Carraway, Florine K.	194	1995
Carrell, Beulah W.	258	1989
Carrell, Hilma D.	97	1991
Carrera, Julius Myles (Tex)	394	1999
Carrera, Laura Ann Canty	438	2000
Carrillo, Guadalupe Maria	190	1992
Carrillo, Maria Ramos	190	1992
Carrington, George (Jr.)	99, 103	1992
Carrington, Joy Harrell	80, 82	1999
Carrol, Paul L.	246	1991
Carroll, Anna L.	411	1994
Carroll, Francis A.	115	1991
Carroll, George L.	399	1994
Carroll, Huey T.	298	1999
Carroll, Marion	142, 144	1993
Carroon, Lena	355, 357	1996
Carrotl, Anthony	59	1997
Carrow, Mildred	79	1999
Carson, Edward R.	246	1990
Carson, Joe W.	100	1992
Carson, William F.	159, 160	1986
Carter, Allie (Jackie)	147	1991
Carter, Edna L.	381	1999
Carter, Estelle White	394	1998
Carter, James H.	385	1995
Carter, Lora B.	28	1996
Cartrett, Calvin C.	36, 39	1996
Cartwright, Agnes I.	114	1986

Name	Page	Year
Caruth, John Mc Murtry	400	2000
Caruthers, Cyndi Ann	348, 349, 350	1997
Caruthers, Lola M.	239, 240	1996
Caruthers, Roy	135, 136	1986
Case, Earl M.	21, 22	1996
Case, Leo	2	2000
Casey, Clement P.	20	2000
Casey, John Benjamin	353	1997
Cashion, Connie Lynn	342	1999
Cashion, Roy E.	266	1996
Casillas, Julio	8, 10	1996
Caskey, Bob G.	235	1993
Caskey, Bruce E.	99	1995
Caskey, Virginia Robertson	422, 424	2000
Caskey, W. K. H. (Bill)	262, 263	1991
Cason, Ethmer	140, 141	1992
Cason, Loyd C. (Sr.)	258	1988
Cason, Minnie	151	1990
Cason, Mrs. Verne G.	81, 82	1989
Cassel, James Riley	220, 221	1990
Cassel, James Riley (Jr.)	320	1998
Cassidy, James T.	277	1995
Castano, Rodrigo	27, 28	1987
Castillo, Felipe S.	228	1990
Castillo, John	97	2000
Castillo, Paul G.	236	1986
Castillo, Maria Garcia	352	1997
Castillo, Shelby Kane	98	1992
Castle, Margaret L.	256	1988
Castner, John	23	1996
Castro, Cosme	237	1993
Castro, Francisca Dehoyos	186	1993
Castro, John (Sr.)	182	1989
Castro, Mary V.	409	1995
Castro, Senalda Bosquez	386	1999
Castro, Walter A.	296, 307, 309	1994

Name	Page	Year
Caswell, Lucille M.	225	1999
Catchings, Clarence Earl	215	1998
Cater, Barbara N.	27, 28	1992
Cates, Melvin J.	373	1995
Caton, Jessie B.	281	1994
Caton, Lewis	110, 111	1996
Cauley, Edwin R.	178, 179	1993
Causey, Ben Simon	21, 22	1989
Cavasos, Benito	208, 209	1987
Cave, Gary Roy	156, 157	1994
Cave, William	42	1994
Cawvey, Jeral W.	381	1995
Cayan, John D.	22	1993
Caythen, Bessie D.	376	2000
Caywood, Lee	55, 58	1992
Caywood, Ruth	211, 212	1989
Cecere, Deborah	273	1995
Ceniceros, Octaviano	89, 90	1994
Cervantes, Domingo	343	1998
Cervantes, Fred	402, 404	2000
Cervantes, Jesusa O.	288, 289	1992
Cervantes, Julia	141	1995
Cervantes, Rosa T.	179	1996
Cervantes, Sotero	49, 50	1986
Chabysek, Katherine R.	221, 222	1992
Chacon, Estevan T.	363, 367	2000
Chacon, Joe Henry	256	1986
Chacon, Raymond T.	39	1988
Chadderdon, Mary Frances	316, 318	1992
Chaddock, Winnie	306, 308	1990
Chafee, Doris W.	313	1998
Chafin, Jack R.	279, 280	1991
Chafin, Ruth	17	1999
Chalk, Thelma E.	366	1995
Chamberlain, Estella M.	239, 242	1995
Chambers, Clara	158, 163	1997

Name	Page	Year
Chambers, Harold E.	185, 186	1991
Chambers, Louella	10, 12	1995
Chambers, Samuel P.	188, 189	1998
Champion, Andrew A.	130, 131	1988
Champion, Charles O.	128	1988
Champion, Fred S.	171, 172	1996
Champion, Hazel C.	43	1989
Champion, William C.	3	1987
Chancey, Mary M.	170, 171	1986
Chanceller, J. C.	384	1998
Chandler, Faye Cornelius	202	1995
Chandler, Ora W.	161, 164	1997
Chandler, Richard O.	67, 68	1986
Chaney, Danny E.	310	2000
Chaney, Ida Dell	243, 244	1993
Chaney, Jacquelyn M.	378, 386, 387	1997
Chaney, John Henry	27, 29	1994
Chaney, Mary H.	349, 351	1992
Chapman, Adelaide (Pat)	126, 127	1997
Chapman, Angeline Lydia	83, 86	1999
Chapman, Berdie	96	1987
Chapman, Birdie	97	1987
Chapman, Frankie	269	1997
Chapman, Herbert L. (Sr.)	149, 151	1986
Chapman, Josephine M.	34, 37	1989
Chapman, Lurana	61, 63, 64	1994
Chapman, Pauline D. (Mrs. Victor)	239, 243	2000
Chapman, Victor E.	168, 169	1986
Chapman, Victor L.	260, 262	2000
Chappins, Guadalupe	130, 131	1991
Charles, Arthur F.	253	1988
Charters, Annis R.	39, 44	1995
Chase, William C.	173	1986
Chastain, Adaline	9	1986
Chastain, Clarence C.	151, 152	1988
Chauvette, Adalard E.	129, 131	1993

Name	Page	Year
Chavarria, Basilio T. (B. T.)	427	2000
Chavarria, Beatrice Gloria	367	1999
Chavez, Juan	68	1986
Chavez, Mary Aguliar	269, 272	1996
Cheatham, Bobby Joe	308	1996
Chenault, William B.	27	2000
Cherco, John	320	1998
Cherry, Scott	337	1997
Cheshire, Zanita	60, 61	1987
Chesky, Elizabeth	265, 267	1988
Chesky, Emily	265, 267	1988
Chesky, Victor E (Jr.)	50	2000
Chesnut, Barbara J.	47, 48	1990
Chesnut, Jason Wayne	258, 259, 260	1991
Chessher, Kathleen	240	1988
Chesson, Roy T. (Bo)	304	1995
Chevallier, Alvis W.	181	1994
Chevallier, Willie E.	36, 38	1994
Chew, Marie	56, 57	1996
Chicouske, Albert	407	1997
Childres, Jan	135	1995
Childres, Eric Reed Girvin	268	1996
Childress, Elmer A.	198, 199	1999
Childers, Jonathan T. M.	54	1986
Childers, Rose Anne	97	1994
Childs, Anna E.	14	1998
Childs, Corinne	6	2000
Childs, Jesse J.	238, 241	1998
Childs, Mildred W.	208, 209	1988
Childs, William L.	226, 229	1994
Chiles, Nova	234, 236	1990
Chipman, Eddie G. (Jr.)	132, 133	1986
Chipman, Ernest C.	116, 117	1986
Chipman, George (Sr.)	83	1993
Chipman, Mary M.	215, 216	1988
Chipman, Nora	364, 366	1993

Name	Page	Year
Chipman, Tom	300, 303	1993
Chisholm, Marjorie	4	1997
Chisum, Jewel L.	130	1986
Chitty, Paul K.	386	1997
Chlumsky, Frank	264	2000
Chmelik, T. E. (Ted)	99	1989
Choat, Hamilton	2	1998
Choat, Maude J.	282	1987
Christ, Virgil W.	98, 99	1993
Christensen, Constance M.	67, 69	1995
Christensen, Will R.	152, 153, 154	1994
Christenson, Arthur R.	239	1990
Christenson, Laurence M.	233, 234	1987
Christenson, Margaret	29	1986
Christenson, Rue M.	26	1986
Christian, Arlo E.	240, 243	1988
Christie, Lola	292	1998
Christley, Paul Allen	280	1995
Christor, Stavros	231	1993
Chubb, Emma P.	142	1991
Cieciora, Lucile	156, 157	1987
Cifers, Virgil L.	439	2000
Claborn, Houston V.	207, 208	1989
Clanton, Mary E.	120	1987
Clare, John S.	166	1994
Clarey, Leslie	221	2000
Clark, Adell	266	1999
Clark, Alvin W.	79	1986
Clark, Bessie	346	1998
Clark, Bessie M.	197	1988
Clark, Betty Anne	443	2000
Clark, Brooks	353, 355	1999
Clark, Carolyn Redfern	222, 230	2000
Clark, D. H. (Dick)	262	1990
Clark, Donald G. (Dr.)	319, 321	1995
Clark, Elsa B.	98	1991

Name	Page	Year
Clark, Erma S.	319	1995
Clark, Essie V.	85, 87	1992
Clark, Genevieve	406	1997
Clark, Harry	222, 224	1988
Clark, Henry Ward	75	2000
Clark, John B. (Dr.)	79	1997
Clark, Joseph Henry	57	1987
Clark, Kenneth G.	39	1988
Clark, Kenneth L.	23	1989
Clark, Lance H.	81, 83	1988
Clark, Leslie B.	335, 337	1995
Clark, Lila R.	310, 311	1990
Clark, Lois A.	348, 349	1993
Clark, Louis E.	111	1989
Clark, Louise W.	267	1992
Clark, Mark S.	366	1995
Clark, Nadine	389	1996
Clark, Norma L.	132, 133, 136	1990
Clark, Norris C.	105, 106	1991
Clark, Orange Judd	222, 223	1990
Clark, Oscar B.	253, 255	1993
Clark, Patsy L.	256, 258	1992
Clark, Sylvester H.	261	1993
Clark, Telford E.	158, 159	1988
Clark, Virgil W.	55, 58	1992
Clark, Virginia	83, 86	1997
Clark, Weldon (Bud)	230, 231	2000
Claussen, Lorentz	312, 313	1990
Clay, Albert	333	1995
Clay, Ardis Stoetzner	280	2000
Clay, Artis	276	2000
Clay, Zachary T.	254	1994
Claypool, Phyllis	278	1989
Claypool, Stephen C.	150, 151	1995
Clayton, Abner E.	109	1988
Cleary, Paul L.	154, 155	1992

Name	Page	Year
Clement, Jessie D.	187	1996
Clements, D. R. (Bill)	18	1987
Clements, Jessie M.	33, 34	1989
Clements, Leona S.	176, 177	1989
Clements, Olan F.	24	1986
Clements, Sybil C.	101, 102	1992
Clemmer, Mattie J.	179, 181	1992
Clemmer, William B.	11, 13	1991
Clendenen, Bill	434	2000
Cleveland, Nelda Benites	143	1998
Cleveland, Royce S.	135	1986
Click, Cena A.	17, 18	1987
Click, James Irby	288, 289	1997
Click, Leeanna	57	1997
Click, James P.	78	1986
Click, Mary A.	261, 263	1990
Click, Thomas M.	124, 126	1992
Clifford, Alfred Wonsch	92, 94	1997
Clift, Anna	377	1995
Clift, Charles W.	103	1993
Clift, Lillian G.	313	1995
Clifton, Erma B.	65	1996
Clinkscales, Theodore R.	192, 194	1988
Cloeter, John J.	59, 64	1999
Clopton, Robert H.	113	1986
Close, Mary L.	107, 108	1998
Clossen, Leroy	131	2000
Cloudt, Cora Inez	323, 324	1998
Cloudt, Walter O.	137	1993
Clower, Billy Braxton	75, 76	1997
Clubb, Dennie K.	73, 74	1992
Cluck, Joe S.	43, 45	1991
Clynes, Elinor Lines	260	2000
Coats, Claude R.	215	1990
Coats, Eugene S.	119	1999
Cobb, Calvin L.	119	1995

Name	Page	Year
Cobb, Gloria	183	2000
Cobb, Robert A	28	1991
Cobb, Violet M.	187, 188	1991
Coburn, Elsie	139	1990
Coburn, Maudie	29, 32	1990
Cochran, Margaret E.	82	1997
Cochran, Nan E.	296, 298	1990
Cochran, Lawrence	262, 265	1987
Cochran, Sarah Jane	106, 108	2000
Cochran, Travis A.	93	1986
Cochrane, Edward David	155	2000
Cocke, Sadie Belle	224, 225	1989
Cockerham, Jenny	340	1995
Coday, James D.	155	1998
Codrington, Aniata Dietert	312	1999
Codrington, Charles F.	254	1990
Codrington, T. P. (Dr.)	130, 131	1995
Cody, Joseph H.	324	1996
Cody, Milton E.	5	1997
Cody, Patsy R.	55	1986
Cody, Irene	406, 409	1995
Coe, Waldo Clinton	370	1993
Coe, Waldo Clinton	1	1994
Coen, Philip (Jr.)	317, 318	1999
Coers, Henry A.	3	1993
Cofer, Patricia Louise	365	1999
Coffelt, Dessie Cleota	187, 188	1999
Coffey, Margaret	89, 90	1995
Coffey, Robert Walker	57	1999
Coffey, Walden B.	138, 141	1996
Coffman, Jesse	213, 214	1992
Cofield, Michael L.	253, 256	1990
Cofield, Ruth A.	37, 38	1993
Coggin, Bessie	6, 9	2000
Cohn, Sanford L.	303	2000
Coker, Charles A.	233, 234	1987

Name	Page	Year
Coker, Lily L.	234, 235	1999
Coker, Richard D. (Del)	378	2000
Cokines, Alys H.	283	1987
Colbath, Alice Mae	212, 215	1989
Colbath, Barbara A.	348	2000
Colbath, Curtis R.	233	1988
Colbath, Edwin	371	1993
Colbath, Eula M.	202, 203	1994
Colbath, Irene Lohoma	296, 298	1996
Colbath, Jack	329, 330	1995
Colbath, James E.	159, 161	1995
Colbath, Loyd L.	63, 66	1996
Colbath, Walter Lavern	145, 146	1995
Colbert, Louis M.	310, 312	1990
Colburn, Louis G.	182	1993
Coldwell, William M.	163, 164	1995
Cole, Cullen E.	230, 231	1987
Cole, Frances	216	1993
Cole, Jack W/	440, 441	2000
Cole, Mrs. John Wesley (Goldie)	97	1987
Cole, Lola	327	1996
Cole, Millie Jo	200	1991
Cole, Ralph C.	208, 209	1991
Cole, Steve	100, 101	1987
Coles, George Laurence	367	1966
Coleman, Colima C.	146	1993
Coleman, Diana	241, 246	1997
Coleman, Epsie Odessa	187	1999
Coleman, Eva D.	245	1992
Coleman, George D.	102, 104	1986
Coleman, Mrs. Leonard	288	1992
Coleman, Lewis W.	17	1994
Coleman, Lillie B.	215, 216	1992
Coleman, Mable	12, 14	1988
Coleman, Mabel V.	110, 111	1991
Coleman, Margaret Ann	375, 376	2000

Name	Page	Year
Coleman, Marjorie A.	267	1991
Coleman, Myrtle	320	1997
Coleman, Sam H.	107	1992
Collazo, Albert (Sr.)	215, 219	1991
Collazo, Faustino G. (Jr.)	127, 128	1986
Collazo, Faustino J.	15, 17	1994
Collazo, Felma	177	1996
Collazo, Lorenzo M.	164	1998
Collazo, Margarita G.	116	1986
Collens, Dottie	89	1999
Collett, Grant L.	105, 106	1989
Colley, Agnes I.	41, 43	1988
Colley, Roland L.	174, 176	1994
Collie, John W.	57, 58	1988
Collier, Charles C.	101	1991
Collier, Joe L.	29, 30	1987
Collier, Joe M.	63	2000
Collier, Robert A.	169	1995
Collins, Bessie F.	323, 325	1994
Collins, Bettie V.	34	1988
Collins, Earl B.	80, 81	1987
Collins, Enid	308	1990
Collins, George G.	103, 105, 106	1989
Collins, Joseph P.	174	1990
Collins, Lois	382	1994
Collins, Marion R.	167, 168	1987
Collins, Robert T.	257	1986
Collins, Silsbee	110	1993
Collins, Velma F.	73, 74	1996
Collins, Veron V.	351	1992
Collum, Charles	19, 20	1998
Colquitt, Gabrielle Vann	244	1991
Columbia, Dorothy Irene	33	1997
Colvin, Clara D.	352, 354	2000
Colvin, Dan	16	1988
Colvin, Emiline K.	46, 47, 49	1993

Name	Page	Year	
Colvin, Robin R.	142, 143	1986	
Colwell, James C.	142, 150	1988	
Colwell, William	43	1997	
Comer, George B.	8, 9	1987	
Comer, Mrs. Harry	48, 49	1987	
Comer, Vanoy	62	1988	
Comey, Vanoy	58	1988	
Comparette, D. H.	418, 419	1994	
Comparette, Lena	5	1986	
Compton, Bess C.	221, 222	1987	
Compton, Byrd M.	167, 168	1988	
Compton, Carrie A.	22	1993	
Compton, Ervin W.	311	1997	
Compton, Harold	260, 261	1988	
Compton, Jonny G. (Sr.)	196, 197	1994	
Compton, Louise A.	200	1986	
Compton, Margaret	194, 195	1989	
Conditt, Ina Lanette	266	2000	
Condon, Barbara L.	31	1992	
Conflitti, Joseph	123	1994	
Conine, Gertrude D.	149, 150	1992	
Conine, Leon H. (Jr.)	59		1999
Conklin, Ray	236	1994	
Conkling, Lowell W.	393	1998	
Conlon, Thomas (Sr.)	69	1988	
Conn, Dickie Dub	59	1999	
Conn, Lorene H.	276	2000	
Connally, Dr. Herschel F. (Jr.)	145, 147	1988	
Connell, Anthony E.	340, 342	1996	
Connell, George B.	373	1999	
Connell, Vera Kathleen	286	1999	
Connelly, James C.	55	1996	
Conner, Dennis M. (Rusty)	280	1999	
Conner, Inez	142, 146	1997	
Conner, Nolan	237	2000	
Conover, Brooks Willaim	276	1999	

Name	Page	Year
Constante, Rodolfo	322, 324	1993
Constantino, Rocco John (Johnny)	135, 136	1991
Contreras, John C.	24	1986
Contreras, Jose	274	1989
Converse, Marion F.	305	1990
Converse, Roger L.	232, 234	1990
Conway, Connie	125	1990
Cook, Alma M.	99	1991
Cook, Bertha J.	141, 144	1998
Cook, Betty N.	282	1994
Cook, Bonnie Lee	155	1986
Cook, Chilton A.	91, 93	1996
Cook, Clifford	422, 425, 427	2000
Cook, David A.	55	2000
Cook, Elizabeth	44	1997
Cook, Grover M.	160	2000
Cook, Hilda	105	1986
Cook, Howard L.	292	1990
Cook, Hurbert L. (Dick)	146, 147	1995
Cook, James W.	157, 160	2000
Cook, Marguerite	196, 197	1994
Cook, Myrtle B.	188	1986
Cook, Norma R.	245, 247	2000
Cook, Norma Jean	107	1999
Cook, Robert R.	40, 41	1987
Cook, Thelma M.	257, 258	2000
Cook, Verna M.	30, 32	1993
Cook, Zelma Lee	54	1997
Cooke, Isora	263	1992
Coons, Lloyd	147	1992
Cooper, Barbara H.	7	1998
Cooper, Donald E.	314, 318	1999
Cooper, Donald Ralph	264	2000
Cooper, Donnie Odell	185	1989
Cooper, Dorothy	33, 35	1997
Cooper, Edward H. (Sr.)	221	1992

Name	Page	Year
Cooper, Elizabeth M.	154	1994
Cooper, Isabella T.	237, 238	1988
Cooper, Lois	281, 283, 284	1996
Cooper, Lorene H.	160, 161	1991
Cooper, Mildred M.	99, 100	1993
Cooper, Raymond L.	208	1998
Cooper, Robert E. (Jr.)	14, 16	1990
Cooper, Ruth Whittemore	247	1997
Cooper, Sandra Ellen	357, 360	1998
Cooper, V. L.	146	1992
Cooper, Wallace R.	19, 21	1992
Coots, Ruth E.	173	1994
Copeland, Indell James (Blackie)	259, 260	1998
Copeland, Margaret	118, 119	2000
Coppage, Duane G.	305	1998
Copple, Lucille L.	300, 305	1995
Coppock, Lewis N.	112	1993
Corbell, Hill	265, 267	1987
Corey, Obed I.	70	1987
Corey, Abbie E.	325, 328	1993
Corkill, Charles Edward	383	1996
Corneles, Fred B.	209	1990
Cornelison, Florence	113, 115	1991
Cornelius, Jesse B.	264, 294	2000
Cornelius, Lonnie Ray	130	1999
Cornelius, Virginia T.	226	1994
Cornero, Elias M.	251	1986
Cornfoot, Orla (Peggy)	5	1993
Cornwell, Margaret	337	1992
Corris, Jane	86	1987
Corrnell, Albert M.	406, 410	1994
Cortes, Dolores	190	1988
Cortez, Gilberto G.	262, 263	1988
Cortez, Hilma	85, 90	1999
Cortez, Jesus P.	76, 77	1988
Cortez, Jesus R.	267, 269	1996

Name	Page	Year
Cory, Matthew Alexander	263, 264	2000
Cosand, Carl E.	64, 65	1993
Cosand, Dorothy	74, 76	1995
Cosper, Otis B.	164, 165	1987
Costin, William B.	137	1986
Cothran, Pearl	425	1994
Cotton, Ronald D.	51	1989
Cottingham, Marvin D.	30	1988
Cottle, Josephine C.	96, 97	1988
Couch, Dorothy L.	169, 171, 178	1994
Couch, Edward (Don)	256, 257	1996
Couch, Miller W.	291	1999
Coughran, Nettie	45	1996
Coulter, Edna	331, 333	1993
Coulthard, Guy E.	274	1989
Coulthard, Helena Clark	10	1998
Coumont, Nena J.	235	1991
Council, Ada Ida	122	1987
Council, Dewayne	300	1997
Council, Hattie M. P.	141	1986
Council, Opal	52, 53	1989
Council, Wilbur A.	227, 228	1986
Council, William L.	305	1993
Counterman, Lewis B.	116	1987
Court, Lottie Irene	206	1988
Courtis, Beatrice M.	102	1991
Courtney, Marvin E.	201, 203	1988
Courtney, Thomas W. (Jr.)	209, 210	1988
Couser, James K.	2, 3	1988
Cousey, Jerry L.	52	1987
Coutant, Jean	220, 221	1986
Covert, Beth I.	345	1992
Covert, Henry	36, 39	1996
Covert, Imalene T.	344	1992
Covert, Oscar	120	1989
Covey, Alfred D.	352, 355	1992

Name	Page	Year
Cowan, Alice Hiatt	103, 105	1996
Cowan, Clara K.	180	1993
Cowan, Violet Irene	361	1998
Cowart, Muriel F.	101	1986
Cowart, Vera Tommie	183	1996
Cowden, Charles G.	211, 213	1990
Cowden, Eva Oneta	357, 359	1996
Cowden, Harry J.	275, 278	1995
Cowden, Helen Rees	256	1996
Cowden, Howard C.	3, 4	1989
Cowden, Walter K.	4, 5	1991
Cowell, Loy L.	261	1995
Cowen, Robert	108	1988
Cowen, Christopher M.	34, 36	2000
Cowen, Terrell L.	109	1995
Cowin, Fenton	216	1988
Cowin, Grace M.	181, 197	1999
Cowin, Marie	234, 235	2000
Cowley, Kathleen M.	255, 257	1995
Cowley, Tempy Aileen	301	1998
Cowper, Willa M.	344	1992
Cox, B. Michael	143	1989
Cox, Burke L.	132	2000
Cox, Charles G. (Jr.)	387, 388	2000
Cox, Chester S.	34, 35	1995
Cox. Clara Mae	339, 341	1998
Cox, Edna	189	1987
Cox, Frances L.	262, 263	1994
Cox, George W.	7	1988
Cox, Glenn A.	6, 8	1995
Cox, Howard W.	215	1997
Cox, John E.	282	1987
Cox, Kari Lynn	433	2000
Cox, Lee Alice	241, 242	1987
Cox. Lillian Virginia	318	1997
Cox, Lois W.	214	1990

Name	Page	Year
Cox, Lorne L.	239, 240	1987
Cox, Margaret L.	174	1999
Cox, Nettie D.	132, 135	1999
Cox, Russ L.	66, 67	1988
Cox, Samuel Bourne	186, 187	1997
Cox, Troy V. (Sr.)	55	1992
Cox, Tyrus Thorpe	6	1994
Cox, Wayne H.	171	1986
Coy, Robert J.	318, 320	1992
Coyle, Doris	246	1997
Crabb, Erin	208	1997
Crabtree, Vaida	66, 67	1993
Craft, Marie A. Mosty	177	1991
Craft, Richard C.	71	1988
Craft, William C. (Sonny)	21, 23	1991
Craft, Mrs. William C.	307	1995
Cragg, Charles Elmo	401	1997
Cragg, Katherine	158, 161	1998
Crahen, Judy shipley	28	1998
Craig, Brian W.	212	1992
Craig, Helen M.	21, 22	1993
Craig, Lee E. (Sr.)	175, 176	1996
Craig, Robert I.	311, 312	1994
Craig, Robert Taylor (Sr.)	401	1997
Craig, Virginia	92, 94, 95	1999
Craig, Wayne	150, 151	1995
Craighead, Charles D. (Sr.)	13, 14	1988
Craigie, Hugh M.	91, 92	1989
Crain, Joseph R.	13, 14	1993
Cramer, Harry T.	221, 223	1988
Cramer, Mildred	296, 297	1990
Crandall, Margaret Mary	59, 61	2000
Crandell, Minnie	33, 34	1993
Crane, Fred A, (Jr.)	373	1996
Crank, Annie	82	1986
Craver, Margaret L.	166	2000

Name	Page	Year
Crawford, Amy J. Austin	14, 15	1987
Crawford, Benjamin	260	2000
Crawford, Blanch A.	301	1991
Crawford, Gaspard	16, 24	1993
Crawford, Lloyd E.	212	1991
Crawford, Nathaniel A.	391	1995
Crawford, Sylvia Pearson	243, 244	1998
Crawford, Wyatt B. (Sr.)	3	1986
Crawley. Alton O.	187, 191	2000
Crawley, Marguerite M.	172, 175	1987
Cray, Agnes R.	192	1987
Creech, Joe W.	165	1995
Creek, Nelma A.	198	1993
Creel, Mary	422	1995
Creel, Wiley F.	112	1991
Creiglow, Evelyn	113, 116	2000
Creiglow, Veryl E.	262	1987
Crenshaw, Edith	410, 412	2000
Crenshaw, Elizabeth	86	1992
Crenshaw, Eve M.	30, 31	1986
Crenshaw, John	370, 373	1998
Crenshaw, P. A.	290	1991
Crenshaw, Ronald D.	94, 95	2000
Crenwelge, Armand	10	1996
Crenwelge, Harold L.	13	1988
Crenwelge, Pauline	44	1993
Crenwelge, Phillip G.	91	1993
Crenwelge, Wesley H.	147	1995
Crenwelge, Yvonne	1	1998
Crews, Frances M.	234, 241, 243	2000
Crews, Robert E.	195, 199	2000
Crick, Annabell	279	1998
Crider, Betty Laverne	222, 224	2000
Crider, Billy T.	79, 80, 81, 95	1996
Crider, Eugene G.	272	1989
Crider, Hoke Samuel	215	1998

Name	Page	Year
Crider, Mary	241, 245	1990
Crider, Nellie M.	295, 297	1998
Crider, Ollie Bell	101	1998
Crider, Raymond W.	13	1997
Crider, Roy L.	241	1989
Crider, Shirley A.	193	1994
Crider, Syretta E.	309, 311	1995
Crider, William H.	200	1995
Crider, Mrs. W. T. (Juanita)	107, 109	1994
Crippen, David	275, 277	1987
Crisp, Willaim	307, 310	1994
Criss, Mary Elizabeth	362	1997
Crist, Opal	19a	1986
Critton, Charley J.	112, 113	1993
Crites, Charles F.	3	1986
Crites, Mrs. Floye	239, 240	1990
Crittenden, William A.	300	1995
Critzer, Estelle D.	300	1993
Croak, Don	227, 232	1996
Crocker, Alfred	32	1990
Crockett, Alvada	249, 250	1991
Crockett, Walter F.	133	1986
Croft, Frederick J.	49	1989
Crone, Janet T.	382	1994
Crook, Esther Evelyn	224	1990
Crook, Harriet W.	148	1995
Crook, Hazel Githens	33	1997
Crook, Warren J.	230, 232	1986
Crooks, Raymond A. (Sr.)	268, 272	1992
Croom, Ruth M.	22	1996
Crosby, Helen R.	4, 6	2000
Crosby, Theora	32	1987
Cross, Constance D.	279	1992
Cross, Dan B. (Sr.)	274	2000
Cross, Dorothy Louise	126, 127	2000
Cross, Fred M.	240	1991

Name	Page	Year
Cross, Joseph L.	223	1999
Cross, Lillian V.	65, 68	1992
Cross, Millidee	259, 263	1996
Cross, Robert W.	71	1986
Cross, Walter W.	24, 25	1986
Cross, William	280, 281	1989
Crossland, Loraine Sellin	257	1998
Crosthwait, Gladys B.	238, 239	1990
Crosthwait, Sandra K.	216, 217	1992
Crotty, J. W.	214, 215	2000
Crotty, Ruth A.	318, 319	2000
Crouch, Owen V.	245	1994
Crouch, Thelma	229, 231	1994
Crow, Dennis	228, 229	1995
Crow, Hoyt B.	282, 283	1987
Crow, Kate	195	1991
Crow, Neita Elizabeth	293, 294	1991
Crow, Virginia	271, 272	1998
Crowe, La Rue M.	161	1992
Crowl, Joe J.	18	1987
Crowl, Mary L.	298	1997
Crowley, George R.	407	1999
Crowley, Sammie M.	11, 12	1999
Cruces, Juan	30	1995
Cruikshank, Adelaide	25	1986
Crum, James William	381	2000
Crum, Mattie Mae	219, 220	1991
Crumpton, David J.	150, 151	1996
Crumpton, Vivenne Rucker	328	1999
Cruse, William B.	230	1998
Crutchfield, Jody B.	247	1990
Crutchfield, Mary O.	171, 175	2000
Cruz, infant male	90	1993
Cruz, Perez Reynaldo	148	2000
Cudd, Clementine C.	219, 220	1991
Cude, Martha Elizabeth	192, 193	1988

Name	Page	Year
Cuellar, Juan Francisco	291	1999
Culberson, Mina McCaughan	242	1998
Culberson, William J.	151	1989
Cullen, Florence	144, 145	1993
Culpepper, Anne S.	79	1986
Culpepper, Ola L.	191	1989
Culver, Ava M.	11	1988
Culver, Jesse Earnest	138	1986
Culwell, Ashley Renee	126	1998
Culwell, Edith W.	309	1995
Culwell, W. J. (Jack)	321	1994
Cummings, Bertha H.	73	1993
Cummings, Helen N.	216	1995
Cummings, Marc D.	55, 57	1995
Cummings, Walter B.	54, 55	1994
Cunningham, Andy R.	194	1989
Cunningham, Billie J.	80, 81	1992
Cunningham, Lewis T.	8, 10	1995
Cunningham, Maurice (Chris)	134	1995
Cunningham, T. H. (Hal)	288	1989
Cuno, Vera	241	1996
Cupps, Susie	192	1986
Curbo, Leta M.	216, 217	2000
Curbo, Thomas W.	416, 419	2000
Curd, Ruby M.	209, 212	1996
Curl, Mildred M.	393	1997
Curlee, James D.	418	1999
Curlee, John C.	53	1989
Curlee, William B.	8	1987
Curlee, Rosa Etta Stone	346	1998
Curnutt, James A, (Jr.)	382, 389	1994
Currier, Frank Owen	57, 59	1987
Curry, Audrey	343	1998
Curry, Betty J.	246	1993
Curry, Frank (Jr.)	177	1996
Curry, Lillian	39	1993

Name	Page	Year
Curry, Mary J.	255, 257	1986
Curry, Maude	52	1993
Curry, R. W.	16	1992
Curtin, Catherine M.	124, 125	1986
Curtis, Franque Roselyn	72, 73	1989
Curtis, Juanita	291, 293	1990
Curtis, Mattie V.	155, 156, 157	1995
Cutbirth, Oleta	393	1994
Cutler, Dorothy	396	1999
Cutler, Thomas E.	84, 85	1988

D

Name	Page	Year
Dabney, Katie Mae	229	1991
Dabney, Mary J, (Pink)	269	1993
Daendiliker, Louis	39, 40	1986
Dahlquist, Leonard W.	305, 307	1996
Dahse, Irma B.	320, 322	1996
Dahse, Norwin G.	79	1992
Dailey, Delia A. Mogford	246	1994
Dailey, James E.	170	1995
Dale, Arthur A. (Sr.)	206, 207	1999
Dale, George J.	241, 242	1992
Dale, Katherine M.	319	1991
Dallaire, Danity Mays Clark	247, 253	1998
Dalrymple, Byron W.	313, 315	1994
Dalton, Deana	71	1997
Dalton, Denny	246	1996
Daly, Earl M.	243	1997
Damaini. Leslie S.	310, 311	1998
Danache, Alfonso A.	270, 272	1987
Dancy, Ellen Conklin	358, 359	1997
Daniel, Aena M.	114, 115	1986
Daniel, Beatrice	229, 230	1987

Name	Page	Year
Daniel, Dolph R. (Jr.)	23	2000
Daniel, Gerard E.	214	1990
Daniel, Mildred	213, 214	1990
Daniels, Cecile Griffin	51	2000
Daniels, Della W.	53	1996
Daniels, Susie M.	377, 382	1995
Daniels, William E. (Billy Ed)	96	1989
Daniels, Harry E.	215	1990
Daniels, Leona H.	46, 48	1988
Daniels, Lucille B.	182, 183	1996
Daniels, Nicoletta E.	271	1993
Dann, Leland	54	1995
Danna, Wanda	277	1999
Dansby, bertha E.	165	1994
Dansby, John W.	285, 289	1990
Danz, Benno (Sr.)	171	1989
Danz, Percy	318	1993
Daraska, Pauline	73, 74	1989
Darby, R. E.	146	1987
Darden, Francis Loyce	304, 305	1994
Darden, Ocie	236	1988
Darden, Sam	357, 358	1992
Dare, Milton K.	383	1994
Dare, Mitchell C.	112	1989
Dare, Pete	113, 114	1987
Darnell, Bob	3, 7	1995
Darnell, Clara Olene	394	1998
Darnell, Leland	139, 140	1986
Darnell, Verna N.	57, 59	1996
Daugherty, Annie C. Wiemers	231	1989
Daugherty, Ruth	304	2000
Daughtrey, Eula F.	392	1995
Daughtry, James C.	237	1986
Daunt, A. Nelson	325	1992
Davee, Christine	33	1998
Davee, Lewis H. (Luke)	212, 216	1999

Name	Page	Year
Davenport, Betty	154	1988
Davenport, Edwin J.	259	1995
Davenport, Emmie F.	121, 123	1991
Davenport, Francis H.	269, 270	2000
Davenport, Jack	202, 203	1989
Davenport, Mattie O.	158, 160	1988
Davenport, Robert K.	275	1991
Davenport, Thelma E.	170, 171	1998
David, Agnes	45, 47	1987
David, Max	190	1994
Davidson, Alvin G. (Jinks)	64	1989
Davidson, Catherine C.	189	1992
Davidson, Lala B.	83, 86	1995
Davidson, Lawrence L.	63, 64	1991
Davidson, Michael	140, 141, 145	1998
Davidson, Robert Carey (Kit)	274	1997
Davidson, Robert G.	186, 188	1990
Davidson, Robert M.	258	1996
Davies, Billie	217	1993
Davies, David O. (Sr.)	72	1991
Davis, Albert Dwight	261, 263	1991
Davis, Allyne	357, 358	1992
Davis, Annie B.	140	1999
Davis, Annie Lee	247, 248	1996
Davis, Barbara	123	1999
Davis, Benjamin Guy Derr	48	1997
Davis, Charlie E.	286	1989
Davis, Dorothy A.	87, 88	1993
Davis, Dorothy M.	171	1989
Davis, Earl N. (Jr.)	263	1997
Davis, Early C.	250	1993
Davis, Elsa	259	1999
Davis, Emily Z.	341, 342	1995
Davis, Ernestine (Penny)	19, 20	1997
Davis, Esta Cartwright	221	1997
Davis, Euleta	111	1992

Name	Page	Year
Davis, Fannie E.	162, 163	1991
Davis, Florence M.	209	1996
Davis, George H. (Jr.)	212, 213	1987
Davis, Harry R.	128, 130	1986
Davis, Helen M.	227	1997
Davis, Howard L.	290, 291	1993
Davis, Ithama I. (Ikey)	248, 250	1999
Davis, Jacksie B.	118, 119	1996
Davis, John D. (Jr.)	53, 54	1997
Davis, Johnnie Marie	125	1999
Davis, Ida E.	306, 308	1990
Davis, James C.	209	1994
Davis, James E.	265	1995
Davis, Jasper	174	1994
Davis, Jeffery J. A.	73	1986
Davis, John T.	337	1994
Davis, Katherine	218, 219	1990
Davis, Kenneth	101, 102	1989
Davis, Lorena H.	69	1996
Davis, Luanne V.	146	1996
Davis, Martha	179	2000
Davis, Mary	229	1994
Davis, Mary Alice	269	1997
Davis, Marynell	83, 86	1997
Davis, May O.	275	1989
Davis, Mildred	57	1989
Davis, Nellie E.	245, 247	2000
Davis, Nelson C.	227, 228	1987
Davis, Nora A.	423, 425	1994
Davis, Oscar Henry	393	1997
Davis, Patricia A.	180, 181	1987
Davis, Pearl S.	82, 83	1992
Davis, Raymond	349	1999
Davis, Ross	131	1997
Davis, Ruth	241	1997
Davis, Sherwood, Smith	383, 385	1997

Name	Page	Year
Davis, Stella Lee	183, 184	1992
Davis, Stuart	346	1994
Davis, Thelma	381	1997
Davis, Trevor A.	172, 174	1991
Davis, W. Gilliis	131	1998
Davis, Waring	125	1995
Davis, Wayne N.	147	1990
Davis, Winnie	7, 8	1989
Davison, Elizabeth H.	283, 284	1990
Davison, Garvin	239, 240	1990
Davisson, Forbes I.	251, 252	2000
Davolt, John I.	137	1990
Davolt, Naomi Flora	426, 428	2000
Davoren, William T.	202, 203	1986
Dawson, Russell	311	1994
Dawson, Vera D.	67	1996
Day, Addie E.	144	1987
Day, Clinton	132	1999
Day, Cornelia A.	41	1986
Day, Ellis Marvin (Jr.)	73, 75	2000
Day, James W.	225	1993
Day, Lois	186, 187	1998
Dayton, Mary Alice	39	1998
Deadman, Vivian E.	120, 123	1994
Deal, Irene A.	160	1992
Deal, James Alford	119, 121	2000
Deam, Esther L.	244	1990
Deam, Taylor	11	1986
Dean, Dorothy	341	1998
Dean, Ethel E.	155, 156	1988
Dean, J. D.	369, 374, 375, 383	1996
Dean, Nettie	23	2000
Dean, Rhoda Leigh Owens	169	1999
Dean, Sybil	130	1996
Dean, Wanda J.	7	1991
Dean, Welson C.	242, 252	1996

Name	Page	Year
Dean, Wilburn Lee	230	1992
Deanda, Octaviano	44, 58	1994
Deane, Mary P.	10, 12	1988
Dear, Claudia E.	206	1996
Dear, Dorothy G.	422, 424	1995
Dear, Edgar L.	309	1990
Dear, Gene R.	182, 183	1988
Deardon, Mary Ann	308	1994
Dearing, Edgar G.	232	1995
Dearing, William B. (Jr.)	24	1986
Deaton, Vernell	204	1986
Deaver, Eula Mae Watson	67	1997
De Beaulieu, Eugene B.	225	1987
De Bord, Woodrow L.	79	1993
Dechart, Elroy	90	1993
Dechert, Clayton W.	105, 109	1997
Decker, James M.	318, 322	1992
Decker, Mary L. S.	28	1986
Decker, Robert P.	196	1992
Dedek, Joe	30	1986
Dee, Ann	84	1997
Dee, Tommy	230	1989
Deeds, James Audley (Pat)	337	1999
Deere, Ava	205, 206	1999
Deering, Claribel. R.	274, 275	1995
Deering, Elmer C.	234, 235	1990
De Gaetano, Nannette G.	144	1991
Degner, Forest E.	22, 223	1986
Dehart, Infant Boy	59	1989
De Hoyas, Augustina	411, 412	1994
Deibner, Annie C.	288	1995
Deidloff, Eleanor	20, 24	1994
Deily, Fredric H.	149	1999
Deitchler, Kenneth Kay	358	1993
Deitert, Eddie	121	1992
De Kunder, Alfred	224, 227	1990

Name	Page	Year
De Kunder, Mrs. Anthony H.	264, 165	1989
De La Fuente, Mirella Jimenez	58, 59	1991
De La Fuentes, baby girl (Mirella)	239, 242	1987
De La Garza, Carlos	274, 278	1987
Delano, Gladyce A. S.	74	1986
De La Rosa, Juanita F.	227, 228	1989
De La Rosa, Samuel	268	1995
De Leon, Carlota	148	1998
De Leon, John Richard	390	1996
De Leon, Rumaido	259, 262	1988
Delesandri, Pete	233, 235	1998
Delgadillo, Charles R.	158	1992
Delgadillo, Daniel R.	145, 147, 148	2000
Delgadillo, Isedro J.	158	1990
Delgado, Jason Jeremy	425	2000
De Los Santos, Vicenta H.	8	1996
Del Papa, Omero Lawrence	238, 241	1998
Demanovich, Barbara A.	20	2000
Demanovich, Sylvester	294, 295	1991
De Martelly, Edward B. (Ted)	220	1997
De Montel, Alleen M.	239, 244	1997
Dempsey, Charles R.	58, 60	1992
Dempsey, Ruth	177	1998
Demske, Sheldon E.	260, 261	2000
Demuth, Henrietta	390	1994
Dendy, Emmett D.	251, 252	1989
Denham, William Dean	280, 282	1999
Dennis, Emma Belle	363, 366	1994
Dennis, Curtis R	79	1999
Dennis, Glenn	60	1996
Dennis, Jesse A.	171, 172	1988
Dennison, Alvin	81, 82	1989
Dennison, Beulah M.	100	1999
Densford, Charles F. (Sr.)	236	1986
Densford, Cora G.	2	1994
Densford, Corra G.	371	1993

Name	Page	Year
Densford, William H.	106	1992
Denson, Edith	382	1996
Denton, Anna F.	8	1987
Denton, Jesse V.	139, 140	1993
Denton, Joseph A. (Jr.)	118	1986
Denton, K. O.	163, 164	1988
Denzu, Charles G.	344	1992
De Oca, Encarnacion Montes	138, 139	1991
De Oca, Guwadlupe Montes	108, 111	1995
De Priest, Robert V.	219, 221	1988
Derby, Jack R. (Sr.)	13	1991
Deres, Dorothy	45	1998
De Roue, Alicia F.	114	1995
Derrick, Ramona Faye	197, 200	1998
Derry, George P.	300, 301	1994
Desalme, Charles	291	1994
Dershem, Rose L.	190, 191	1990
Desorneaux, Sandy	364	1993
Deveny, Helen L.	131	1994
Deveny, James A. (Dr.)	101, 102	1999
De Viney, Homer H.	222	1998
Deviney, Jeanette	155, 158	1998
Dever, Devern L.	354, 356	1992
De Villiers, Herman E.	104, 106	1989
Devitt, Margaret H.	21, 23	1990
Devolid, Opal F.	191	1996
Devoll, Issac H. (Jr.)	229, 231	1996
Devon, Ruby Lea	47	2000
De Vore, Elsie W.	12, 13	1995
De Vore, Monroe D.	310	1990
De Vore, Phyllis Ann	284	1996
Dew, George M.	39, 41	1988
Dew, Robby Lee	187, 189	1999
Dewees, Norman	120, 125, 129	1994
Dewey, Don L.	52, 53	1993
Dewey, Patricia C.	265, 266	1990

Name	Page	Year
Dewitt, Bessie P.	99, 101	1989
Dial, Anolia B.	219	1987
Dial, Mada	189, 191	1992
Diaz, Daniel	244	1999
Diaz, Pedro	42, 43	1986
Diaz, Sara Rosa	186	1997
Diaz, Vera H.	180	2000
Dibbens, Donald D.	366, 368	1995
Dibbens, Martha B.	177, 178	1992
Dick, Fred G.	267	1988
Dickens, Albert J.	213	1992
Dickens, Amelia T.	83	1989
Dickens, Bertha	414	1995
Dickerson, George Michael	389	1998
Dickerson, Mary O.	12, 13	1988
Dickerson, Mike	228	1998
Dickerson, William O.	172, 177	2000
Dickey, Effie A.	308, 309	1991
Dickey, Lucinda H.	256, 257	1989
Dickey, Monnie B.	172	1991
Dickey, Walter (Pat)	125, 126	1993
Dickey, Wilbur N.	17, 20	1987
Dickey, Winnie F.	21	1993
Dicks, Bessie J. Collis	168	1990
Dickson, John L.	211, 212	1986
Dickson, Lucy W.	171, 173	1993
Diekhoff, Kathryn B.	242, 245	1999
Dietel, Harold H.	334	1994
Dietel, Norman J.	129	1990
Dietert, Arthur	254, 256	1987
Dietert, Fritz Paul	126	1995
Dietert, Merle	242, 243	1998
Dietrich, Delilah Shearer	242	1992
Dietrich, Eugene J.	40, 41	1992
Dietz, Clara	72	1994
Dietz, Margaret	245	1995

Name	Page	Year
Diggs, Brandon Ross	114, 117	1998
Dilbeck, Elmer L.	210	1986
Dillard, Edna	9, 11	1990
Dimery, George A. (Jr.)	113, 115	1993
Dimery, Helen	255, 258	1998
Dimery, Sam	105	1986
Dimmitt, Louise E. (Bessie)	153	1989
Dingman, Floyd E.	85, 88	1993
Dinkel, Katie M.	100, 101	1989
Dinkfeld, August M.	314	1991
Dinkfield, August M.	314	1991
Dion, Francis	2, 3	1988
Di Pietro, Donald J.	118, 119	1991
Discher, Arno E.	240, 241	1986
Disheroon, Ennis R.	380	1996
Disheroon, Johnnie J.	39	1993
Dismukes, Charlie M.	205, 207, 212	1990
Dismukes, Mildred	389	2000
Ditler, Helen M.	440	2000
Dittmar, Donald D.	226	1991
Dittmar, Edwin A.	148	1992
Dittmar, Martin J.	77	1993
Dittmar, Otto	60	1988
Dittmar, Robert	299, 302	1997
Ditto, Julia Lucile	344	1994
Ditto, Vona Lee	199	1997
Divilbliss, Ruby J.	140	2000
Dix, Joyce M.	226	1998
Dixon, Derrie	306	1997
Dixon, Edgar A.	32	1988
Dixon, Grace A.	313	1994
Dixon, Lecil	3	1997
Dixon, Thelma	329, 331	1994
Dixon, Wilma (Bill)	54, 56	1994
Doades, Thomas W.	294, 295	1999
Dobie, Martha A.	291, 292	1997

Name	Page	Year
Dobozy, Joseph E.	336	1992
Dockus, Harold	107, 108	1987
Dodd, Etta V.	183	1992
Dodd, George E. (M. D.)	291, 292	1998
Dodd, Monroe L.	169, 170	1986
Dodd, Tully	162	1990
Dodd, William G.	33	1989
Dodsall, George E.	256	1992
Dodson, Leon	208, 209	1986
Dodson, Milton Raymond	305	1999
Dodt, Harry (Jr.)	247, 248	1990
Doebbler, Alvina	262	1995
Doebbler, Rubin L.	205	1993
Doering, Lucia J.	367	1994
Doering, W. O. (Sr.)	239	1991
Doggett, Grace (Tiny)	422	1995
Doheny, Helen C.	333	1997
Doherty, Frances	405	1995
Dohrow, Gertrude	324, 333	1993
Dole, Frank	216, 218, 220	2000
Dolen, Ike	251	1989
Doles, Georgia	150	1989
Dolezal, Bertha	127	1986
Dolezal, Ora	323	1991
Dolgener, Frankie	218	1993
Dollahite, Willie M.	337	1995
Dollar, Buil	59	1992
Dombeck, Clarence J.	339, 340	1999
Dombkowski, Joseph A.	338	1998
Domingues, Lillian	93	1987
Domingues, Louis	188, 189	1994
Domingues, Margaret Horton (Peggy)	390	1996
Dominguez, Cosme (Chame)	296	2000
Dominguez, Reynaldo	103	1991
Domitrovich, Florence	331	1998
Dommert, Thomas M.	171, 172	1999

Name	Page	Year
Donald, Clarence W.	343	1992
Donaldson, Daul W.	28, 33	1998
Donaldson, Therma M.	39	1994
Donihoo, Nathan C.	218, 219	1994
Donis, Andy H.	89	1998
Donnalley, Mary Jane	394, 396	1998
Donnelly, Edmund H.	56, 57	1997
Donnelly, Fanny	94, 96	1987
Dooley, Arthur	191	2000
Dooley, Claryce B.	203, 204	1989
Dooley, Krystal L.	70	1987
Dooley, Lloyd	296	1997
Dooley, Martin	149	1994
Dorado, Jesus D.	126, 128	1986
Doran, Charles W.	17, 20	1994
Doran, Lloyd	368, 374	1996
Doran, Lloyd W.	296	1997
Dorbandt, Nancy	123	2000
Dorety, Wade Leslie	1, 4	2000
Doria, Charles B. (Jr.)	272	1999
Dorman, Wesley D.	154	1987
Dorrill, George T.	199	1992
Dorris, Hayes H.	248, 249	1989
Dorris, Leora	2	1998
Dosdall, George E.	255, 263	1992
Dosdall, Rose A.	95, 97	1999
Doty, William G.	289	1994
Doughty, Edward W.	346, 349	1994
Doughty, Grace	395, 402, 403	1995
Douglas, Lela Mae	335	1993
Douglas, Richard H.	64, 65	1987
Douglass, Perry C.	127, 128	1995
Dove, Jimmie	196	1993
Dowdy, Carlton L.	353	1998
Dowdy, George A.	202, 206	1991
Dowdy, James (Clyde)	169	1990

Name	Page	Year
Dowdy, Juanita Ruth	314	1996
Dowdy, Kyle	11	1986
Dowdy, Myrtle	338, 339	1992
Dowdy, Ruby Mae	299	1997
Dowdy, Thomas L.	322	1993
Dowell, Donald E.	351, 353	1996
Dowell, Geneva	3, 4	1991
Dowling, Michael	389	1998
Downard, Donald E.	158, 161	1994
Downey, Alice R.	249	1993
Downey, Harry L.	168, 169	1994
Downum, K. B.	101, 102	1997
Downum, Virginia	281	1998
Doyle, C. E. (Charlie) Sr.	37	1986
Doyle, Estelle	66, 68	1988
Dozier, F. C.	2	2000
Draeger, Soledad R.	53, 54	1993
Drake, Barbara	320	1996
Drake, Jack	111	1999
Drake, Willie R.	282, 283	1994
Drane, Mary E.	270	1992
Draper, Elsie	64	1995
Dreau, Blanche L.	285	1996
Dreau, Roger	142, 145	1988
Drees, Edna R.	36	1988
Dreiss, Ava	106, 107	1993
Dreiss, Dennis K.	223, 224	1992
Dreiss, Paul M. (Jr.)	309	2000
Drennan, Fay	231	1995
Dresser, Margaret Ruth (Kuky)	399, 402	1999
Drew, Stuart Tod	360	1998
Drew, Timothy O.	363, 364	1998
Dreyfus, Ima M.	320	1996
Drier, Sue T.	269	1990
Driffill, George C.	177, 178	1995
Driskill, Luther	40, 44	1992

Name	Page	Year
Driver, Connie	206	1995
Droppo, Nora	82	1995
Drozd, Adolph	366	2000
Druebert, Donald Ray	64	1997
Druebert, Ernst H.	125	1992
Druebert, Evelyn Gerdes	109	1998
Drummond, Bertha Irene	251, 252	1995
Drummond, Harold	253	1992
Drury, Bessie	337, 338	1995
Drury, Janice G.	371, 374	1997
Dryden, Joe S.	360, 363	1993
Dryer, Judy	42, 43	1998
Drysdale, George L.	148, 149	1995
Drysdale, H. Ardis	98, 100	1996
D'Spain, Carel L.	345, 346	1995
D'Spain, Henry L.	54	1994
D'Spain, Nimrod (Doc)	7, 8	1990
Duarte, Andrew (Jr.)	91	1993
Dubbs, Del Rose (Dr.)	221	1998
Dube, Jacqueline R.	100, 101	1988
Dube, Walter	30, 32	1996
Dubois, Barbara Louise	64	1987
Dubois, Christopher Gerald	64	1987
Dubois, Gerald	64	1987
Dubuque, Elmer Edward	276	1999
Duby, Elva M.	173, 175	1997
Duchow, Wallace Greg	106, 109	1992
Duckworth, Mary Joan	10, 11	1989
Duckworth, William H.	38	1987
Duderstadt, Douglas W.	15	1993
Duderstadt, Edna Bea	80	1999
Duderstadt, M. R. (John)	400	1994
Duderstadt, Temple J.	36	1988
Duderstadt, Yvonne	244	2000
Duddy, Elenora B.	90	1991
Duddy, James T.	145, 146	1986

Name	Page	Year
Dudgeon, Katherine A.	76, 79	1995
Dudley, Mary E.	356	1994
Dudleym Vallie Mae	258	1997
Duecker, Raymond	147	1990
Duecker, Reuben A.	64	1992
Duesterberg, G. J. (Joe)	160, 161	1997
Duff, Clara	28	1998
Duffard, Walter F.	217	1989
Dufner, Hillery A.	238	1986
Dufner, Kenneth	210	1987
Duglosch, Shirley	195, 197	2000
Dugosh, Catherine	96, 98	1992
Dugosh, Mary	194, 195	1990
Duhon, Joseph R.	201	1991
Duke, Burney W.	172	1999
Duke, Howard Dean	65, 91	1998
Duke, Jimmy F. (Jeff) Dr.	152	1996
Duke, Leema E.	38, 39	1991
Duke, Louise C.	77, 79	1997
Dukes, Maj. Joseph (Jr.)	99	1988
Dulaney, Charlotte	233, 237, 239	1993
Du Menil, Frances L.	260, 263	1998
Dumler, Pearl	32, 34	1993
Dunbar, Mary L.	150	1994
Dunbar, Peggy Ainsworth	61	2000
Duncan, Bill	424	1994
Duncan, Bonnie R.	163, 164, 166	1992
Duncan, Diane B.	36, 39	1996
Duncan, Dorman W.	151	1987
Duncan, Ernest	94, 95	1998
Duncan, Gordon L.	89	1987
Duncan, Marvel	96	1987
Duncan, Thelma	337	1994
Duncan, William	56	1992
Duncan, William	1	1995
Duncan, William D.	27, 29	1990

Name	Page	Year
Duncan, Willie N.	21, 23	1990
Dunham, Jerald M.	26	1986
Dunham, Lorena H.	161	1987
Dunham, Maurione Highsmith	151	1996
Dunham, Perry W.	167	1987
Dunker, Albert W.	32	1995
Dunks, Paul I.	100, 101	1988
Dunks, Wallace E.	393, 395	1994
Dunmire, Helen E.	177	1987
Dunn, Clyde H.	23, 24	1987
Dunn, Dollie	186, 187	1996
Dunn, Drue Alonzo	326, 329	2000
Dunn, Gordon O.	348	1999
Dunn, James Homer (Homer J.)	259, 260	1999
Dunn, Joe	72, 74	1991
Dunn, Lena	130	2000
Dunn, Linda	178	1993
Dunn, Mary M.	142	1988
Dunn, Richard	202	1999
Dunning, John A.	177	1995
Dunning, Ruth	362	1997
Dunseath, Diane Marie	21	1998
Dunwoody, J. Francis	272	1992
Duong, Vinh Chi	192, 193	1988
Dupuy, Helen B.	286	1994
Duque, Arthur	84	1993
Duque, Jane	84, 85	1993
Duran, Flora C.	200	1992
Duran, Genaro C. (Jr.)	361	1995
Duran, Henry Caldaeron	268	1999
Durand, Terry	250	1990
Durant, Ralph	250	1999
Durden, Chisom Don	250	1986
Durden, Jerry (Jr.)	190	1994
Durham, Anna	128	2000
Durham, Licas	148	1998

Name	Page	Year
Durham, Tolford	266	1997
Du Rocher, Frederick C.	46, 47	1986
Durrell, Wanda	55	2000
Durrenberger, Laura	200, 201	1990
Durrenberger, Mazo Tisinger	266	2000
Durrin, Charles S.	332, 333	1996
Durst, Alvin A. (Rev.)	29	1989
Durst, Elizabeth	91	1995
Durst, Louis E.	408	1994
Durst, Monroe (Claude)	96	1989
Durst, Olga L.	425	1995
Dwyer, Ailene	110	1993
Dwyer, Edmond L.	11, 13	1989
Dwyer, Lawrence L.	253	1987
Dwyer, Nellie Marie	278	1998
Dyal, Thomas L.	307, 309	1990
Dye, J. R. (Rev.)	218, 219	1999
Dye, Thelma M.	285, 289	1991
Dyer, Edward Lawson (Dr.)	329	1999
Dyer, Gladys	199, 201	1986
Dyer, Mrs. Johnie Larue	240	1988
Dyer, True H.	203	1986
Dyess, Lucy	39	2000
Dyke, Fred M.	124, 125	1987
Dyke, Marshall R.	188, 191	1994
Dyke, Virginia	258	1994
Dykstra, Lloyd	272	1997

E

Name	Page	Year
Eagens, Corene P.	17, 21	1994
Eager, Al	38	1988
Eakin, W. E. (Bill) Sr.	72, 73	1987
Eales, Jewell	160, 161	1991

Name	Page	Year
Earehart, Viola	269, 271	1998
Earl, Anna M.	206	1988
Earl, Hubert N.	238, 239	1986
Early, Pearl E.	27, 28	1993
Earwood, Darryl	69, 71	1996
Easley, Charles W.	120	1997
Easley, Ellen	177	1995
Easley, Rae A.	133	1987
Eason, Troy	107	1986
East, Gayle	208, 209	1995
Easterling, Hilton	281, 282	2000
Eastland, Seaborn (Jr.	297	1990
Eastlick, Burke	129, 135	1988
Eastman, Paul R.	215, 216	1997
Easton, Sue Vivion	251	2000
Eastridge, E. C. (Bud)	298, 299	1991
Eastridge, Milam	230	1986
Eastwood, Lois	204, 205	1997
Eatmon, Joyce	133	1991
Eaton, David F.	1	1986
Eaton, Freemont M.	14, 15	1988
Eaton, John A.	338	1992
Eaton, Lillian	416, 417	1995
Eaton, Vivian	407	1997
Eaton, William	327, 328	1997
Ebensberger, Robert E. W.	238	1987
Eberle, Richard K.	100, 102	1995
Ebersole, Chester	199	1996
Ebert, Estella	40	1990
Ebert, Mary T.	119	1986
Ebling, Elsie G.	204, 206	1996
Echols, Alton B.	101, 102	1989
Eckardt, Shirley A.	121	2000
Eckerle, Elnora (Mickey)	273	1991
Eckert, H. K. (Griz)	95	1987
Eckert, Linda	259	1995

Name	Page	Year
Eckert, Tori	279, 281	1995
Eckhardt, Bruno	423	1994
Eckhardt, Roland H.	401	1995
Eckhart, Charles R.	340, 341	1992
Eckhart, Elsie A.	267	1997
Ecklund, Loren A.	302	1998
Eckstein, Charles H.	346, 347	1997
Eckstein, Maude E.	91	1987
Eckstein, Walter W.	215	1990
Econome, Georgia	59, 60	1988
Eddins, Gerald L.	219	1989
Eddleblute, Jacqueline Kauffold	5	1999
Edelbrock, Joseph A.	244, 245	1988
Edelbrock, Zora De Forest	192	1998
Edens, Curtis E.	188	1987
Edens, Lucille Jackson	336	1994
Edgar, Henry E. (Jr.)	60	1987
Edington, Andrew	119, 121, 123	1998
Edington, Marguerite H.	33	1998
Edmiston, Chrystal A.	129, 131	1987
Edmonds, Berta (Polly)	50	1989
Edmonds, Henry	72	1986
Edmonds, James E.	81, 82	1986
Edmonds, Walter M. (Sr.)	425	1994
Edmonds, Walter M. (Sr.)	2	1995
Edson, Harris E,	196, 206	1997
Edson, John R. (Sr.)	168, 169	1997
Edwards, Alyce L.	169, 170	1990
Edwards, Bula A.	109	1987
Edwards, Clarence I.	103	1992
Edwards, Edith	220	1989
Edwards, Estella	320	1993
Edwards, Francis M. (Sr.)	169, 170	1990
Edwards, Iva. M.	73, 75	1987
Edwards, Jerome R.	175, 176	1990
Edwards, Jerra	277	1991

Name	Page	Year
Edwards, Jim	213	1989
Edwards, Jim	311, 313	1997
Edwards, Lawrence J.	257, 258	1990
Edwards, Levere H.	16	2000
Edwards, Louis C.	112, 113	1989
Edwards, Luther	228, 230	1988
Edwards, Marjorie H.	197	1998
Edwards, Myrtle M.	137, 139	1990
Edwards, Oris L.	12	1988
Edwards, Oris Lamar	95	1999
Edwards, Patricia Mae	265, 266	1992
Edwards, Pearl L.	200	1991
Edwards, Robert A. (Dr.)	261, 265	1987
Edwards, Ruth L.	307, 309	1994
Eggering, Leo Thomas	61, 62	1999
Eggers, Ernest	224	1990
Ehlers, Arthur George	351	1998
Ehlers, Lavern	147	1990
Ehlert, George W.	175, 176	1988
Ehrlich, Amanda P.	323, 326	1994
Eichblatt, Jewell Mae	279, 280	1991
Eichblatt, Marvin L.	260	1994
Eichholz, Kurt	196	1989
Eilers, Neta Mae	289	1997
Eilert, Martha	21	1991
Eisenhauer, Edgar L.	12	1991
Elam, Clyde C.	75, 77	1987
Elder, Harold L.	329, 330	1995
Eley, Guy	2, 4	1999
Elizardi, Lillyan W.	325, 327	1997
Elizondo, Pauline G.	220	1999
Elkins, David A.	129	1999
Elkins, Nannie B.	174	1991
Elkins, Wilson H.	104	1994
Ellard, Alma	24	1992
Ellebracht, Leona	303	1990

Name	Page	Year
Ellebracht, Lillie	17	1995
Ellebracht, Olivia Kneese	248	2000
Ellebracht, Ottilie	282	1991
Elledge, Bobby Joe	390	2000
Eller, Erie T.	8, 10	1993
Ellingboe, Olga M.	174, 175	1988
Ellington, Aubrey H.	157, 158	1992
Ellington, John A. (Jack)	249, 251, 252	1995
Elliott, Anna	367, 371	1994
Elliott, Joel A.	133, 135	1989
Elliott, Paul C.	2, 5	1987
Elliott, Robert A.	83, 84	1994
Ellis, B. Val	94	1995
Ellis, Dan T.	223	1988
Ellis, Eddie D.	44, 45 47	1990
Ellis Ercell J.	318	1999
Ellis, Jack W.	110	1988
Ellis, James Cary	245, 246	1991
Ellis, John R.	135	1991
Ellis, Lois E.	363	1997
Ellis, Lucy	248	1994
Ellis, Marie T.	208, 210	1996
Ellis, Mary Elizabeth	129	1993
Ellis, Mary Lou	407, 409	1999
Ellis, Mildred	43	1992
Ellis, Ollie M.	368	1993
Ellis, Rowland L.	123, 124	1988
Ellis, Thelma	152	1987
Ellison, Virginia A.	169	1987
Ellisor, Milton Webster	290	2000
Ellisor, Naomi Ann Slimp	223	1998
Ellmore, Johnny (John A.)	23, 24	1991
Elman, J. Francis	424	2000
Elmore, Geraldine	4, 11	1995
Elmore, Janet Louise	216	1999
Elrod, Ike L.	253, 254	1996

Name	Page	Year
Elter, Alfred	59, 60	1994
Elverd, Mary E.	358, 359	1995
Elwell, Edith R.	142, 143	1987
Ely, Hilda Margaret	150	1995
Ely, Kirsten	220	1999
Embertsen, Jon E.	137, 148	1986
Emerson, Rubelyn	114, 117	1997
Emerson, Sarah W.	147	1996
Emerton, Naoma L.	20	1990
Emery, Ruth	141	2000
Emig, Dorothy F.	264, 266	1999
Emig, Marion	321, 323	1994
Emmert, John	379	1994
Emmons, Linda	234, 235	1988
Ender, Merilyn	147	1998
EnEarl, Lila B.	189	1988
Ender, G. W. (Fred)	98	1996
Enderlin, Demetria A.	148	1991
Enderlin, Gretchen Nagel	235	1993
Endersbee, Thomas H.	269	1996
Engdahl, Harold B.	219, 220	1986
Engel, Albert	290, 291, 292	1994
Engel, Irma L. (Daisy)	258, 260	1997
Engelke, Albert G.	242, 244	1986
England, Clifford	122	1986
England, Margaret S.	400, 403	2000
Engleman, Henry	193	1992
Emgleman, Gary E.	110	1995
Engleman, J. Wayne	290	1991
English, Bettye	107	1995
English, Dudley M.	127, 128	1986
English, Sally Shelby	251	1997
Enriquez, Lottie Olive Mae Striegler	380	2000
Ensley, John B.	66	1988
Ensminger, Thelma C.	144	1993
Ensslin, Lorena L.	202, 203	1990

Name	Page	Year
Erfurt, Dottie J.	23	1999
Erhard, William	38	1989
Erickson, Carl M.	180, 183	1990
Erickson, Eric	129	1998
Erickson, Harland F.	61, 62	1988
Ern, Dona Beryl	321	1999
Ernest, Isabell	247	1998
Ernst, Clarence F.	288, 293	1999
Ernst, Mrs. Clarence	103	1989
Ernst, Johnnie Mae	441	2000
Ersch, Estella E.	13	1991
Ersch, Mamie	297	1992
Ervin, Leon S.	195, 196	1994
Erving, Esther L.	259	1989
Erwin, Anna I.	412	1994
Erwin, Elliott Arthur	356	1997
Erwin, Rit S. (Sr.)	197, 201, 215	1988
Erwin, W. L.	192, 193	1986
Erwin, Warren L.	62	1996
Eschen, Renata G.	51, 52	1989
Esensee, Georgiann	21	1995
Eskew, Artie F.	197	1986
Eskew, Bessiemae F.	223, 224	1988
Espey, Harry W.	45, 47	1987
Espinosa, Aurora	347, 349	2000
Espinosa, Beatrice T.	27	1991
Espinosa, Eufrancia	232, 233	1997
Espinosa, Jose M.	250, 253	1999
Espinosa, Luis Medina	279	1998
Espinosa, Matias M.	163, 165	1994
Espinosa, Rudolfo	298, 299	1992
Essary, Dora	2	1987
Esteb, Elmo	134, 135	1987
Estes, Gwen	18a, 19a	1986
Estes, John C.	275, 278	1987
Estes, Ned B.	110, 112	1995

Name	Page	Year
Estes, Susie Bell	121, 123	1999
Estes, Valerie D.	93, 95	1993
Estudiante, Rafeal Guia	255	1999
Ethel, Lee	340	1992
Etheridge, George W. (Casey)	275	1990
Eubanks, Opal H. L.	33	1986
Eudaley, Steven Wayne	258	1999
Eudy, Hazel I.	283, 284	1993
Evans, Agnes E.	11, 12	1991
Evans, Alan K.	107	1992
Evans, Anne L.	195, 196	1993
Evans, Arthur Lewis	394	1996
Evans, Arthur W.	23, 24	1988
Evans, Mrs. Bertie L.	114, 116	1987
Evans, Booker F. (Bubba)	158, 159	1989
Evans, Cecil F.	172, 177	2000
Evans, David W.	182, 184	1995
Evans, Dean M.	265	1988
Evans, Eldred A.	5, 8	1987
Evans, Ethel Mae	174	1999
Evans, Gene	9	1987
Evans, Georgea	134, 136	1993
Evans, Hilda	32, 34	1993
Evans, Ima	127	1995
Evans, James Dunn Houston	33, 35	1989
Evans, James F.	133, 135	1988
Evans, James Otis	223, 224	1990
Evans, Jenny	237	1993
Evans, Jim	202, 205	1987
Evans, Junius H.	305	1993
Evans, Myrtle B.	161, 162	1995
Evans, Roy C.	300	1991
Evans, Roy J.	274, 276	1989
Evans, Sally	119	1986
Evans, Shannon L.	41	1988
Evans, Thomas J.	94, 95	1996

Name	Page	Year
Evans, Vercella H.	200, 201	1986
Evans, William D.	187	1990
Evarts, Lois Pate	41	1994
Everage, Captain Vernon (Rev.)	157	1996
Everage, Patricia	325	1996
Everett, Everard A.	152, 155	1995
Everett, Henrietta	248	1992
Everett, Jack E.	61	1999
Everett, Melvin Lee	267	1997
Evers, Elsie	223	1992
Everson, Maynard	282, 283	1995
Ewing, Doris L.	71, 73	2000
Ewing, Otis	51, 53	1995
Ezzell, Dale S.	39	1986

F

Name	Page	Year
Fabian, Charles A.	248, 251	1988
Fabro, Santana G.	101	1999
Faff, Robert F.	332	1994
Faglie, Eula Mae	8	1989
Faifer, Karolyn B.	137	1992
Fain, Helen C.	148, 150	1986
Fairchild, Alton	87	1991
Fairchild, Arvon J.	118	1986
Fairchild, Florine F.	146, 148	1991
Faller, Dorothy E.	267, 268	1990
Falsey, Isabelle	410, 411	1994
Falsey, Walter J.	7	1986
Faltin, Mrs. Albert (Sr.)	149	1992
Faltin, Bella C.	148	1992
Fankboner, Gladys N.	81	1995
Fannin, Cecile M.	238, 253	1999
Faris, Graydon A. (Casey)	306	1994

Name	Page	Year
Faris, Jean Hand	54	1999
Faris, Manuel V.	32	1988
Farley, Wilma G.	115	1991
Farmer, Edith	358	1993
Farmer, Elston	35, 36	1991
Farnham, Walbur F.	136	1986
Farr, James W.	215	1993
Farr, Janie	258, 259	1993
Farr, Jim Rattan	169	2000
Farrar, Clare Hall	211	1998
Farrar, Fletcher Worth	325, 326	1991
Farrell, Gavin A.	185	1986
Farrell, Wilma L.	90, 91	1991
Farren, Velma	182, 183	1988
Farrington, William E.	78	1991
Farris, Addie B.	314	1997
Farris, Bill	64	2000
Farris, Latrell	410, 412	2000
Farris, Mary E.	88, 89	1996
Farris, Owen	184	1989
Farris, Thayne E.	289, 291	1991
Fatjo, Amy	301, 306	1992
Faulkner, Bernard	16, 18	1991
Faulkner, Howard S.	360	1992
Faulkner, Jensie N.	175	1986
Fausnacht, Vivian	189, 190, 191	1988
Faust, Katheryne O.	276, 277	1999
Faust, Herbert R.	322	1992
Faust, Hugo	235, 237	1993
Faust, Robert E.	11	1999
Favoccia, Mildred	369, 376	1996
Favor, Edgar T.	123	1989
Fawcett, Ralph B.	38	1993
Fawcett, W. A.	321, 323	1995
Fawkes, Olive M.	93, 94	1988
Feasel, Pinkie E.	26, 27	1990

Name	Page	Year
Feather, Effie	342, 343	1993
Featherston, Bobby Ray	92, 93	1989
Featherston, Fae Marie	215	1997
Featherston, Mae Marie	213	1997
Fee, John E.	227, 228	1991
Fee, Margaret C.	135, 138	1994
Fee, Winifred	144, 145	1986
Fees, Hal	403	1996
Fees, Virginia Elizabeth Wright	358	1999
Fees, Wilma Frances	331, 332	1992
Feik, Grace M.	80	1986
Felan, Patricio M.	294	1991
Feland, O. D.	118	1999
Felfe, Dorothy Mae	85	2000
Feller, Alfons L.	72	1988
Feller, Bodo	111	1994
Feller, Clayton Morris	36	2000
Feller, Curtis	329	1994
Feller, Jarvis D.	285	1993
Feller, Lorence W.	144	1990
Feller, Marion C.	116, 118	1987
Fellers, Mabel I.	117, 118	2000
Fellers, Richard	271, 272	1994
Fellows, Charles J.	75, 78	1992
Fellows, Henrietta	329	1999
Fellows, William D.	262, 263	1997
Felt, Floyd E.	308, 309	1996
Felt, Miriam E.	28, 29	1996
Feltner, Margaret P.	265	1992
Felts, Beulah	29	1997
Felts, Frank	171	2000
Felty, Sharon C.	37	1992
Fenner, Bonnie B.	29, 30	1999
Fenner, Levi R.	400	2000
Fergen, Loren J.	434, 435	2000
Ferguson, Ben L.	59	1999

Name	Page	Year
Ferguson, David C.	226, 227	1986
Ferguson, Fred H.	96, 97	1989
Ferguson, Harvey O.	14	1990
Ferguson, James E. (Jr.)	388	1995
Ferguson, Monta	122, 125, 126	1994
Ferguson, Sue	172, 175	2000
Ferguson, Wade Clayton	207	1991
Fernald, Louise	356	1996
Fernandez, Janie	47	1992
Fernandez, Juanita	48	1992
Fernandez, Marcos	34, 35	1991
Fernandez, Marcos (Pepe)	232, 243, 244	1995
Fernett, Eugene H.	186, 188	1986
Ferrell, Charlie G.	36, 38	1995
Ferrell, Thomas F.	275, 276	1996
Ferrin, Helen M.	162	1990
Ferris, Edna M.	306	1991
Ferris, Gail L.	323	1996
Ferriss, Erika	175, 176	1998
Ferry, Edward S.	91	2000
Fertsch, Bennelle E.	269, 273	1992
Fertsch, Gary R.	241	1992
Fesenmeyer, Virginia	331	1997
Fest, Simon G.	273, 276	1993
Fetkovich, Connie M.	34	1990
Feuge, Esta	420	1995
Feuge, Hilmer	151	1991
Feuge, Martin A.	406	1995
Feuge, Rosa	253	2000
Fichter, Lucile Cox	78	1988
Ficker, Bobbie L.	97	1995
Ficker, U. V. (Slim)	88, 89, 90	1991
Fiedler, Anita	346	1992
Fiedler, Norman	310	1991
Fiedler, Oliver Belmer (O. B.)	264	1994
Fiedler, Oma Lee	409	1995

Name	Page	Year
Fiedler, Truman	58	1995
Fiedler, Walter J.	254	1994
Field, Barbara B.	384	1996
Field, Billy E.	238	1994
Field, Eula J.	248, 249	1994
Field, Margaret	54	1986
Fields, Annette F.	291, 294	1999
Fields, Charisa H.	45	1986
Fields, Charles	230	1999
Fields, John B.	123, 125	1990
Fields, Walter	53	1993
Fierst, Jack	78, 79	1996
Fife, Rowland W.	225, 226	1995
Fifer, Bessie Melissa	86, 92	2000
Fifer, Clifton (Sr.)	247, 250	1991
Fifer, Hilda Louise	7, 9	1991
Fifer, Johnny J.	21, 22	1997
Fifer, Lee J. (Jack)	257, 260	1994
Fifer, Mary	262, 267	1987
Fifer, Melvin	257, 258	1991
Fifer, Willie	121	1990
Fifield, Jim C.	86, 89	1995
Fikes, Ginger	220, 222, 224	1996
Fikes, Lillian M.	119, 120	1987
Fikes, Robert B.	360, 362	1993
Finch, Al (Buddy)	91	1991
Finch, Lillian E.	106, 109	1992
Finche, Lena K.	29, 30	1987
Finely, Harry M.	229, 230	1991
Fink, Loyd K.	164, 165	1987
Fink, Ruth K.	203	1986
Fink, William (Sr.)	194	1993
Finley, James E.	192, 194	1997
Finnegan, Martha Ann	161	1999
Finney, Alice	24	1999
Finney, Dulcie Phillipa Jackson	224, 225	1987

Name	Page	Year
Fiorilla, Ruth T.	263, 266	1993
Fipps, Fay	54, 55	1988
First, Carol G.	275	1987
Fischer, Albert	181, 183, 186	1994
Fischer, Alvin	249	1990
Fischer, Elwood	214	1995
Fischer, Erwin W.	192, 193	1987
Fischer, Fritz F.	21	1991
Fischer, Hazel D.	28	1999
Fischer, Oscar Jr. (Dr.)	180	1989
Fischer, Sue K.	192	1998
Fisher, Anna L.	106, 108	1993
Fisher, Claude D.	95, 96	1993
Fisher, David H.	69, 70	1992
Fisher, Doff M.	254	1986
Fisher, Dorothy	249	1997
Fisher, Edna Alleene	262, 263	1998
Fisher, Felix	363, 370	2000
Fisher, Gracia	112	1993
Fisher, James (Jr.)	205, 206	1988
Fisher, James Vernon (Sr.)	288, 293	1998
Fisher, Lewis R.	59, 64	1995
Fisher, Logan	319	1997
Fisher, Marian	294	1994
Fisher, Mary D.	113, 114	1988
Fisher, Mary L.	165	1993
Fisher, Pauline	350, 354	2000
Fisher, Robert W (Jr.)	171	1992
Fisher, Vestel Grant	282	1998
Fitchete, Fred	56	1991
Fitschen, Mildred L.	221	2000
Fitzgerald, Coma	286	1987
Fitzgerald, Donnie Lee	398	1997
Fitzgerald, Ellen	286, 288	2000
Fitzgerald, Harold E.	55, 56	1996
Fitzgerald, John L.	63, 64,66,69,136	1995

Name	Page	Year
Fitzgerald, John S. (Jr.)	107	1999
Fitzgerald, Lee R.	11	1989
Fitzgerald, Malcolm O.	220, 221	1990
Fitzgerald, Richard (Cotton)	108, 109	1989
Fitzgerald, Tambra Gordon	63, 64,66,70,136	1995
Fitzgerald, Wilma	35, 36	1995
Fitzlaugh, Lucille	94	1989
Fitzpatrick, Edwin R.	25, 26	1990
Flach, Edith Quimby Walker	99, 100	1987
Flach, Laura G.	228, 230	1988
Flach, Marvin (Zonnie)	249	1990
Flach, Wayne T.	303	1992
Flack, Gregory Todd	203, 205	1994
Flack, Kathy A.	194	1996
Flagg, Mary	16	2000
Flanery, Lisajean	306	1993
Fleckenstein, Mary R.	108, 109	1988
Fleener, Benjamin C.	83	1992
Fleenor, Ola	349, 354	1993
Fleissner, Johanna	26	1988
Fleming, Delva	286, 289	2000
Fleming, Donald Charles	213, 216	1997
Fleming, C. C. (Pat)	49, 51	1996
Fleming, Robert S.	285, 286	1987
Fleming, Velma	222	2000
Fleming, William H.	64	1991
Flemming, Doris D.	4, 6	1999
Flenniken, William M. (Pat)	309	1996
Fletcher, Charles W. (Bill)	196	1989
Fletcher, Nola B.	212	1987
Fletcher, Pierce Harold	414	2000
Flett, George H.	84, 85	1992
Flewharty, James	20	1990
Flewharty, Margaret	181, 192	1989
Flint, Carlotta	15	1996
Flint, Geannie	14	1996

Name	Page	Year
Flint, Jeannie	13	1996
Flood, Edwin O.	100, 101	1998
Flora, George R. (John)	334, 335	1994
Florence, Mary Jane	170, 171	1998
Florenz, Maria D.	339, 341	1998
Flores, Ann G.	401, 402	1995
Flores, Catarina	121, 128	1996
Flores, Cruz	179	1993
Flores, Daniel Luna	155, 161	1999
Flores, Donna M.	404, 406	1997
Flores, Frank G. (Francisco)	76, 77	1995
Flores, Jose J.	88, 89	1996
Flores, Maria Del Refugio	163, 164	1988
Flores, Maria G.	161, 162	1992
Flores, Ramon L.	121	1994
Flores, Silvestre L.	67, 68	1987
Flores, Soila	96, 97	1995
Flowers, Addison J.	142, 144	1995
Flowers, Anna G.	131, 133, 134	1991
Flowers, Johnnie A.	7	1996
Floyd, Ruth K.	159	1990
Floyd, Vesta S.	305	1993
Fluitt, Mildred M.	317	1992
Fluitt, Sonia D.	264, 265	1988
Fly, Joe R.	191	1993
Flynn, Maude Humphries	57	1994
Foertschbeck, Laura	383, 384, 386	1997
Foley, Dorothy	276	1995
Folley, Billy	294	1997
Follis, Rnady	43	1993
Follmar, Robert Garth (Sr.)	64	1998
Folsom, Lewis D.	237, 238	1994
Folsom, Ruby Mae	21	1999
Fondren, Paul T.	180, 181	1991
Fontaine, Edna	24	1989
Fontaine, J. B.	129, 132	1998

Name	Page	Year
Fontaine, Ruth H.	327	1995
Foor, Jeanne B.	52	1999
Foote, Louise G.	317, 318	1994
Foote, Norris I.	24, 28, 30	1992
Forbes, Charles A.	227	1989
Forbes, Charles A. (Jr.)	118, 120	1999
Forbragd, Gladys Hunt	167, 168	2000
Forbus, James Douglass	147	1993
Forbus, Ruth Martin	20, 21	1989
Forbush, Charles A. (Sr.)	179	1996
Ford, Barbara E.	51, 52	1998
Ford, Clara I.	350	1992
Ford, Charles L.	263, 272	1996
Ford, Glenn	306, 308	1992
Ford, Jesse C. (Jr.)	26	1991
Ford, Otia L.	129, 133	1988
Ford, Rosemary	176	1994
Ford, Thomas	235	1997
Ford, Walter J. (Jim)	275	1996
Fore, Deborah Ann	275	1991
Fore, Loren B.	80	1989
Foreman, Adele F.	54	1989
Foreman, George B.	187	1998
Foreman, Jackson L.	64	1995
Forgy, Eunice B.	301	2000
Forrester, Raye	235, 238	1991
Forsythe, Bertha K.	30	1986
Fort, Mary Jewel	161	1986
Fortinberry, Agnes J.	217	1992
Forvilly, Frances	334	1992
Foskett, Gertrude M.	250, 252	1991
Fossett, Annie F.	46	1992
Fossler, Bonnie L.	232	1992
Fossler, Emil L.	232, 233	1988
Foster, Anne Marie	331	1999
Foster, Eldon R.	3	1993

Name	Page	Year
Foster, Glynora	185, 186	1990
Foster, Helen	101	1999
Foster, James L.	280	1991
Foster, Jo Ann	221	1993
Foster, M. O. Talbert	108	1999
Foster, Mathilde Lucas	45	1992
Foster, Reginald L.	282, 283	1987
Foster, Russell Eugene	229, 230	1992
Foster, William D.	314	1992
Fountain, Lind Dore	186, 187, 188	1997
Fournier, Roland Philip (Jack)	371, 373, 374	2000
Fourny, Ted N.	215, 217	1989
Fourton, Carl St. John (Jr.)	361	1998
Fowler, Ann	308	1990
Fowler, Ann	3	1991
Fowler, Barbara K.	103, 104	1996
Fowler, Don	240, 241	1988
Fowler, Doris	206	1999
Fowler, Doyle	406	1994
Fowler, Leora D.	104, 105	1997
Fowler, Margaret E.	215	1989
Fowler, Mary Ruth	288, 292	1996
Fowler, Rutha (Mrs. Jack)	146	1986
Fowler, Sharon	114	1997
Fowler, Thomas William	299	1998
Fox, Mrs. Allan J. (Ann E. White)	133	1996
Fox, Dorothy L.	89	1996
Fox, Joseph Wilson	61, 62	1994
Fox, Zue Lynne	48	1997
Fraim, Maggie M.	203, 207	1989
Frame, Matthew Taylor	270, 271	1993
Frame, Rudolph R.	199	1987
Francis, Delois	16	1997
Franklin, Florence	279	1998
Franklin, Jo Ann	242, 243	1987
Franklin, Kate	176, 177	1990

Name	Page	Year
Franklin, Kenneth	353	1998
Frank, Bill	269, 271	1999
Franks, Agnes L.	273	1996
Franks, Ann M.	238, 239	1989
Franks, Darrell	148	1990
Franks, Estelle Edith	207	1998
Franks, Evelyn J.	237	1992
Franks, Herman S.	28	1996
Franks, Mona Snodgrass	35	1998
Frantis, Lillie	84, 85	1989
Frantom, Carl O.	43, 45	1997
Frantzen, Cleo (Dr.)	292	1995
Frantzen, Henry R.	300	1994
Franz, Clarence	275, 278	1987
Fraqua, Joseph S.	180	1986
Fraqua, Ruth B.	102	1987
Frasier, Lee	314, 315	1998
Frayne, Jack	228	1987
Frayne, Patrick	243	1989
Frayne, Thomas J. (Pat)	411, 414	1994
Frazier, Beverly J.	304	1994
Frazier, Bill S.	424	2000
Frazier, James E.	372, 373	1994
Frazier, Mattelene	49	1989
Frazier, Odell S.	202	1990
Frazier, Russell	407	2000
Frazier, Troy F.	27	1996
Frazier, William	203, 204	1994
Frederick, Harold C.	18a	1986
Frederick, Irene E.	16, 20	1990
Freelon, Keshon T.	39, 42	1990
Freeman, Edgar B.	182, 184	2000
Freeman, Ethel K.	219	1995
Freeman, Helen Marie	382, 382	1998
Freeman, Harriet M.	228	1992
Freeman, James M.	326	1992

Name	Page	Year
Freeman, James Richard	347	1998
Freeman, Lealon V.	269	1987
Freeman, Margaret E.	267	1990
Freeman, Martha	253, 257	1995
Freeman, Owen	147	1999
Freeman, Pierpont R.	112	1988
Freeman, Richard L.	253	1996
Freeman, Vena	393	1995
Freeman, Verna	392	1995
Freeman, William Y.	216, 218	1995
French, Penny Schumacher Burgess	51, 53	1997
Frenchmeyer, Florine	424	1994
Frenchmeyer, Madie	446	2000
Frerich, Agnes	286, 289	1995
Freund, Regine	201	1996
Freundachuh, Joy	61, 62	1989
Frew, Kennedy	197, 280	1997
Friday, Dan R.	63	1994
Friedrich, Annie L.	10	1992
Friedrich, Betty Welch	353	1999
Friedrich, Floyd C.	305	1995
Friedrich, Karl	242	1992
Friedrich, Bessie	250	1989
Friedrichs, Ida F.	238, 239	1988
Friesenhahn, Ruben R.	180, 181	1987
Frisbie, Curtis L. (Col.)	144	1992
Frisch, Paul G.	32	1990
Frisk, Eugenia G.	38, 39, 40	1987
Fritz, Appolonia	312	1994
Fritz, Clinton	201	2000
Fritz, Francis J.	31	1988
Fritz, Katrina Erin (Katie)	223	1997
Frizzell, Helen	158, 162	1998
Frizzell, John B. (Jr.)	362	1999
Fronczak, Daniel	223, 225	1988
Fronczak, Virginia R.	171	1986

Name	Page	Year
Frost, Helen	50	1989
Frost, Judy	241, 252	1997
Fry, John	241	1993
Frye, Donald Joseph	30	1998
Fryer, Waymond	392, 393	1994
Fudge, Sidney E.	49, 51	1988
Fuentes, Harvey	166	1988
Fulbright, Ora Mae	252	1986
Fulbright, Ora Mae	252	1986
Fulenwider, Gladys	136	1991
Fullen, B. N.	42, 43	1993
Fullen, Howard Richard	148, 150	1998
Fullen, John H.	387	1998
Fullen, Louise	4	1995
Fullenwider, Edith M.	155, 156, 157	1988
Fuller, Henry (II)	85	1993
Fuller, Ida M.	230	1995
Fuller, Julia	141, 142	1993
Fuller, Mable B.	274, 277	1995
Fullerton, Sara Jane	75, 79	1988
Fullwood, Buna K.	27, 28	2000
Fullwood, Hiram O.	119	1987
Fullwood, Walter S. (Pop)	14, 17	1990
Fulmer, James B.	130	2000
Fulmer, V. Isabel	288	1993
Fulton, Onnie M.	279	2000
Funk, Charles F. (Sr.)	39, 41	1994
Funk, Earl D. (Jr.)	295	2000
Fuqua, Evelyn V.	71, 72	1992
Fuqua, John C. (Kirk)	103	1989
Furman, Elizabeth Eastland	402	1994
Furman, Thomas B.	163	1996
Furman, W. A. (Bill)	36, 38	1992
Furr, Barbara L.	277, 278	1987
Furr, Beulah M.	74	1995
Furr, Bill C.	179	1990

Name	Page	Year
Furr, Billy J.	334, 338	1999
Furr, Calvin	100	1989
Furr, Duane	113	1997
Fusilier, Robert	309, 320	1998
Fussell, Coralee	299, 301	1995
Fussell, Jinks Arnold	54	2000

G

Name	Page	Year
Gabehart, Albert	137	1994
Gabitzsch, Ruth	310	1998
Gabler, Alice M.	228, 229	1994
Gabler, Henrietta	404	1999
Gabler, Henrietta	7	2000
Gabriel, Robert Max	334, 335	1997
Gabrysch, Frank S.	292	1995
Gabrysch, Violet	353, 355	1994
Gaconnet, Robert L.	139, 141	1994
Gaddy, Franklin	347	1997
Gadeke, Mary	131	1986
Gafford, Christopher Thomas	48	1987
Gage, Jerry A. (Tiger)	164	1989
Gage, Mittie L.	129	1999
Gage, Winnie A.	75, 77	1995
Gagnard, Frank	71, 72	1991
Gagner, Cleo	391, 395	1999
Gaines, Beverly Patrick	113	2000
Gaines, Flora L.	179	2000
Gaines, Joan	393	1995
Gaines, Kenneth Marlin	150	1999
Gaines, Roland W.	147	1999
Gains, Edward C.	47, 48	1989
Gains, Jeanette V.	48	1989
Galbreth, Keith J.	154, 155	1987
Galin, Ronald Bennett	186	1993

Name	Page	Year
Galindo, Raul (III)	335	1999
Gallagher, Hazel	342	1998
Gallamore, George S.	210	1994
Gallant, Archie R.	287	1989
Gallaway, Clara J.	168, 171	1986
Galle, Annie Louise Kuby-Pilaud	384, 386	1999
Galle, Carey	365	1999
Gallegoes, Margaret	189	1987
Gallemore, Anne	163, 179	1993
Galley, John E.	271, 306, 364	1997
Gallier, James	69	1987
Galligan, Connie	126, 127	1994
Galligan, John P.	34, 35	1996
Gallion, Mrs. Palace E.	17, 18	1987
Gallman, Katherine P.	283, 284	1992
Galloway, Bill	341	1994
Galloway, Elva E.	200, 201	1986
Galvin, Mortimer P.	156	1989
Gamble, Nell	285, 287	1996
Gambrill, Annis M.	170, 171	1987
Gamel, Bill	154, 157	1997
Gamez, Aurora	203, 207	1989
Gamez, Bonnie E.	161	1996
Gamez, Trinidad P.	7	1998
Gammenthaler, Orville	247	1989
Gandara, Robert A.	171	1991
Gandy, Verna Mae	213	1998
Ganoung, Donald W.	277, 279	1997
Garces, Petra Q.	176, 178	1999
Garces, Timoteo	27, 29	1987
Garces, Yolanda	11	1986
Garcia, Amondo	343	1997
Garcia, Antonio A.	267, 270	1994
Garcia, Christina	29, 32	1993
Garcia, Domingo (Jr.)	399	1997
Garcia, Fred	72, 73	1997

Name	Page	Year
Garcia, Genaro	63,	1989
Garcia, Gergorio G.	57	1989
Garcia, Guadalupe G.	406	1995
Garcia, Helen	37	1998
Garcia, Jesus P.	113, 115	1991
Garcia, Joshus Molina	172, 174	1992
Garcia, Maria	153, 156	1986
Garcia, Maria Valero	276	1999
Garcia, Michael D.	281	1995
Garcia, Moses A.	361, 362	1996
Garcia, Randy	122, 125, 127	1995
Garcia, Whailen Wade (Jr.)	238	1990
Garcia, Wyona B.	403	2000
Gard, Edwin S.	20	1994
Gardner, Alford R.	272, 276	1998
Gardner, Fern	203	1990
Gardner, James	248	1999
Gardner, Jimmie	279	1994
Gardner, Lynn	294, 295	1996
Gardner, Mary L.	195	1994
Gardner, Octa	261	1996
Gardner, Olive J.	383	1995
Gardner, Sam W.	161, 162	1989
Gardner, Thelma L.	65, 66	1987
Garlock, Lillian	406, 408	1997
Garms, Melvin	135	1995
Garner, Hazel L.	363	1999
Garner, Marie N.	47	1992
Garner, Marie P.	48	1992
Garrett, Beulah W.	211, 212, 215	1999
Garrett, Carl E.	171, 175	1994
Garrett, Clayton M.	79	1989
Garrett, Cleo	310	2000
Garrett, Edna	37	1986
Garrett, Edna M.	7	1990
Garrett, Ethel	187	1987

Name	Page	Year
Garrett, Eva L.	78, 79	2000
Garrett, Ione H.	388	1995
Garrett, James A.	173	1993
Garrett, Letha M.	202, 204	1991
Garrett, Opal A.	1	1986
Garrett, Victor Earl	175, 176	1998
Garrison, Aneita L.	134	1987
Garrison, Eratha	118	1987
Garrison, Ira V.	242, 243	1989
Garrison, Jewel	83	1991
Garrison, Paul	241, 244	2000
Garrison, Roberta G.	386, 390	1994
Garrison, Wesley Dean	36, 37	1997
Garson, John	199, 200	1988
Gartrell, Nicholas	279	1991
Garven, Clarence I.	331	1994
Garven, Jeannie	208	1991
Garven, Maiden L.	149, 250	1988
Garven. Talbot B.	291	2000
Garver, Gerry H.	9	1991
Garvin, F. Vernon	193, 194	1989
Gary, Velma Sparks	329	1999
Gary, Vernon M.	21	1991
Garza, Blanca	3	1994
Garza, Carlos Garza	179	1997
Garza, Concepcion R.	99, 101	1994
Garza, Domingo	312	1997
Garza, Domingo Alverez	135, 140	1997
Garza, Eugenia Salinas	162	2000
Garza, Feliciana	259, 260	1986
Garza, Jesus	109, 110	1988
Garza, Jesus (Jesse)	350	2000
Garza, Jesus E.	296	1996
Garza, Jose M.	314	1991
Garza, Joseph (Jr.)	139	1991
Garza, Juanita P.	219	1988

Name	Page	Year
Garza, Juvencio	61	1996
Garza, Leonor M.	368, 369	1993
Garza, Leopoldo L.	379	1994
Garza, Marcella	190, 191	1990
Garza, Pablo A.	389, 392	2000
Garza, Robert Garza	114	2000
Garza, Rodolfo	149	1988
Garza, Thomas A.	341	1995
Garza, Virginia L.	148, 149	1988
Garzon, Narcisco (Cecil)	396	1998
Gascot, Rolando	58	1999
Gass, Everett D.	162, 163	1988
Gass, James L.	61	1988
Gass, Rowland H.	259, 260	1986
Gates, Bess	250, 251	1993
Gates, Martha	187, 195	1996
Gates, Merrill	146	1996
Gates, Olin M.	162, 163	1993
Gatlin, Earl M.	221	1996
Gaura, Louis J.	287	1987
Gaura, Louis J.	1	1988
Gawilk, Gabriel James	102	1998
Gaxiola, Dorothy P.	199, 201, 202	1996
Gay, Felix H. (Jr.)	177	1989
Gay, Lewis G.	28, 30	1992
Gayer, Ed	128, 130	1996
Gayler, Noel T.	381	1997
Gazaway, Ira D.	329	1993
Gearhart, Brian K.	153, 154, 155	1986
Gedwillo, J. David	213	1992
Gee, Lurene Vivian	77	2000
Gee, Moody M.	263	1998
Gee, Myrtis L.	230, 232	1992
Geer, Beverly An	440, 442	2000
Geeslin, Johnie Lester	60	1997
Geiger, Ann K.	5, 13	1992

Name	Page	Year
Geisen, Bernice	7, 8	1994
Geisen, George F.	29, 32	1997
Geisen, Maggie	170	2000
Geisen, Sherman H.	66	1998
Geistweidt, Bessie	283	1995
Gelinas, Marcel P.	48, 51	1992
Gemmell, Evelyn	199	1996
George, Barbara	165, 167	1991
George, J. B.	4	1995
George, John	241, 243	1994
George, Linda Ann	133	1997
George, Patsy Gay P.	130	1988
Gentz, Virginia	158, 161	1997
Gerdes, Bill	21	1997
Gerhart, Gertrude S.	6	1986
Gerhart, Richard D.	71, 72	1996
Gerit, Leona Mae	356	1995
Gervais, Anita Yvonne Anderson	322	2000
Gesell, Dema M.	403, 404	1995
Gessell, Jeane	290	1996
Geyer, Bertha Mazie	262, 263	1986
Gibb, Winifred E.	144, 146	1994
Gibbins, Varda	255	1994
Gibbons, Francis M.	77, 79	1993
Gibbons, Georgia L.	80, 81	1986
Gibbs, Charles M.	245, 248	2000
Gibbs, Clinton C.	247, 249	1991
Gibbs, Esther	2	1998
Gibbs, Helen Hamner	428	2000
Gibbs, James M.	126	1998
Gibson, Barbara	274	1995
Gibson, George A.	283	1989
Gibson, Mrs. Gober L. (Lucille)	133, 135, 136	1988
Gibson, Hunter Matthew	61	1999
Gibson, Jacque O.	327	1994
Gibson, James	225	1996

Name	Page	Year
Gibson, Marion F.	250	1990
Gideon, Joel D. (Jr.)	224	1986
Gil, Carlos	64	1986
Gil, Gabriel	299	1999
Gilbert, Anne	169	1994
Gilbert, Dove E.	268	1991
Gilbert, Emelia Selma	372	1996
Gilbert, Nell R.	335, 339	1995
Gilbert, Philip O.	302, 304	1991
Gilbreath, Lynn Ann	357	1993
Gilbreth, Zula Mae M. (Sue)	93, 94	1988
Gilchrist, Verdon (Gilly)	248, 249	1989
Gildersleeve, Jack	169	1994
Giles, Edith S.	54	1995
Giles, Miles E.	74, 76	1991
Giles, Robert L.	119	2000
Giles, Wyona	379, 381	1997
Gillam, Wanna	269	1999
Gilland, Frank	34	1986
Gillard, Douglas A.	71	1988
Gilleland, Wilson H.	249	1989
Gillespie, Peggy Schmidt	166	1994
Gilliland, Daisy	131, 134	1990
Gilliland, Danny L.	20, 21	1986
Gilliland, David Lee	55, 56, 57	1989
Gilliland, Francis S.	202, 211	1995
Gillis, Malcolm L.	105, 107	1986
Gilmer, Bobbie R.	43, 44	1991
Gilmore, Della	203, 204	1992
Gilmore, Fretwell (Fred)	268	1990
Gilson, William F.	171, 172	1990
Gilstrap, Josie K.	212	1987
Gimmeson, D. Paul	124, 125	1988
Ginter, Stanley S. (Jr.)	109, 111	1987
Gipson, Thomas B.	138	1994
Girard, Eloise I.	213, 216	1999

Name	Page	Year
Girard, Leonard F.	114, 115	1988
Girvin, Florence L.	124	1988
Gits, Telesphore	232, 233	1986
Gits-Holmes, Lila M.	273	1997
Gitter, Rev. Aloys A.	111	1998
Given, Herschel R.	43, 45	1987
Given, Marie F.	363, 366	2000
Givens, Addie H.	127	1999
Givens, Grace C.	88	1988
Givens, John L. (III)	215, 217	1996
Givonette, Paul D.	182, 185	1986
Glaeser, Wilhelmina	57	1987
Glamann, Henry William (Heine)	47, 50, 51	1994
Gilmer, Bobbie R.	43, 44	1991
Gilmore, Della	203, 204	1992
Gilmore, Fretwell (Fred)	268	1990
Gilson, William F.	171, 172	1990
Gilstrap, Josie K.	212	1987
Gimmeson, D. Paul	124, 125	1988
Ginter, Stanley S. (Jr.)	109, 111	1987
Gipson, Thomas B.	138	1994
Girard, Eloise I.	213, 216	1999
Girard, Leonard F.	114, 115	1988
Girvin, Florence L.	124	1988
Gits, Telesphore	232, 233	1986
Gits-Holmes, Lila M.	273	1997
Gitter, Rev. Aloys A.	111	1998
Given, Herschel R.	43, 45	1987
Given, Marie F.	363, 366	2000
Givens, Addie H.	127	1999
Givens, Grace C.	88	1988
Givens, John L. (III)	215, 217	1996
Givonette, Paul D.	182, 185	1986
Glaeser, Wilhelmina	57	1987
Glamann, Henry William (Heine)	47, 50, 51	1994
Glanton, Eunice M.	157	1993

Name	Page	Year
Glanton, Herman P.	173	1992
Glascock, Callie E.	108	1986
Glascock, French	212	1990
Glasscock, Dorothy E.	8	1999
Glasscock, Joan	332, 334	1995
Glazbrook, Howard (Jr.)	13, 14	1994
Gleason, Carrol D.	39	1994
Glenwinkle, Elmer P.	144, 145	1991
Glover, A. Z.	319	1994
Glover, Alice	83	1989
Glover, Chelsea A.	70, 72	1987
Glover, Howard J.	69, 72	1986
Glover, Ruth	220	1998
Glusing, Mary A.	327	1992
Gnatzig, Philip W.	87, 88	1993
Gobert, Robert J. (Jimmy)	101	1997
Godkin, Patrick	245	1992
Godwin, Francis	256, 257	1991
Godwin, Harvey L.	278	1989
Godwin, Mary E.	47	1993
Goehmann, LeVerne	102, 103	1994
Goerlitz, Alfred C.	92	1991
Goetsch, Marvin Ellis	77	1999
Goff, Dorman E.	338, 340	1993
Goff, H. L.	148, 150	1987
Goff, L. Ray	206	1990
Goff, Lee R.	112, 113	1991
Goff, Lola Thelma	15, 18	1989
Goff, Robey Dean	161	1990
Goforth, Gary David	331	1998
Goforth, Lydia	184	1993
Gohlke, Esther	166	1986
Gohmert, Elizabeth L.	315, 316	1991
Goins, James W.	17	1996
Gold, Helen	148	1992
Gold, Joan	339, 343	1994

Name	Page	Year
Gold, Rose Knopp	177	1992
Gold, Wesley A.	345	1994
Golden, Hazel	297	1995
Golden, J. R.	1	1986
Golden, Lee W.	223, 236	1988
Goldman, Clarence F.	112	1986
Goldman, Clifton A.	156	1991
Goldman, Essie M.	149	1993
Goldman, Irene	356, 359	1998
Goldman, Leatha Mae	171	1999
Goldman, Marian Henrietta	122, 123	1992
Goldsby, Lupe	144	1995
Gollehon, Charles W.	79, 80	1987
Gollehon, Mary B.	112, 115	1996
Gomes, Rodolfo	85, 86	1987
Gomez, Alejandro	3	2000
Gomez, Jose Juan	124	1994
Gomez, Juan S.	64	1989
Gomez, Melissa	257	1998
Gonzales, Antonio Garcia	5	1998
Gonzales, Carlos V.	240, 241	1986
Gonzales, Edward G.	353, 354	1994
Gonzales, Guillermo, (Willie)	212, 213	1995
Gonzales, Ignacio (Charlie)	295	1998
Gonzales, John R.	86	1996
Gonzales, Joe (Sr.)	174	1993
Gonzales Loretta Marie	172	1998
Gonzales, Magdaleno	161, 163	1987
Gonzales, Manuela	29, 31	1991
Gonzales, Sylvester	34	1986
Gonzales, Sylvia	283, 286, 289	1991
Gonzales, Tomas L.	74	1992
Gonzalez, Connie F.	84	2000
Gonzalez, Ida	182	1986
Gonzalez, Margarita	234	2000
Gonzalez, Orfelinda S.	288	1992

Name	Page	Year
Gonzalez, Ruben O.	297	1991
Good, Mrs. Jack B.	46	1988
Good, Hildreth Delaney	306, 307	1999
Goodale, June M.	313	1990
Goodale, June M.	2	1991
Goodall, Felton R.	149, 154	1991
Goodenough, Horace	227	1998
Gooderson, Leatha Jane	122, 123	1992
Goodfellow, Harold T.	209	1991
Goodloe, Sergio	363, 371	2000
Goodman, Bob	182	1992
Goodman, Glynn H.	241, 242	1990
Goodman, John Calvin	100	1997
Goodman, John S.	268, 270	1995
Goodman, Virginia Jo	116, 117	1989
Goodrich, Orville G.	153	1987
Goodwin, Bettie J.	325	1994
Goodwin, Cathryn	7	1988
Goodwin, Louis R.	86	1993
Goodwyn, Jim	386	1994
Gordon, Abbie Dell Turley	302	1999
Gordon, Dale L.	354	1997
Gordon, Erma M. (Janice)	286, 287	1995
Gordon, James E.	6	1989
Gordon, Jessie B. Cleveland	288	2000
Gordon, Richard	234	1999
Gordon, William Hendon (Jr.)	361	1997
Gorena, Arnolda R.	197	1986
Gorlich, John	225, 226	1987
Gorman, Dan L.	219	1998
Gornea, Arnoldo R.	196	1986
Gorrell, Mary J.	6	1989
Gorski, Delores	319, 321	1995
Gosalin, George Kenneth	240, 243	1993
Gosnell, Catherine M.	214, 215	1995
Gosnell, John	77	1989

Name	Page	Year
Goss, Georgia M.	59, 61	1995
Goss, Harry Lee	199	1999
Goss, James	267	1988
Goss, James B.	2	1989
Goss, Louis A.	114	1988
Gossett, Lucy A. B.	48, 49	1986
Gottschalk, Richard Wayne	179	1998
Gottschall, Dorothy Jane	54	2000
Gouger, Matthew M.	210	1994
Gough, Rudy H.	284	1999
Gould, Lloyd	358	1994
Gould, Rose	98	1996
Gourley, Mary E.	257, 258	1989
Gower, Marguerite	358	1994
Gower, Robert D.	265, 266	1989
Grafius, Lewis F.	126	1988
Gragg, John M. (Sr.)	131	1997
Graham, Aggie P.	209	1991
Graham, Carl	63	1992
Graham, Charline J.	389	1996
Graham, Charlotte	250, 251	1993
Graham, Clyde T.	69	1989
Graham, Donald Earl (Sr.)	383	1997
Graham, Gary	299	1994
Graham, George F. (Fred)	292, 293	1991
Graham, Italia	42, 43	1988
Graham, James R.	103	1991
Graham, Jane David	299	1991
Graham, John S.	45	1993
Graham, Leonard	168, 169	1997
Graham, Leroy	411, 412	1994
Graham, Luther L.	292, 295, 296, 298	2000
Graham, Margaret P.	361, 363	1998
Graham, Maurice Dale	254, 255	1999
Graham, Nova S.	95	1986
Graham, Olga	85	1999

Name	Page	Year
Graham, Ollie L.	48, 49	1995
Graham, Otto	183	1990
Graham, Phyllis E.	225	1996
Graham, Rhoda E.	377	1998
Graham, Robert R.	44, 45	1991
Graham, Robert Reid	379, 382	1997
Graham, V. J. (Tex)	371	1993
Graham, V. J. (Tex)	1	1994
Granes, Anthony E. (Happy)	130	1991
Granger, Alymer	178	1993
Granger, Anna Mae	266, 267	1996
Granger, Edward J.	161	1986
Granger, Melinda	130, 131	1991
Grant, Hattie (Pat)	155	1987
Grant, Thomas P. (Jr.)	22, 25	1999
Grant, Weldon	275	1987
Grantham, Aquilla	31	1986
Grantham, Mary Elvira Ray	315	1999
Grauer, Franklin H.	217	1986
Granvel, Cecil (Jr.)	344, 346	1993
Gravenhorst, Anita	399	1999
Graves, Gladys M.	93	1988
Graves, Harry W.	144	1995
Graves, Howard A.	164, 171	1992
Graves, Ines G.	221	1987
Graves, Lewis H.	57	1989
Grawburg, Lavon	89, 92	1992
Gray, Alfred C.	140	1992
Gray, Anthony R.	21	1991
Gray, Claud M.	233	1989
Gray, Claude H. (Jr.)	38, 39	1998
Gray, Clinton H.	12	1998
Gray, Darrel D.	73, 74, 75	1993
Gary, David	208, 210	2000
Gray, Donald E.	181, 183	1990
Gray, Douglas W.	199, 121	1995

Name	Page	Year
Gray, Gilbert	22, 24	1993
Gray, Gladys E.	87	1989
Gray, Henry S.	283, 284	1987
Gray, Hugh J.	201, 202	1988
Gray, Imogene Powell	71, 73	2000
Gray, James Aaron	357, 358	1997
Gray, Joseph A.	232, 233	1992
Gray, Joy	190	1996
Gray, Julia O.	219, 221	1989
Gray, Katherine C.	178, 179	1991
Gray, Lois T.	116, 117	1994
Gray, Marion (Doc)	337	1998
Gray, Mattie E.	210	1991
Gray, Okey A. (Jr.)	111	1993
Gray, Ruby R.	166, 171	1992
Gray, Sara K.	3, 7	1993
Gray, Sarah S.	98	1988
Gray, Thomas Glenn (Jr,)	395, 396	1999
Gray, W. S. (Dub)	180	1994
Gray, Wallace M.	210	1996
Gray, Winston C.	365, 367	1998
Grayson, James Calvin	297	1993
Greebon, Perle	216, 217	1995
Green, Alan	401, 404	1997
Green, Alexa	182, 183	1989
Green, Anna	261	1993
Green, Arizonia	107, 108	1988
Green, Benson K.	90	1986
Green, Bernice	56, 57	2000
Green, Curtis Glen (Sr.)	285, 286	1998
Green, Delbert C.	14, 15	1991
Green, Elbert (Al)	273, 275	1993
Green, Erma I.	255	1993
Green, Freda R.	19	1998
Green, Granville M.	144	1987
Green, Lila Dee	298, 299	1994

Name	Page	Year
Green, Loel O.	291, 294	1992
Green, Marion W.	181, 182	1987
Green, Max Douglas	282	2000
Green, Nelle Bolen	120	1997
Green, Norman L.	260, 261	1986
Green, Patricia	42	1993
Green, R. L.	192	1997
Green, Rebecca S.	13, 14	1987
Green, Roy A.	256	1991
Green, Roy C.	87, 88	1988
Green, Royce L.	251	1990
Green, Vernon	65, 69	1999
Green, Vivian R.	150	1992
Green, Walter M.	201	1996
Greenawalt. M. F.	55	1998
Greene, Edith	347	1992
Greene, George Inman	367	2000
Greene, James G.	336	1998
Greene, Theodore S.	162, 163	1993
Greene, Tim	123	1994
Greenfield, John	96	1988
Greenhaw, Earlene	166, 167	1995
Greenhaw, James D.	153, 158	1997
Greenwood, Odette F.	50, 52	1996
Greer, Barry D.	263	1994
Greer, Charles P.	102	1999
Greer, Dillard	160	2000
Greer, Evelyn W.	40, 43	1993
Greer, James L.	62	1998
Greer, Katherine C.	145	1991
Greeson, Effie	320, 321	1997
Greeson, Scott	259, 262	1992
Gregg, Dillard H.	119	1991
Gregg, William E.	253	1989
Gregorius, Hans	217	1994
Gregory, Ella B.	347	1998

Name	Page	Year
Gregory, Erwin A.	244, 245	1993
Gregory, Jack W.	23	1986
Gregory, Leona M.	269	1987
Gregory, Lindsey	323, 327	1994
Gregory, Lucille L.	164	2000
Gregory, Robert M.	90, 91	1987
Greig, Dolly B.	302	1997
Greiner, Donna O.	13, 15	1989
Grider, Versie	86	2000
Grierson, Alan	385	2000
Groce, Lana Patrice	142	1997
Gresosvitch, Dess D.	369	1996
Gresser, Olga R.	64	1993
Gribble, Augustus M.	122, 123	1986
Grief, Joy T.	146, 148	1996
Grier, Verla	163, 167	1991
Griffen, Samuel	421	1999
Griffin, Addie M. (Pat)	240	1990
Griffin, Bessie M.	57, 61	1992
Griffin, Elaine Bode	47	1998
Griffin, Evelyn Marie	68	1989
Griffin, Harvey C.	256, 259	1990
Griffin, Hazel D.	161	1989
Griffin, Iva Louise Creech	12	2000
Griffin, James L.	321, 323	1995
Griffin, Jean	107, 108	1993
Griffin, Joyce Newcomber	25	1999
Griffin, Justin O.	164	1999
Griffin, Mike	91	1991
Griffin, Pamela J.	153, 154	2000
Griffin, Ralph Oliver	7, 8	1989
Griffin, Ruth	77, 78, 80	1987
Griffin, Samuel	421	1994
Griffin, Samuel H.	4, 5	2000
Griffin, Tomas	57, 58	1996
Griffin, Vernon E.	135	1992

Name	Page	Year
Griffin, Victoria	101	1988
Griffin, Willie Lee	177	1991
Griffin, Willie Mae	19	1987
Griffith, A. C.	163	1989
Griffith, Alice Goldie	282, 285	1996
Griffith, Joseph	84	1995
Griggs, Edna Saenger	156	1999
Grigory, Georgia L.	9, 13	1990
Grimaldo, Ruth Alqueseva	64	2000
Grimes, Billie M. R.	74, 75	1986
Grimes, Hazel G.	219	1998
Grimm, Henry C.	7, 8	1986
Grimm, Laurence F.	197	1987
Grindele, Lloyd C.	124, 125	1986
Grinditch, Flora B.	17, 22	1988
Grindland, Leonard J.	70	1987
Grindstead, Edward Hall	47	1987
Grinnan, Barbara Thomas	391	1999
Grinstead, Louise R.	9	1993
Grinrod, Harry C.	31, 33, 34	1991
Grisham, W. P. (Mrs. Polly)	246	1990
Grissom, Odie L.	17	1993
Grobe, Leona H.	43, 46	1992
Grobe, Mrs. Wesley C.	111	1987
Grochoshe, Shirley I.	313, 317	1997
Groh, Earl C.	160	1995
Groll, Louis O.	86, 88	1995
Grona, Clinton H.	281	1990
Grona, Estella Klein (Mrs. Otto)	64	1989
Grona, Lester	254	1997
Grona, Meta Meyer	75	1994
Grona, Sandy M.	79, 81, 84	1994
Grona, Thomas J.	369	1994
Groninger, Richard	131, 133	1992
Grosenbacher, Lucille S.	281	1990
Gross, Elizabeth Kay	151, 153	1996

Name	Page	Year
Gross, Vernon T. (Lucky)	363	1996
Grossman, Joe Ann	252, 253	1988
Grosso, John P.	117, 118	1998
Grote, Frederick N.	337	1995
Grothaus, Edward B.	234	1986
Grounds, Patricia M.	39, 42	1988
Grove, Vernon	374	1997
Grove, William Barry	399, 402	1999
Groves, James H.	172, 173	1995
Groves, Maudie	37, 38	1993
Grubb, Allen	26	1994
Grumble, Luella	291, 293	1990
Grun, Alma Roberta	303, 305	1991
Guantes, Jose G.	392	1997
Guardiola, Juanita	448, 451	2000
Guardiola, Vivian	400, 403	1994
Guenther, Howard W.	375	1997
Guerra, Rose	28	1999
Guerrero, Anastacia	298, 299	1994
Guerrero, Isador	89	1987
Guerrero, Santos (Jr.)	190	1992
Guerrero, Vincente	399	2000
Guest, Edna Marie Yarborough	121	1999
Guest, Hulda Mosel	28, 29	1994
Guevara, Juanita Moreno	360	1994
Guhn, Ernest	335	2000
Guidry, Charles L.	198, 200	1999
Guiheneuf, Louis J.	278	1991
Guilden, Ethel	289	1996
Guillroy, Julius	194	2000
Guilzon, Edward J.	306	1991
Guin, Maude M.	20, 21	1986
Gein. Walter Carl	303	1998
Guinther, Roger	241	1996
Guitierrez, Virginia G.	91	1986
Guldmann, Hans Koefoed	261, 263	1996

Name	Page	Year
Gullet, Mamie A.	168, 169	1986
Gulley, Dona R.	246, 247	1987
Gulley, Florence	121	1994
Gulley, Paulette	23, 25	2000
Gulley, Titus D.	289	1992
Gunby, William	82, 83	1989
Gunderson, G. (Wally)	416, 418	1999
Gunn, John H. (Rev.)	41	1991
Gunn, Joe M.	29, 31	1995
Gunsell, Willaim Dale	195	1989
Gust, David	209, 210	1989
Gustafson, Lillian L.	251	1990
Gustafson, Pearl	131	1993
Gurley, George (Sr.)	138, 140	1987
Guthrie, Alphia F.	25	1990
Guthrie, Billy Joe (Sr.)	227	1988
Guthrie, Clarence Y. (Red)	22, 23	1999
Guthrie, Pauline E.	178	1996
Gutierrez, Noe F.	115, 118	1997
Guy, George W. (Rev.)	193	2000
Guzzardo, Alice Mc Cray	231, 232	1991
Guzzardo, Iris	61, 72	1989
Gwyn, Patricia S.	12	1998

H

Name	Page	Year
Haas, Edmund J.	145	1986
Habenicht, Emilie	272	1994
Habernicht, Martha Cowan	62	1993
Haby, Hattie T.	18	1989
Haby, Lora	272	1989
Hackett, Virgil W.	119, 121	1999
Hackfield, Lester E.	67	1996
Hackfeld, Marilyn	105	1994
Haegelin, Ruby C.	281	1990

Name	Page	Year
Hafner, Albert	392	1996
Hafner, Anne	137	1999
Hager, Arena R.	302, 303	1994
Hahn, Sarah	355, 356	1997
Hahn, Shirley	32, 33	1987
Hahn, Mrs. Wilburn	130	1989
Hahn, William E.	174, 175	1986
Hahne, Curtis A.	306, 307	1995
Hahne, Hertha Kott	293	1991
Hahne, Toni	214	1992
Hahne, Mrs. Max	104	1986
Haight, Mary E.	17	1987
Hail, Marvin P.	68, 69	1988
Hail, William C.	241, 242	1989
Haines, A. J. (Jack)	13, 15	1989
Haines, Ervin	72, 74	1994
Haines, Hilda	100, 102	1995
Haines, Lester H. (Rev.)	87, 88	1989
Haines, Lois Patrick	261	1997
Hainey, Mary F.	236	1996
Hainey, William V.	253, 256	1995
Hainlen, Gwen H.	181, 182	1988
Haire, Geraldine	331, 332	2000
Hairrold, Birdie E.	290	1995
Hale, Alice M.	39	1988
Hale, E. Martin	231	1999
Hale, Gertrude	78	1992
Hale, Kermit W.	277, 278	1990
Haley, George	116	2000
Haley, Thomas P. (IV)	30	1993
Haley, Wilbur O.	20, 101	1998
Halfman, Eleanore Blakey	276	2000
Halfman, Steven M.	400	2000
Hall, Alice Lucille	211, 213	1995
Hall, Ann W.	51	1995
Hall, Annie L.	83	2000

Name	Page	Year
Hall, Betty B. M.	70	1988
Hall, Edward C (Jr.)	57, 58	1996
Hall, Ellen	4	1988
Hall, Festus	195, 196	1986
Hall, Flora B.	297, 298	1998
Hall, George	305	1993
Hall, George Marvin	28, 29	1989
Hall, George W.	217, 218	1998
Hall, Hazel	253	1998
Hall, Henry William (III)	339	1997
Hall, Herb	94	1996
Hall, J. C.	1	1990
Hall, James C. (Jr.)	134	1986
Hall, Jane Mears	327, 329	1993
Hall, Jeanette	16	1998
Hall, Jimmie	92, 101	1997
Hall, John David	226	1998
Hall, Judith L.	79, 80	1987
Hall, Laura B.	250	1992
Hall, Lorenzo M.	249, 251	1986
Hall, Martha	368	1996
Hall Rachel C.	222, 223	1988
Hall, Ralph A.	114	1991
Hall, Sue	210	1991
Hall, Thelma	62	1989
Hall, William G.	271, 272	1987
Hallenbeck, Eileen	163, 164	1991
Halliburton, David R.	164	1997
Halliburton, Dolores P. Kaemmerer	385, 387	1999
Halliburton, John H.	203	1988
Hallmark, Joan Auld (Donna May)	283	1999
Hallmark, William A.	218, 220	1986
Hallock, Clyde L.	120	2000
Halpern, Larry	391	1994
Halpin, Fred	109	1992
Halsey, Andrew M. (Jr.)	51	1999

Name	Page	Year
Halstead, Blanche C.	371, 372	1994
Halsted, Elizabeth	425	1994
Halstead, Elizabeth V.	1	1995
Hamann, Lisa B.	34, 41	1990
Hamari, S. Joyce	130, 133	1996
Hamel, Joel James	238	1991
Hambrick, Ura B.	229, 230	1998
Hamill, Dallas Vern	45	1999
Hamilton, Bruce M. (Sr.)	103	1996
Hamilton, Daniel L.	38, 39	1995
Hamilton, Darrell G.	130	1987
Hamilton, Gesina F.	17	1995
Hamilton, James W.	3	1996
Hamilton, Jesse R.	181	1997
Hamilton, John Claude	329	1998
Hamilton, Joseph A.	63	1999
Hamilton, Leonard	150, 152	1999
Hamilton, Lorna M.	58, 66	2000
Hamilton, Mary	20	1997
Hamilton, Ruth Mosty	397, 398	2000
Hamilton, Stella	206, 209	1995
Hamilton, Warren L.	366, 367	1994
Hamlyn, Robert E.	302	1992
Hamman, Lollian	212	1993
Hammit, Arlon E.	74, 75	1989
Hammit, Elva J. (Y.)	121, 125	1996
Hammock, Mattie Lou	264	1996
Hammock, Nancy	390	1997
Hammond, Kathryn J.	148	1999
Hammond, Merle C.	135	1987
Hammond, Willau Mae	369	1995
Hammonds, Pauline A.	395	1997
Hammonds, Sadie L. (Dixie)	66, 69	1992
Hampson, Mabel Winnofred	43, 46	2000
Hampton, Binnie	395, 397	1994
Hamrick, Hoyt H. (Sr.)	277, 278	1991

Name	Page	Year
Hamrick, Laverne G.	191, 193	1994
Hanchey, Rebecca	327, 335	1999
Hander, Lucille	199	2000
Handon, Melissa	177	1990
Handy, Paul	51	1989
Hanel, Mark	8	1994
Hanchey, Ray	34, 35	1986
Hancock, Herbert	39, 40	1991
Hancock, Porter R.	202, 205	1987
Handcock, Hazel Marie	256, 257	1989
Handrow, Kurt	281	1993
Haner, Lillian	171, 172	1989
Haner, Margaret	147, 148	1987
Haney, Geneva Y.	91	1996
Haney, Ida Lee	303	1991
Haney, L. T.	202	1991
Hankins, Lowell Franklin	377	2000
Hankinson, Betty	272	1993
Hanna, John R.	91	1992
Hanna, Mary E.	282, 283	1997
Hanna, Parker P.	186, 187	1988
Hanna, Stella B.	156, 158	1993
Hannd, Wanda Tally	5, 12	1995
Hansard, Aubrey	7	1997
Hansen, Alice E.	99, 100	1986
Hansen, Marjorie E.	31, 32, 33	1989
Hansen, Raymond G.	268, 269	1989
Hanson, Marie Slaughter	384	1998
Hanson, Mark	209	1991
Hanson, Woodrow W.	13	1989
Happ, Virginia A.	112	1996
Happe, Ruby L.	36	1987
Harbison, Lee Roy	307	1991
Harbour, Elmer	332	1999
Harbur, Wayne L.	178	1992
Hard, Beryl Janet	179	1990

Name	Page	Year
Hardaway, Audrey E. Chicodo	64, 66	2000
Hardee, James J.	151, 154	1991
Hardee, Lottie Mae	305, 307	1996
Hardeman, Jewell	144, 145	1999
Hardeman, Leonard	217, 218	1986
Hardemon, Leonard	218	1986
Harden, Ann	99	1993
Harden, Richard H.	279, 282	2000
Hardemon, Obie	274, 277	1997
Hardgrave, Jack R.	191, 192	1993
Hardgreaves, Tom	67, 69	1993
Hardin, Alton J.	423	1995
Hardin, Billy Thomas	314	1998
Hardin, Elmer G.	202	1997
Hardin, Irene R.	38	1991
Hardin, J. R. (Dr.)	225	1992
Hardin, Maurine	291, 293	1999
Hardin, Mildred Willella	135, 136	2000
Harding, Harry J. (Sr.)	238	1987
Hardison, Lewis M.	182, 189	2000
Hardison, Mabel Tinkham	54, 59	1987
Hardt, Emil Fred	207	1991
Hardt, Marguerite	333	1996
Hardy, Dorothy Hyde Ahrens	164	2000
Hardy, George C.	149	1987
Hardy, William Doyle	87, 88	1997
Hargroce, George G.	284, 286	1995
Hargrove, Katheryn	32	1996
Harkey, Orel Jackson	195	1989
Harlan, Teddy R.	305	1994
Harle, Frances E.	253	1986
Harle, Joe Y.	198, 199	1989
Harle, Pauline S.	135	1993
Harling, Irene	197	2000
Harlow, Vernon	163	1989
Harmel, Donnie E.	328	1997

Name	Page	Year
Harmon, Lester Duane	35	1999
Harmon, Lola	406, 410	1995
Harmon, Ralph M.	393, 396	1994
Harmon, Roberta	145	1989
Harmon, William Clair	205, 207	2000
Harner, Martha O.	111	1987
Harnet, John Hobart	16	1997
Harp, Lex A.	286	1999
Harper, Adrain C.	137	1987
Harper, Aubrey (Pooch)	407, 410	1999
Harper, C. B.	219	1987
Harper, Christine	364	1994
Harper, Elizabeth	282	1990
Harper, Jake C.	241, 242	1991
Harper, John D.	203	1992
Harper, Marie A.	239, 243	1992
Harper, Mary L.	45, 46	1989
Harper, Minda F.	187, 191	1992
Harper, Newt O.	414	1994
Harper, Theresia (Mrs. Morris B.)	182	1989
Harpole, Mrs. Miller	202, 203	1990
Harrington, Dale	141	1998
Harrington, Esther R.	40	1986
Harrington, Frances H.	324, 327	1994
Harris, Aldridge (Buck)	403	2000
Harris, Alice	402	2000
Harris, Annie K.	189, 190	1988
Harris, Arthur	347, 348	1994
Harris, Barbara	339	1997
Harris, Elsie M.	158	1991
Harris, Estelle M.	64	1994
Harris, George N.	186, 187	1990
Harris, Gideon Joe	51, 54	1988
Harris, Harvey W.	86, 88	1995
Harris, Helen N.	312, 313	1995
Harris, James R.	40	1993

Name	Page	Year
Harris, John A. (Jack)	227	1994
Harris, John J.	68, 70	1998
Harris, Marie	279	1989
Harris, Mary F.	246	1987
Harris, Morris W.	235, 236	1996
Harris, Phyllis E.	302	1997
Harris, R. J.	199	1992
Harris, Samuel E. (Jr.)	109	1992
Harris, Sidney E.	223, 225	1999
Harris, W. B.	357	1997
Harris, William C.	120	1991
Harris, William H.	60, 62	1997
Harrison, Evelyn	188, 190	1998
Harrison, Florence M.	173	1995
Harrison, Francis R.	3	1992
Harrison, Frank C.	52, 53	1994
Harrison, Grace	239	1989
Harrison, Holden Trigg	53	1998
Harrison, James F. (Jr.)	132	1986
Harrison, James R.	202	1998
Harrison, Jesse	232, 234	1990
Harrison, Joe C.	96, 98	1995
Harrison, Joe M. (Jr.)	363	2000
Harrison, Joyce L.	64, 72	1997
Harrison, Morris	195, 196	1989
Harrison, Patricia L.	416	1999
Harrison, Thomas G.	329, 330	1996
Harrison, Thomas L.	124, 125	1993
Harry, Mrs. Bobbie	155	1992
Hart, Dawn	55	1995
Hart, Edward (Jr.)	84, 85	1987
Hart, Marshall	79, 80	1988
Hart, Mary L.	331, 332	2000
Hart, Robert E. (Jr.)	244, 250	1990
Harthcock, Louie	91, 92	1999
Harthcock, Norma B.	62, 63	1986

Name	Page	Year
Harter, Edward	219	1992
Hartfield, Arvia	82, 93	1989
Hartman, Cecelia	351	1998
Hartman, Dimple	71	2000
Hartman, Lulana B.	284	1992
Hartman, Marie	101	1986
Hartmann, Chester	199	1986
Hartman, Elsa	278	1989
Hartwell, Virginia Lee	140	1997
Hartzel, Naomi P.	145, 146	1990
Hartzog, Francis G.	114, 116	1991
Harvey, Gerald Brown	45, 47, 48	1987
Harvey, Martha M.	52, 53	2000
Harvey, Orval	327	1994
Harvey, Roy J.	342, 346	1996
Harvey, Samuel J.	213	1987
Harvil, Pearl Alayne	3	2000
Harville, Benjamin H.	328, 330	1993
Harwood, David R.	31, 32	1994
Harwood, Don William	340, 342	2000
Harwood, May Agnes (Nina)	165, 166, 167	1998
Harwood, Orlena S.	142, 144	1991
Haskett, Laura B.	21	1994
Haskin, John F.	216	1988
Hassenflu, John M.	309	1991
Hasson, Fred E.	383	1999
Hastings, Mable	42, 43	1989
Hastings, Murray Jr.(Jack)	129, 130	1989
Hastings, Murray M.	340	1996
Hasty, Jerry A.	149	2000
Hasty, Sandra A.	153	1998
Hasty, Vesta Jane	186	1994
Hatch, Dorothy M.	265, 267	1992
Hatch, Fema M.	338	1995
Hatch, Lewis S.	223, 224, 225	1992
Hatch, Mary L. Hardin	208, 209	1991

Name	Page	Year
Hatch, Orin W.	15, 16	1992
Hatch, Truman L.	315	1995
Hatchett, Junior	45, 47	1996
Hatfield, Elizabeth J.	85, 86	1987
Hatfield, Irene	287, 288	1990
Hatfield, Thomas E.	278, 281	1992
Hatfield, William Duncan	140, 142	1996
Hathaway, Wilbur F. (Sr.)	236	1986
Hathcoat, Christine M.	27, 29	1995
Hatley, Anna Marie	91, 95	1994
Hatley, Forrest L.	48, 50	1988
Hattox, Dennis N.	120	1992
Hattox, Viola	29, 31	1999
Haufler, Alvina	122	1988
Haufler, Esther	303	1993
Haufler, Lottie	10	1998
Haufler, Louis H.	96	1995
Haufler, Myrtha	393	2000
Hauge, Anna M.	349	2000
Hauge, Knud M.	125, 126	1992
Haugeto, Linda C. Martin	24	1990
Haugeto, Michael	357	1998
Haught, Bettie V.	313	1996
Haun, Ann S.	70	1988
Haun, Annie Rech	188	1994
Hauser, Elizabeth M.	29	1991
Hauser, William J.	52	1995
Havas, Theadore W. (Ted)	142, 215	1993
Haven, Ola Dee Hill	100	1995
Haven, William	209, 210	1993
Havens, Helen Jane	67, 68	1998
Havner, Robert	239, 240, 241	1999
Hawes, Milton D.	310	1990
Hawkins, Beth	192	1997
Hawkins, Bettie	307	1999
Hawkins, Deborah	364, 366	1996

Name	Page	Year
Hawkins, Eva R.	26, 29	1988
Hawkins, Heather Victoria	264	1999
Hawkins, Robert	261	1986
Hawley, Ruth	348	1994
Hawthorne, Hugh M.	140, 142, 161	2000
Hawthorne, James P.	230, 250	1999
Hay, Barbara	87	1992
Hay, Mrs. Gessner L.	76, 77	1989
Hay, Sam R.	120	1988
Hay, Stanley D.	110	1991
Hay, Yvette (Betty)	31, 32	1989
Hayes, Dallas	178	1986
Hayes, Florence	133, 134	1987
Hayes, Harold E.	19a, 19b	1986
Hayes, James J.	206	1993
Hayes, John W.	234, 235	1990
Hayes, Mary R.	385, 387	1995
Hayes, Rita Mae	198, 200	1999
Hayes, Roscoe L.	267	1994
Hayes, Rufus M. (Sr.)	334, 338	1996
Hayes, Ruth T.	225, 226	1988
Hayes, Steven Oscar	109	2000
Hayes, W. J. (Bill)	151, 153	2000
Haygood, Leon P.	279, 280	1990
Haymore, Frances J.	206	1987
Haynes, Edith Shacklette	191	1991
Haynes, Joe Zeigler	17	1998
Haynes, Mabel Fussell	115	1997
Haynes, Marie	163	1997
Haynie, Gladys	67	1989
Haywood, Muriel S.	225, 226	1988
Hazelett, Viola	146, 147	1998
Hazeltine, Harriet	29	1999
Haefley, Ivy	3, 4	1999
Heafley, Jack L.	67, 72	1991
Heap, George	307, 310	1999

Name	Page	Year
Heaps, Robert D.	207	1993
Hearne, Margaret	25	1998
Hearne, Warren J.	235	1990
Heartfield, Timothy C.	204, 205	1993
Heath, Bobby G.	119	1991
Heath, Hilma G.	128, 129	1993
Heath, Mavis Barnett	119	1998
Heath, Richard M.	101, 102	1989
Heaton, Walter R.	372	1999
Heckel, Edmund P. (Jr.)	44, 45	1992
Heckel, Jean V.	309	1995
Hecklau, Geunther F.	388, 389, 392	1995
Heckler, Laura Jim	157	1992
Heder, Vivian	369, 371	1995
Hedgepath, V. W.	22	1987
Heffernan, Billy L.	182, 184, 185	1986
Hegemann, Jacob E.	158	1986
Heger, Irene	128	1989
Heidel, Daphne	283, 287	1990
Heiden, Elaine N.	107, 108	1995
Heiden, Jean	244	1996
Heiden, Leland	239, 241	1994
Heiden, Robert F.	81	1993
Heidger, Carl W.	101, 102	1986
Heikkenen, John W.	36	1999
Heilegmann, Erven	355	1998
Heiligmann, Shirdella	141	1995
Heim, Ted	166, 168	1991
Heimann, Dakota J.	193	1996
Heimann, Elgin E.	140	1995
Heimann, Ida	366	1995
Heimann, Verda	46, 51	1999
Hein, Weimar F.	215	1991
Heinen, Ada M.	93, 96	1992
Heinen, Azilee C.	265, 266	1990
Heinen, Chester Sr. (Pete)	93, 96	1992

Name	Page	Year
Heinen, Chester P.	74	1994
Heinen, Edgar A.	44	1986
Heinen, Frank Edward	148	2000
Heinen, Glen	2, 3	1991
Heinen, Hazel J.	115	1992
Heinen, Margie Lee	301	2000
Heinen, Mary F.	5	1989
Heinen, Myrtle C.	15	1988
Heinen, Ruth	322	1996
Heinen, Veta Marie Culpepper	48	1990
Heinrich, Rena	269	1996
Heintz, Harold W.	113, 117	1997
Heirholzer, Mrs. Russell	260	1988
Heiser, Cortus E.	222, 229	1994
Heiser, Daisy	363	1992
Heiser, Daisy	1	1993
Heisler, Travis W.	348	1993
Heller, Ruth W.	148, 149	1991
Hemenover, Kenneth M.	392, 394	1996
Hempel, Maggie I.	136	1999
Hemphill, Howard Gordon	2, 7	1993
Hemsell, David C.	327	1991
Hencerling, Aderon L.	273, 275	1990
Hencerling, Betty Lou	155, 156	2000
Henckel, David W.	423, 424	1995
Henckel, Florabess D.	207, 208	1989
Henckel, Stanley John (Jr.)	326	2000
Hendershot, Virnell L.	77, 78	1986
Henderson, Arnold C.	258, 259	1986
Henderson, Bert Thomas	421	1999
Henderson, Ethel P.	232	1988
Henderson, Fern E.	2, 7	1993
Henderson, Hermand Larry	177	1989
Henderson, Homer I.	16, 17	1987
Henderson, J. Y (Dr.)	158	1991
Handerson, Joe	406, 408	1997

Name	Page	Year
Henderson, Lena Helen	139	1999
Henderson, Mary Gladys	97, 99	1999
Henderson, Thelma	394, 395, 397	1995
Henderson, Vonnita K.	280	1987
Henderson, Welton (Shakey)	374	1999
Henderson, William H.	103	1991
Hendon, Earnest J.	40, 41	1993
Hendon, Joye	273	1999
Hendricks, Laddie	13, 18	1999
Hendrickson, Mattie	387	2000
Hendrickson, Ralph	58, 61	1995
Hendrix, Grace L.	80	1986
Hendrix, Eugenia O.	83	1996
Hendrix, Jack	96	1996
Hendrix, Maggie	265, 267	1987
Hendryx, Richard Donavan	130, 133	1999
Henke, Alfred	21	1993
Henke, Edwin	90	1986
Henke, Emma	39	1990
Henke, Hugo	169	1988
Henke, Thelma Inez	60	1999
Henley, Fred T.	384	1998
Henley, James	246	2000
Henley, Marie	192, 194	1991
Henley, Raymond	44, 45	1991
Henninger, Frederick W.	75	1988
Henninger, Marie P.	61, 62	1998
Hennings, Henry (Sr.)	70	1992
Henningsen, Irene	407, 411	1995
Henry, Clarence	162	1993
Henry, Horace C. (Jr.)	3	2000
Henry, James W.	236	1990
Henry, Laura	26	1998
Henry, Numa (Jr.)	128, 130	1990
Henry, Viola	8, 15	1999
Henry, Warren Reagor	370	1999

Name	Page	Year
Henry, Wilburn	122	1992
Hensell, Marie	2, 3	1990
Hensley, Algon H.	279	1992
Hensley, Charles L. (Jr.)	243	1988
Hensley, Earl	129	1997
Hensley, John A.	90	1999
Henson, Fred	175	2000
Henson, Helen	390	1997
Henzler, Margaret C.	262	1994
Hepler, Mina C.	300, 302	1994
Hepler, Robin F.	315	1998
Hepler, Thaine Everett	199	1993
Herbert, Milton	132	1993
Herd, J. R.	377	1998
Hereford, Dorothy C.	58, 59	1994
Herman, Mary Lucille	257	1998
Hermann, Jacqueline J.	63, 64, 67	2000
Hermes, Katherine	261	1990
Hermes, Oscar M.	244	1992
Hermida, Hipolito F.	308, 312	1998
Hermon, Donald K.	36, 39	1992
Hernandez, Arnaldo	356	1993
Hernandez, Herlinda	340	1994
Hernandez, Jesus S.	129, 131, 141	1998
Hernandez, Juan	23, 24	1990
Hernandez, Luis	227	1999
Hernandez, Raul H.	125	1998
Hernandez, Rebecca	80	2000
Hernandez, Silvinia	162, 163	1995
Herrada, Alejandro	109	1986
Herrara, Shawn M.	172	1991
Herrera, Adam	222	1990
Herrera, Albertina	107, 110	1992
Herrera, Alfred	173	1986
Herrera, Florencio (Chencho)	73	1995
Herrera, Florencio R.	134, 135	1986

Name	Page	Year
Herrera, Helen O.	327	1997
Herring, George C,	60	1987
Herrington, Charles B.	81	1986
Herrington, Geneva F.	84	1995
Herrington, Hope H.	243	1986
Herrington, John	244	1999
Herrington, Mary Elizabeth	42, 43	1988
Herritage, Pauline K.	127	1991
Herrman, Dejah Hildebrand	227, 229	1991
Harman, Harold O. (Happy)	212, 213	1998
Hertel, Clarence M.	213	1992
Hertel, Elmer N.	306, 308, 310	1994
Hertel, Helen	188	1989
Heuklom, Candice Lee H.	97	1999
Herzog, Harry	145	1990
Herzog, Oswald A. (Jr.)	153, 155	1997
Heslep, Ambers Alvin	308	1998
Hess, Elwood	269	1991
Hesskew, Donald	366, 367	1993
Hester, Rex	358	1993
Hester, William F.	178	1988
Hetrick, Dorothy L.	240, 241	1986
Hetrick, Lyal W.	218, 223	1993
Hetrick, Paul R.	55, 60	1995
Hetrick, Ruby	268, 272	1999
Heuer, Arlen	179	1986
Heun, Roland J.	97	1998
Hevenor, Phillip A.	109, 110	1986
Hevenor, Richard Kerry	99	2000
Hewitt, C. C.	177	1991
Hewitt, Mabel E.	2, 3	1987
Hey, Wilson Jr. (Mickey)	395, 396	1996
Heyel, Gladys M.	191	1993
Heyel, Theodore J.	208, 209	1992
Heyland, Dorothy N.	14, 15	1986
Hibler, Calvin D.	95	1997

Name	Page	Year
Hickey, Charles K. (Sr.)	173, 175	1997
Hickey, Vivian	383, 385	1995
Hickman, Albert	306, 308	1997
Hickman, Betty	239, 240	1994
Hickman, Ronald L.	90, 91	1987
Hicks, Dick W.	281	1998
Hicks, Grace M.	386, 389	1994
Hicks, Raymond	271, 274	1999
Hicks, T. J.	131, 133	1992
Hicks, Wilson V.	355	1998
Hicks, Winnie D.	26, 27	1995
Hierholzer, Russell J.	189	1993
Higdon, Mrs. Eddie	264	1999
Higdon, Ollie Crick	126, 127	1994
Higgens, Zula M.	309, 313	1992
Higgins, Frances R.	357	1997
Highnote, Charles M.	136, 137	1992
Highnote, Joseph	277, 278	1990
Highsmith, Clifford	306, 309	1990
Highsmith, Karla R.	263	1988
Hightower, Randall S.	384	1995
Hilburn, Andrew	212	1997
Hilburn, Cordella	302, 303	1994
Hilburn, Dora E.	401, 403, 404	1997
Hilburn, Ida B.	134, 136	1989
Hildebrant, Irene M.	317, 318	1992
Hildenbrand, Arlen	131	1997
Hill, Bessie F.	63	1986
Hill, Betty Lenora	251, 254	2000
Hill, Cody R.	241, 242	1990
Hill, David B.	109, 110	1993
Hill, Deressa	267	1988
Hill, Gaston W.	152, 156	1999
Hill, Homer S.	422	1994
Hill, James L.	163, 164	1986
Hill, James Medford	229	1997

Name	Page	Year
Hill, Jewel E.	187, 189	1995
Hill, Joan	339, 340, 342	1999
Hill, Judith J.	22	1987
Hill, Laura	128	1988
Hill, Marie E.	271	1995
Hill, Maurice F.	104, 105	1988
Hill, Mildred	168	2000
Hill, Nancy W.	174, 175, 176	1988
Hill, Odette S.	154	1993
Hill, Sam B.	412, 415	1994
Hill, Sarah C. Hammersmith	288	1998
Hill, Stanley	12, 13	1987
Hill, Vastian	392	1997
Hill, W. D.	339, 340, 342	1999
Hill, Wayne Wilder	12	2000
Hill, Willie B.	211, 212	1994
Hill, Winston G.	110	1995
Hillabrant, Walter J.	178	1999
Hillebrandt, Oliver L.	291	1990
Hiller, Ella A.	136, 137	1989
Hillis, Bruce	363	1992
Hillman, Mary H.	340	1996
Hillman, Ruby	371, 372	1994
Hillman, Winston	311	1992
Hilton, Burrell	64, 66	1994
Hilton, Myrtle B.	44	1988
Hiltpold, Mc Connell W.	44, 48, 50	1994
Hilty, Emil	143	1989
Himmler, Charles W.	9, 10	1988
Hindman, Alvin W.	259, 261	1993
Hinds, Bob Stacy	299	1991
Hinds, Marvin	203, 204	1989
Hinds, Pearl W.	37, 39	1991
Hinds, Sylvia H.	161, 162	1989
Hinds, Theodore R. (Dick)	209, 211	1994
Hines, Bob Stacy	298	1991

Name	Page	Year
Hines, John H.	7, 8	1992
Hines, Ruby P.	293	1991
Hingst, Lawrence A.	168, 170	1987
Hingst, Meta W.	40	1992
Hinojosa, Jacob Thomason	259	1996
Hinojosa, Kaitlyn Annette	259	1996
Hinson, Barbara M.	158	1995
Hinte, John O.	342	1998
Hirsch, Jim	63	1991
Hirschfield, Rosalie R.	175	1998
Hise, Milton E.	228, 230	1988
Hitch, Daniel R.	25	1988
Hitch, Helen C.	193, 195	1998
Hitch, Robert L.	48, 51	1997
Hitchcock, Donald Dean	64, 65	1999
Hix, John C.	150, 151	1995
Hix, Louise W.	109	1987
Hoard, Beverly J.	99	2000
Hoblet, Betty R.	117, 118	1989
Hoblet, William B.	344, 347	1993
Hobratschk, Albert	381, 383	1998
Hobson, Eula Inez	216	2000
Hobson, Gertrude M.	324, 326	1993
Hobson, Jack D.	57	1991
Hobson, Leo	142	1998
Hobson, Warren (Jr.)	67, 69	1999
Hodge, Austin F.	237	1988
Hodge, Noble H.	67, 68	1997
Hodges, Carney Veston	377	1998
Hodges, Edoleen L.	163	1994
Hodges, Frank R.	337, 338	1992
Hodges, George R. (Sr.)	121, 122	1987
Hodges, John H.	150	1986
Hodges, Lafayette R.	148	1986
Hodges, Robert M.	128	1996
Hodgson, Ralph L.	106, 109	2000

Name	Page	Year
Hoerster, Ewald H.	97	1994
Hoeser, Carnell	30	1993
Hofer, Clair W.	34, 35	1994
Hoffert, Yvonne	106	1991
Hoffman, Amy Flagg	166, 170	1988
Hoffman, Elaine K.	262, 267	1987
Hoffman, Erwin	259, 260	1987
Hoffman, Jean Webster	332	1992
Hoffman, Rosalie	418	1995
Hoffman, Ryan W.	50	1988
Hoffmeyer, Catherine P.	35, 36	1991
Hoffpauer, Benjamin F.	308, 311	1994
Hoffpauir, Guarry	16	1988
Hofheinz, Herbert R.	253	1993
Hogan, Benny H.	65, 67	1994
Hogan, Betsy Linnegar	162	1998
Hogan, Billy	190	1990
Hogan, Jimmie J.	244, 249	1991
Hogan, John R.	121, 122	1993
Hogan, Richard C.	44, 46	1986
Hogan, Ruth S.	112, 114	1996
Hogg, Ann F.	102	1996
Hoggard, Louise Cabiness	23	2000
Hoggett, Belle	53, 55	1991
Hoggett, Louis B. (Brack)	29, 30	1987
Hoggett, Pierce A.	59	1997
Hohenberger, Adolph	155	1988
Hohenberger, Alma	135	1988
Hohenberger, Cleo C.	198	1990
Hohenberger, Leonard	373, 375	1999
Hohertz, Edwin	399	1999
Hohlenfelder, Christine M.	99, 101	2000
Hohmann, Myrtle S.	126	1990
Hoke, Cecil T. (Shiro)	275, 277	1996
Hoke, Pauline Katherine	372	1996
Holbrook, Mary L.	308	1998

Name	Page	Year
Holbrook, Roy	148	1989
Holchak, Mathilda	287	1994
Holcomb, Iva Lee	37	1991
Holcomb, Nixon	158	1995
Holcomb, Pauline	64	1998
Holcomb, Trueman E.	263	1992
Holcombe, Kerry	67	1993
Holcombe, Nellie L.	32	1991
Holden, Beatrice	232, 233	1989
Holden, Dorothy	396	1997
Holden, Dorothy	401	2000
Holden Jason	217, 218, 220	1993
Holder, Gerine	292, 294	1998
Holder, Nita Bob	239, 242	1986
Holder, Patsy Ruth	448, 451, 455	2000
Holdforth, Kenneth (Buddy)	225	1991
Holdsworth, Bessie (Mrs. T. K.)	226, 227	1987
Holdsworth, Mrs. Robert O.	221	1989
Holdsworth, Willie	99	1994
Holekamp, Alex Moritz	126, 127	1989
Holekamp, Frances	100	1986
Holekamp, Katy Wiedenfeld	131	1991
Holekamp, Richard Walter	260	1995
Holeman, Vivia	349, 351	1996
Holland, Clifton E.	104	1999
Holland, Delia	28	1989
Holland, Edward H. (Ted)	99, 101	1997
Holland, Ernest Wilbur	425, 426	2000
Holland, George C.	121, 123	1991
Holland, Gladys Callan	106	1998
Holland, Leona Alberthal	318, 321	1999
Holland, Lois	350	2000
Holland, Marie	8	1993
Holland, Myrna	15, 16	2000
Hollar, Rosita Holdsworth	335	2000
Holleron, Juanita L.	236	1999

Name	Page	Year
Holleron, William K (Sr.)	185, 186	1987
Holley, Dollye B.	253, 256	1990
Holliday, James Walter	74	1999
Holliman, Elphie	253, 255	1993
Holliman, Linda Scott	353, 354	1999
Holliman, Robert	43, 44	1998
Holliman, Walter L.	99	1987
Hollimon, Bessie L.	233	2000
Hollimon, Kenneth W. (Lefty)	77, 79	1997
Hollimon, Walter L.	100	1987
Hollingshead, Jervis L.	128, 130	1991
Hollingshead, Mattie E. (Jimmie)	26, 27	1994
Hollingsworth, John T.	279	1989
Hollis, Asia B.	80, 82	1987
Hollman, Gene	3, 4	1989
Hollman, Kathryn M.	237, 238	1995
Hollocher, Ann Abernathy	228, 231	1998
Hollomon, Kyle W.	79	1991
Holloway, Loren E.	210	1993
Hollums, Evelyn	96, 98	1989
Holm, Pearl L.	138, 140	1987
Holman, Maria	456	2000
Holmersley, Herbert R.	45	1993
Holmes, Angaelika M.	129	1989
Holmes, Carl D.	42	1993
Homes, Clyde F.	298, 300	1999
Holmes, Coley E.	296, 299	1996
Holmes, Daniel W.	218	1991
Holmes, Elsie	62	1993
Holmes, Fannie	61	1993
Holmes, Joseph B.	256, 257	1987
Holmes, Julia	132, 134, 138	2000
Holmes, Nancy Jo Riddle	264	1990
Holmes, William A. (Slim)	67	1991
Holmsley, Lewis Hart	26	1998
Holst, Neva B.	346	1994

Name	Page	Year
Holstine, Lula	221	1991
Holt, Arthur	293	2000
Holt, David	304, 305	1990
Holt, Elizabeth C,	383, 384	1998
Holt, J. R.	124	2000
Holt, Joe C.	183, 185	1997
Holton, James A.	231	1986
Holtz, J. L.	253	1992
Holtzendorf, H. L. (Bud)	135, 136	2000
Honea, Edward J.	133, 136	1997
Honea, Richard G.	145	2000
Honeycutt, Carl B.	205	1992
Honeycutt, Carl B.	268	1994
Honeycutt, Chester V.	198, 202	1996
Honig, Corinne I.	281	1994
Hood, Cornelia	221	1991
Hood, Earl W.	58, 59	1993
Hood, Jeanette Laugle	303, 304	1990
Hood, Marguerite	26	1998
Hood, Randolph (Pinkie)	237, 240	1993
Hood, Ronald K.	131, 133	1997
Hook, Robert H.	32, 33	1987
Hook, William G.	24, 278, 279	1990
Hooker, Billy J.	102	1987
Hooker, Ivan	51	1995
Hooker, Mrs. Robert C.	93	1988
Hooks, Jerry Lloyd	235	1991
Hooper, Alyne Lewellen	314, 317	1999
Hoover, A. Jean	152	1989
Hoover, Art	185	1998
Hoover, George B.	95	1995
Hope, Theodore	266	1998
Hopf, Glenn	113	1999
Hopkins, Alice Wakely	351	1996
Hopkins, Carl M. (Dick)	242, 244	1992
Hopkins, Donald	193, 195	1987

Name	Page	Year
Hopkins, Gary W.	275	1997
Hopkins, Homer L.	228	1988
Hopper, Amelia	182	1992
Hopper, Eva B.	218, 219	1998
Hopper, John J.	146, 148	1996
Hopperstead, Ingvald J.	193	1992
Hopson, Georgia R.	20	1987
Horadam, Frank J.	160	1987
Horadam, Gertrude S.	150, 151	1989
Horgan, Maurice C.	184, 188	1996
Horn, Amos L.	425	1994
Horn, Edward N.	143	1986
Hornacek, Pauline	80	1999
Hornbeck, Eva	211, 212	1986
Horne, Ada L.	250	1990
Horne, Gerald Alan	243, 247	1992
Horner, Martha O.	109	1987
Horner, R. L.	102	1995
Horton, Benjamin (Jr.)	222	1994
Horton, Elmer D.	228	1991
Horton, Kelly R.	247	1994
Horton, Lelah	123	1997
Horton, Mabel	233	1986
Horton, Margie B.	149	1994
Horton, Martha	84, 85	1989
Horton, Ruth Viola Jones	5	1990
Horton, Walter L. (Sr.)	133, 134	1993
Hosford, James W.	393	1997
Hoskins, Dllas	346	1999
Hoskins, Gladys E.	107	1991
Hosler, Margaret L.	263, 265	1994
Hosmer, Clarence W.	251, 254	1989
Hossley, Mary (Pud)	162	1997
Hostetter, Bertie P.	105	1992
Hostetter, Evelyn	352	1993
Hotchkiss, Clyde	227, 228	1987

Name	Page	Year
Houdek, Rossie Mae	272, 273	1987
Hough, Elsie D.	252, 254, 256	1989
Hough, Kimberly Land Jones	277, 279	1987
Hough, Marilyn M.	87	1997
Houghton, Reeves	297, 301	2000
House, Alma L.	256, 257, 259	1986
House, Charles M.	193	1987
House, John H.	76	1997
House, Jonnie F.	401, 409	1997
House, Nettie A.	421, 423	2000
House, Tressie L.	7, 8	1992
House, Wiley	108	1994
House, William A.	152, 153	1989
Houser, Bemas	6	1992
Houston, Jayne	234	1989
Houston, Newell Eugene	257	1989
Houy, Theckla M.	86	1995
Hovde, Olga	77	1987
Hoven, Albert M.	168	1987
Hoverson, James A.	147	1992
Hovey, Gene D.	224	1986
Howard, Arthur T.	222, 224	1986
Howard, Bernice V.	289	1987
Howard, Betty J.	226	1998
Howard, Charles O. (Jr.)	307, 309	1990
Howard, Dora	139	2000
Howard, Herbert	324	1999
Howard, Ida M.	238	1995
Howard, Jimmie H.	379	1999
Howard, Joe	167	1986
Howard, Joe T.	157, 159	1990
Howard, John L.	258, 259	1986
Howard, Lecil O.	30	1993
Howard, Leonard	232, 233	1989
Howard, Ruby I.	152, 153	1988
Howard, Stella	287	1989

Name	Page	Year
Howard, Thelma L.	174	1996
Howard, Mrs. Willie C.	286, 287	1989
Howarth, Dale W.	279, 280	1989
Howe, Fred E.	34	1986
Howe, Nina K.	191	1992
Howell, Benjamin Franklin (Frank)	287	1991
Howell, Cindee	306	1995
Howell, Clarence (Bill)	229	1992
Howell, David B.	89	1992
Howell, Esther Davis Mc Laughlin	38	2000
Howell, J. Ed	156, 158	1998
Howell, Joseph (Jake)	119, 121	1994
Howell, Leta B.	287	1993
Howell, Rose K.	226, 228	1996
Howell, Susie Flowers	248	1998
Howerton, Geraldine	29, 31	1996
Hoy, Judith M.	118, 119	1999
Hoy, Robert L.	305	1991
Hoy, Stephen	95, 96	1986
Hoyer, Paul C.	397	1995
Hubbard, Ernest J.	126	1991
Hubbard, William	237, 240	1998
Hubble, Ernest Charles	57	1987
Hubble, John T.	275, 277	1994
Hubble, Leo L.	371	1995
Hubble, Veda	22	1993
Huber, W. Brooks	221	1986
Huckle, Mrs. William (Rosa T.)	111	1991
Huckobey, Bob	3, 7	2000
Huddleston, Bonnie Goodman	56, 64	1993
Huddleston, Kenneth	56, 64	1993
Hudec, Daisy Ella	89, 90	1998
Hudnut, John D.	360, 400	1997
Hudson, Ed M.	111, 114	1991
Hudson, Eleanor E.	395	1999
Hudson, Etta Marie	187	1994

Name	Page	Year
Hudson, John Mansel	219	2000
Hudson, Joyce Fay	251	1999
Hudson, Lewis E.	254	1989
Hudson, Lois Ann	96	1997
Hudson, Nora L.	131, 134	1994
Hudson, Paul	216	1998
Hudson, S. C.	267	1995
Hudson, William C.	76	1991
Hudspeth, Hal R.	79, 80	1994
Hudspeth, Kate	44, 45	1988
Hudspeth, Luline Mast	326	1996
Huff, Ruby L.	194	1988
Huff, Wyble C.	244, 245	1986
Huffaker, Jimmie	64, 70	1995
Huffman, Ruth A.	258, 259	1987
Huggins, Blanche R.	182, 183	1992
Huggins, Ralph E.	139	1998
Huggins, Richard Lewis	55, 58	2000
Huggins, Roscoe C.	183	1987
Hughes, Charles S.	85	1994
Hughes, Charlesia F.	222	2000
Hughes, Dora Blevins	338	1993
Hughes, E. C. (Jake)	308	1997
Hughes, Everett C. (Jr.)	269, 274	1992
Hughes, Peggy	248, 251	1999
Hughes, Robert Holloway	48	2000
Hughes, Rollo G.	238	1989
Hughes, Waylon (Trey)	222	1998
Huitt, Jimmy	324	1991
Hull, Eleanor P.	141, 142	1986
Hullinger, Carroll	96, 98	1999
Hulsey, Dick	278	1998
Humpherville, Jeane	225	1991
Humphrey, Grace	268, 271	1995
Humphrey, John D.	164, 165	1996
Humphries, Claude C.	76	1988

Name	Page	Year
Hund, Fredick Carl	395, 397, 398	1997
Hunnicutt, Edward Barham	178	1997
Hunnicutt, Martha Carolyn Dozier	245, 247	1995
Hunnicutt, Virginia D.	5	1995
Hunt, Aileen	209, 210	1986
Hunt, Clara G.	377, 378	1999
Hunt, Fernne B.	174	1995
Hunt, H. Jeff (Sr.)	58, 59	1987
Hunt, Harry L.	227, 229	1999
Hunt, Hobart C.	18	1993
Hunt, John H.	51, 52	1995
Hunt, John K.	228, 237	1991
Hunt, John W.	404, 406, 416	1999
Hunt, Raymond D.	44, 48	1994
Hunt, Sarah G.	128	1994
Hunt, Thelma	215, 217	1989
Hunter, J. Marvin	37	1999
Hunter, Lance T.	73	1986
Hunter, Margaret E.	233, 235	1987
Hunter, Mary Bessie Huling	64, 67	2000
Hunter, Rita	209, 210	1993
Hunter, William R.	3, 5	1998
Huntley, Hank H.	236, 237	1994
Huntley, Jeanne	410, 415	2000
Hurd, Jason C.	43	1998
Hurlbutt, Cheryl	107, 111	1994
Hurley, Francis B.	260, 262	1988
Hurley, Mina G.	60, 62	1994
Hurley, Paul F.	311, 313	1997
Hurst, Donald E.	213	1988
Hurst, Jack M.	424	1994
Hurst, Jones A.	87	1989
Hurst, Mary E.	272	1997
Hurst, Nathan Wayne	322, 325	1996
Hurt, Lewis Carr	144, 145	1999
Huseby, Gladys	130, 133	1991

Name	Page	Year
Huser, Hank	298	1997
Huss, Alan J.	215, 217	1989
Huss, Frances M.	264, 265	1989
Hutcherson, Lemeiel B.	90, 91	1987
Hutcherson, Roy B.	279	1989
Hutches, Clarence F.	409, 411	1999
Hutcheson, Charles E.	144, 147	1987
Hutchins, Betty A.	392	1999
Hutchinson, Grace D.	198, 200	1993
Hutchinson, Paul	140	1987
Hutchison, Ruby	372, 375, 376	1997
Hutton, Lois M.	318, 320	1993
Hutton, Robert	21	1997
Hutzler, Elizabeth A.	88	1996
Hutzler, Lucy	398, 406	1994
Huvelle, Verne	2, 3	1992
Hyatt, Jack B.	252	1997
Hybarger, Mattie P.	238	1987
Hyde, Ben	68	2000
Hyde, Charles D.	176	1992
Hyde, Earl	173	1993
Hyde, Frances	8	1989
Hyde, Helen Harrison	255, 256	1987
Hyde, James F. (Sr.)	29	1990
Hyde, John B.	82, 83	1992
Hyde, Leonard	75	1991
Hyde, Lillian	58, 59	1991
Hyde, Pauline E.	262	1995
Hyles, Calvin	158	1999

I

Name	Page	Year
Iacovella, Minnie	149, 150	1997
Ibrom, Anna	160, 162	1987
Icke, Florence	34	1992

Name	Page	Year
Ille, Elsie	270	1998
Ille, William O.	114	1989
Immel, Thomas A.	143	1995
Ing, Louise	100, 102	1993
Ingenhuett, Carol Ann	336	1999
Ingenhuett, Emma	142, 145	1996
Ingle, Ludy T.	261	1997
Ingraham, Harry W.	400, 403	1994
Ingraham, Sheri Fisher	91	1988
Ingram, Dapha	2, 5	1995
Ingram, Gladys	115, 118, 120	1992
Ingram, Hollis	180, 181	2000
Ingram, John	264	1998
Ingram, John Paul	293	2000
Ingram, Liloth Grace Guess	301	2000
Ingram, Marcia K.	278	1993
Ingram, Michele Eader	2	1995
Ingram, Robert L.	286, 287	1996
Ingram, Wyatt Charles	2	1995
Inman, Robert L. (Rod)	179, 181	1994
Innis, Elizabeth	272, 273	1993
Inzani, Paul	181	2000
Irby, D. B.	322, 326	1993
Ireland, Daniel Scott	198, 199	1990
Irvin, Billy	178	1991
Irving, Lawanda	23, 24	1996
Irving, Willie May	259, 260	1989
Irwin, Theda Ilene	338	1999
Irwin, Thomas L.	165, 166	1993
Irwin, Warren L.	63	1996
Isaac, Charlie (Sr.)	173, 175	1997
Isbell, Jack D. (II)	184, 185	1997
Isbell, Joe James	54	1999
Isbell, Terry R.	125	1988
Ischar, Katie	240	1991
Isenberg, Leona	130, 133	1990

Name	Page	Year
Isenberger, John R.	298, 306	1992
Isha, Dalton	275	1997
Ishmael, Gregory L.	229, 230	1990
Itz, Bessie L.	70	1989
Itz, Chester	251	1989
Itz, Edgar Adolph	153	1998
Itz, Elizabeth (Mrs. Edgar A.)	21	1990
Ives, Artis G.	145	1986
Ivey, Louise M.	159, 160	1990
Ivie, Zachary J.	137	1990
Ivy, Aubry Van	34	2000
Ivy, Cathryn	258	1988
Ivy, Charlene	145	2000
Ivy, Cleo	345, 346, 348	1995
Ivy, Rex	115, 116, 118	1989
Ivy, Virgil	166, 167	2000

J

Name	Page	Year
Jabs, Max	241, 248	2000
Jack, Clarence E. (Jr.)	282	1997
Jack, Howard (Jr.)	19	1997
Jackman, Mabel L.	199	1994
Jackman, Willis L.	290, 292	1993
Jackson, Addie L.	152	1999
Jackson, Austin B.	1	1986
Jackson, Beulah N.	31, 32	1988
Jackson, Brad	250	2000
Jackson, Clara Mable	24	1994
Jackson, Evadea	126	1998
Jackson, Irene I.	33, 34	1986
Jackson, J. T. (Jr.)	310	1997
Jackson, Jimmy D.	93	1993
Jackson, Joe M.	379	1995
Jackson, Josephine Barbour	380, 381, 382	2000

Name	Page	Year
Jackson, M. Frances	322, 325	1993
Jackson, Mary Kay	373	1999
Jackson, Mirlen E.	86	1992
Jackson, Renee	156	1999
Jackson, Ronald M.	127	1993
Jackson, Royce Edwin	13, 16	1996
Jackson, Ruby Mozelle	264	1997
Jackson, Sylvia	88, 102	1993
Jackson, Trentie	169	1991
Jackson, Vela M.	219	1987
Jackson, Virginia	184, 186	1991
Jackson, Winnie Willie	38	1990
Jackson, Woodrow D. (Bobby)	77	1996
Jacob, Bernice	182, 184	2000
Jacobs, Erwin	80	2000
Jacobs, James	357	1995
Jacobs, Marguerite	184, 185	1996
Jacobs, Norma H.	123	1986
Jacobsen, Norman G.	340, 344	2000
Jacoby, Norwin	229	1993
Jaeger, Elmer E.	142	1988
Jaime, Maria C.	259, 261	1992
Jakovich, Ann	316, 317, 319	2000
Jamerson, Roy E.	131, 132, 133	1990
James, Alton	120	1986
James, Ann G.	171, 198	1992
James, Anne	161	1991
James, Ben	88, 143	1996
James, David H.	2	1987
JKAmes, Ellen O. Rees	343, 344, 346	2000
James, Jesse J.	111, 112	1988
James, Robert Rudolph	285, 288	1998
James, William	187	1990
Jamison, Carolyn	194	1999
Jamme, Walter J.	269, 271, 274	2000
Janda, Irene	18, 20	1999

Name	Page	Year
Janda, Robert F.	24	1988
Janney, William P.	268	1991
Jansen, Henry A.	260, 261	2000
Jansen, Maria M.	212, 213	1986
Janson, Gotthard (Jr.)	363	1998
January, Odel Dillard	83, 87	1997
Jarell, Lewis R.	377, 379	1995
Jarrell, Chester N.	250, 251	1987
Jarrell, Letha M.	275	1987
Jarrell, Martha E.	89, 91	1999
Jarrell, W. D. (Bill)	53, 54	1999
Jarrett, Beverly	264, 267	1992
Jarvis, Jodie	182, 183, 184	1997
Jarvis, Lena Blanche	301, 302	1996
Jasper, Mattie W.	95, 97	1986
Jeffers, Charlie (Sonny)	172	1991
Jeffers, Cynthia S.	235, 236	1997
Jeffers, Donald Lee	296	1999
Jeffers, Donnie	361	2000
Jeffers, Joe J.	207	1988
Jeffers, Kennth	314	1993
Jeffers, Loyd Amie	51, 52	1991
Jeffers, Myrtle Nora	201	1990
Jefferson, Jean D.	45	1998
Jefferson, Samuel C.	200, 201, 203	2000
Jeffrey, Jessie A.	123	1988
Jeffery, Joseph	294, 295	1990
Jenkins, Donetta M.	154	1992
Jenkins, Elma S.	256, 261	1993
Jenkins, Harold L.	396, 398	1994
Jenkins, John O.	102, 103	1991
Jenkins, Quincy	312	1996
Jenkins, Robert Calvin (Jr.)	137	2000
Jenkins, Rufus D,	162	1990
Jenkins, Tommy J.	98	1998
Jennings, Ed	189, 190	1991

Name	Page	Year
Jennings, Elmer L.	5	1989
Jennings, Fred	399, 402	1999
Jennings, Fred C.	9	2000
Jennings, James F.	388, 391	1997
Jennings, Joann	349	1996
Jennings, Joe A.	208, 209	1989
Jennings, John (J. W.)	333, 335	1997
Jennings, Mae	324, 325	1998
Jennings, Mary White	5	1989
Jennings, Penny (Isla Mae)	32	1988
Jennings, W. Roy	275, 276	1989
Jenschke, Alice	320, 321	1991
Jenschke, Andrew	335	1998
Jenschke, Ella	349, 352	1996
Jenschke, Gary	129	1993
Jenschke, Laura Jane	413, 417	1999
Jenschke, Leo C.	20, 23	1998
Jenschke, Mary V.	160	1993
Jenschke, Robert P.	77, 78	1986
Jenschke, Rose	122	1990
Jenschke, Rubin G.	364	1995
Jensen, Niels J.	244, 245	1986
Jensen, Robert W.	130, 131	1987
Jensen, Stella A.	161, 164	1996
Jernigan, Louise Roark	401	1997
Jernigan, Phyllis M.	241	1993
Jernigan, Willis G.	196	1991
Jesse, Nellie G.	106, 216	1988
Jesse, Walter V.	180	1992
Jeter, Sidney S.	160, 161	1993
Jetton, Heath Aaron	84	1997
Jimenez, Frederico	4000	1999
Jimenez, Luis L.	215, 218	1987
Jimenez, Lupe Gonzales	86, 88	1988
Jimenez, Mrs, Romon (Consuelo)	421, 425	1995
Jinkins, Jay L. (III)	120	1989

Name	Page	Year
Jobe, Alvis T.	125, 126	1990
Johannessen, Leta A.	23, 25	1994
Johansen, Einar E.	227	1991
Johansen, Ruby L.	230	1990
Johanson, Tim	46	1988
Johns, Don	413	1994
Johns, Hazel C.	320	1992
Johns, Ina Ruth	7, 8	1990
Johns, Mary B.	31	1997
Johns, Thelma M.	227	1993
Johnsen, Elizabeth M.	147, 148	1988
Johnson, Adela	1, 5	1988
Johnson, Alex	202, 203	1992
Johnson, Andee M.	347	1994
Johnson, Arthur T.	265, 266	1989
Johnson, Barbara	364	1993
Johnson, Barbara	91, 92	1997
Johnson, Ben H.	188, 189	1989
Johnson, Bernice	173, 174	1986
Johnson, Bessie Cook	257	1996
Johnson, Bonnie	129, 132	1986
Johnson, Bonnye M.	56	1993
Johnson, Bradley (Sr.)	195	1986
Johnson, Bruce L.	236	1993
Johnson, Clifton M.	443	2000
Johnson, Dan H.	279	1994
Johnson, Darrell (Mike)	114	1998
Joohnson, Earline R.	258, 259	1998
Johnson, Edith M.	47, 48	1998
Johnson, Edward A.	8, 10	1994
Johnson, Eugene I.	335, 341	2000
Johnson, Eunice B.	303, 304	1992
Johnson, Frederick E.	168, 169	1997
Johnson, Gale W,	1, 2	1990
Johnson, Harry H.	160, 161	1986
Johnson, Henry A.	148, 150	1986

Name	Page	Year
Johnson, Herbert Charles (Jr.)	231	2000
Johnson, Herby L.	268, 270	1992
Johnson, Inez M.	193, 194	1991
Johnson, Irma	301, 303	1998
Johnson, J. P. (Jack)	172, 173	1989
Johnson, James F. (Billie)	106	1989
Johnson, John W.	305, 307	1993
Johnson, Kathryn B.	9	1988
Johnson, Leland O.	122, 123	1992
Johnson, Lois Kraft Donaho	329	2000
Johnson, Lucille W.	238, 240	1986
Johnson, Marion P.	314, 1316	1998
Johnson, Mark D.	323	1991
Johnson, Marley W.	351, 356	1998
Johnson, Maurice W.	213	1993
Johnson, Melville L.	373, 375	1999
Johnson, Mildred	168	1988
Johnson, Mildred Wheeler	140, 141	1999
Johnson, Morris O.	186, 187	1995
Johnson, Myrlin	378	1998
Johnson, Myrtle F. Strobeck	123, 124	2000
Johnson, Nancy	124	1997
Johnson, Naomi (Mac)	317	1992
Johnson, Natasha N.	222	1988
Johnson, Nathaniel M.	402, 404	1997
Johnson, Norma S.	23, 24	1999
Johnson, Raymond	81, 83	1997
Johnson, Richard K.	92, 96, 98	1991
Johnson, Russell B.	175, 176	1986
Johnson, Russell P.	161, 162	1987
Johnson, Ruth E.	251, 252	1989
Johnson, Ruth H.	218, 221	1991
Johnson, Sidney W.	132	1994
Johnson, Stella Maie	54, 56	1987
Johnson, Virginia	87, 88, 90	1986
Johnson, Walter	81	1999

Name	Page	Year
Johnson, Walter T. (Jr.)	175, 177	1987
Johnson, Wanda Thelma	15	1998
Johnson, Welford M.	146, 147	1987
Johnson, Wesley C.	394, 400	1995
Johnson, William	2	1991
Johnson, William L.	33	1994
Johnson, Willis William	124, 125	1992
Johnston, Bobbie Lee	191, 192	1992
Johnston, Carl M. (Sam)	7, 18	1999
Johnston, Mrs. Charles (Josephine)	155, 156	1996
Johnston, Ernest	43, 46	1997
Johnston, Floyd	147	1997
Johnston, George Harmon	236, 237	1986
Johnston, George Herbert	97, 98	1986
Johnston, Henrietta S.	151, 152	1992
Johnston, Herbert	42	1998
Johnston, Janet Ellen	207, 208	1997
Johnston, Jean E.	325	1991
Johnston, Jewell Hamilton	257	1991
Johnston, John	211	1986
Johnston, John B.	191, 193, 196, 201	1999
Johnston, Joseph	209	1995
Johnston, Lucille	198, 200	1990
Johnston, Maurice	241	1999
Johnston, Michael H.	139	1993
Johnston, Ralph E.	157	1986
Johnston, Newell C.	195, 196	1989
Johnston, Velma Brown	308	2000
Johnston, William H.	73, 74	1988
Johnstone, Margaet Mary	341	1994
Joiner, Melinda	358, 359	1994
Joiner, W. B. (Mack)	127, 128	1992
Joines, Aline Z.	196, 198	1993
Joines, Virgil	216, 218	1993
Jolley, Vincent	170	1997
Jome, Florence L.	323, 329	1998

Name	Page	Year
Jonas, Hilmar	161	1986
Jonas, Lela K.	77, 80	1999
Jonas, William James	26, 28	1989
Jones, Alice M.	164, 165	1995
Jones, Andrew T.	46, 47	1986
Jones, Anne A.	313, 314	1997
Jones, Beatrice R.	323, 325	1991
Jones, Bertiola H.	225	1990
Jones, Beulah L.	149	1995
Jones, Bruce D.	166, 167, 170	1995
Jones, C. W.	77	1988
Jones, Cecil O.	202	1987
Jones, Charles C. (Sr.)	72	1986
Jones, Charles Clinton (M. D.)	266, 270	1996
Jones, Curtis O.	240, 243	1988
Jones, David R.	199, 200	1989
Jones, DeForest	98, 100	1986
Jones, Dick	140	1988
Jones, Dorothy H.	229, 230	1989
Jones, Earl E. Jr. (Sonny)	18	1989
Jones, Edna C.	91, 92	1992
Jones, Elizabeth	201, 202	1986
Jones, Faye Parker	194	1990
Jones, Florence (Janie)	193	1988
Jones, Florence Edith	283, 284	1999
Jones, Foster L.	221	1986
Jones, Frances	231	1992
Jones, Frank M.	233	1994
Jones, Georgia	250, 252	1996
Jones, Gervis M.	179	1986
Jones, Gilbert David (Sr.)	313, 315	1999
Jones, Glen K.	344, 347	1992
Jones, J. D.	44	1990
Jones, James R.	168, 173	1998
Jones, Juanita H.	135	1988
Jones, Kimberly Land (Hough)	277, 279	1987

Name	Page	Year
Jones, La Verne	253, 254	1987
Jones, Leone	7, 8,	1992
Jones, Lindsey (Rudy)	66	1993
Jones, Lorine L.	156	1988
Jones, Lois S.	105, 106	1989
Jones, Lorena L.	6, 8	1999
Jones, Mabel	265	1988
Jones, Marion E.	122	1990
Jones, Mary L.	181	1989
Jones, Myron B.	221	1988
Jones, Myrtle	210	1992
Jones, Nellie M.	229, 230	1986
Jones, Nichole Elizabeth	30, 31, 32	1987
Jones, Norma L.	349	1999
Jones, Okley	275	1999
Jones, Orville	86	1996
Jones, Owen G.	282	1994
Jones, Ray L.	196	1988
Jones, Relda	454, 455	2000
Jones, Ronald	214	1998
Jones, Ronald T. (Sr.)	179, 180	1996
Jones, Rowill B	197	1987
Jones, Roy C.	38	1989
Jones, Ruth C.	206, 207	1986
Jones, Ruth L.	155, 159	1992
Jones, Samuel C.	129	1988
Jones, Stayton R.	312, 314	1996
Jones, Suel	170, 172	2000
Jones, Ted T.	120, 121	1986
Jones, Tony K.	47, 50	1996
Jones, Thelma E.	24	1994
Jones, Velma	48	1993
Jones, W. A. (Dr.)	195	1991
Jones, W. W.	388, 389	1998
Joos, Marian l, Shumaker	281	1997
Joplin, George H.	119	1986

Name	Page	Year
Jordan, Arthur Curtis (Ace)	302, 304, 305	1997
Jordan, Cecelia	71	1993
Jordan, Earl W.	122	1990
Jordan, Esther	296, 301, 302	1996
Jordan, Jack D.	426, 430	2000
Jordan, Lela	4, 5	1990
Jordan, Marjorie R.	347	2000
Jordan, Morris W.	117	1996
Jordan, Tandy	110	1988
Jordan, William P.	200	1987
Jordan, Wilma	189, 190	1995
Jordon, Dock	110	1988
Jordon, John C.	101, 105	1993
Jost, Evelyn	299	1999
Journey, Minnie	262	1986
Joy, Donald Gene	191, 194	1995
Joy, George C.	379	1995
Joy, James A.	212, 213	1991
Joy, Jo	11	1999
Joy, Lavrne	391	1994
Joy, Leonard R.	292	1992
Joy, Richard B.	16	1986
Joyner, Jack C.	88	1994
Juarez, Desiderio A.	231	1988
Juarez, Estella E.	142	1992
Juarez, Leon A.	127, 128	1991
Juarez, Manuel	158	1996
Juarez, Marta Alcozar	319, 320, 324	1992
Juarez, Pascual	30, 46	1993
Juarez, Rachel Monroy	300, 301	1996
Juarez, Sarah E.	203	1987
Juarez, Victoria G.	140, 141	1992
Juenke, Ervy Charles	246, 248	1987
Juenke, Freid R.	339, 340	1993
Juenke, Harry W.	187	1988
Juenke, Viola S.	165	1990

Name	Page	Year
Juhlin, D. L. (Pat)	25	1986
Jung, Alma	358	1995
Jule, Maxine	283, 285	1999
Jule, Wesley L.	251	2000
July, Clara C.	88	1994
Jung, Alvin	190, 195	1999
Jung, Florene	241	1993
Jung, Hillmar P.	15	1992
Jung, James Albert	31	1999
Jung, James M.	63	1992
Jung, Mary Gillaspy	180	1999
Jung, Virginia	101	1993
Juntunen, Leo R.	8	1996
Jureczki, Thelma L.	176, 177	1993
Jureczki, Travis Cody Joe	183, 184	1988
Jurgens, Kenneth James	408	2000
Jurgenson, Irene O.	292, 296	1992
Just, Edward J. (Jr.)	289	1994
Justice, Arenell, E.	356, 357	1993
Justice, James A.	164	1998
Justice, Joseph R.	253	1988

K

Kaczmarek, Carl R.	330	1999
Kagle, Judith Ann	108	1999
Kain, Douglas	256	1993
Kaiser, Emilie H.	213, 215	1987
Kaiser, George	307	1993
Kaiser, Jane E.	92	1996
Kajohn, Peggy	110	1989
Kalka, Agnes Cecilia	25	1998
Kalka, Christine M.	85, 86	1991
Kalka, Evelyn P.	119, 120	1988
Kalka, Henry L.	361	1996

Name	Page	Year
Kalka, Joseph L.	178, 180	1995
Kalka, Martin L.	212, 213	1990
Kalka, Susan	20	2000
Kalka, Sylvia	448	2000
Kalka, Willie	76	1997
Kallem, William	113, 115	1996
Kaminsky, Louis J.	281	1989
Kammer, Fern	10, 12	1998
Kammlah, Estella	8	1995
Kamper, Richard E.	170, 171	2000
Kampf, Dorothy	330, 332	1997
Kampfhenkel, Allyne Elliott	307	1999
Kanady, Velma A.	32, 34	1993
Kane, David	62, 63	1986
Kane, Joyce	153, 154	1996
Kane, Wayne T.	183, 185	1999
Kaough, Lois M.	406, 417	1999
Karaus, Barbara J.	80, 81	1996
Karaus, Louis J.	90	1996
Karcher, Arthur S.	136	1992
Karcher, Ruth N.	179, 181	1998
Kardouch, Paul Sharif	34, 337	1996
Karlson, Mary Ann	47, 48	2000
Karnes, Clint H.	406, 407	1995
Karr, Delbert G.	123, 124	1986
Karthauser, Rebekah E.	141, 146	1987
Kash, Karl	170	1999
Kass, Frank A.	241, 243	1993
Kastrup, Arnold P.	176, 177	1995
Katterman, Madelyn	95	1995
Kauffman, James B.	265	1996
Kaufhold, Capitola J.	212, 215	1992
Kaura, Clarence	367	1994
Kaw, Taik K.	177, 178	1994
Kay, Elizabeth C.	315	1991
Kay, Joseph M.	19, 21	1987

Name	Page	Year
Kearby, Jerome A.	180	1988
Kearney, Michael	307, 309, 313	1993
Kearns, Edward	85, 86	1992
Keefer, James A.	23, 25	1996
Keefer, James Spencer	9, 10	1989
Keefer, Tollie Mae	365, 368	1999
Keeley, Katherine	212	1997
Keeley, Pauline O.	132, 133	1996
Keeling, Georgia	21, 23	1995
Keen, Edith L.	74	1997
Keen, Juanita Puckett	87	2000
Keenan, Mary L.	423, 430	2000
Keene, Henry W. (Jr.)	33, 35	1988
Keeney, Lillie E.	328	1996
Keenon, Wayne	118	1995
Keeran, Kriss	3, 5	1996
Keese, Allen A.	280, 282	1990
Keese, Charles O.	127	1986
Keese, Cordelia Phelps	138, 142, 144	1998
Keese, Dorothy W.	102	1991
Keese, Dustin M.	126, 128	1989
Keese, Eugene R.	49, 52	2000
Keese, Jeff L. (Sr.)	135, 136	1992
Keese, James F.	68	1994
Keese, Julia E.	277, 278	1987
Keese, Laurence G.	345, 347	1996
Keese, Linnie G.	232	1988
Keese, Patti	110	1995
Keese, Stella Henderson (Honey)	130	1996
Keese, Vivian	249	1995
Keese, William	49, 50	1986
Keese, Willie	261	1996
Keester, Ruth Elizabeth	409, 411	1999
Keeth, Lucy Smith	242	1999
Kehner, Bernard L.	53	1996
Kehner, Karen S.	48, 49	1993

Name	Page	Year
Keidel, Margaret Kurtie	233	1997
Keil, Elizabeth E.	283	1990
Keile, Lillian V.	222, 223	1994
Keisling, Jack	232, 239	2000
Keith, Addie W.	258, 259	1989
Keith, Albert B. (Monk)	347, 352	1995
Keith, Andrew (Jack)	44	1988
Keith, Curtis L.	128, 129	1992
Keith, Doris	314	1992
Keith, Doris H.	109	2000
Keith, Frances Fullwood	297, 298	2000
Keith, Geneva H.	162, 164	1989
Keith, John M.	383, 386	2000
Keith, Mary E.	86, 89	1986
Keith, Mary Lee	216, 217, 218	1994
Keith, Nathanael Ruben (John)	273, 274	1990
Keith, Ruth L.	372	1994
Kelch, Alfred F.	84	1987
Kelch, Mrs. Alfred (Tillie)	10, 11	1989
Keleher, Maggie	333	2000
Kellam, Boby Lou Wall	131	1998
Keller, Betty C.	90, 91	1987
Keller, Doris A.	17	1991
Keller, Fannie J.	150, 151	1994
Keller, Katherine E.	37	1989
Keller, Melton (Mally)	39	1987
Keller, William P.	40	1993
Kellette, Sammy K.	388	1998
Kelley, Allene L.	265	1994
Kelley, Clara	103, 105	1989
Kelley, Clarke W.	255, 256	1988
Kelley, Claude J. (Jr.)	387	2000
Kelley, Clinton P.	161, 162	1986
Kelley, Clyde O.	405	1997
Kelley, James L.	226	1995
Kelley, Kathren K.	257	1995

Name	Page	Year
Kelley, Mart W.	220, 221	1989
Kelley, Mary	174	1989
Kelley, Mattie Stokes	17	1991
Kellner, Marvin	256	1998
Kellum, Charles E.	73	1986
Kellogg, Donald A.	170	1998
Kellow, Lillie M.	399	2000
Kelly, Arthur C. (Bud)	363	1994
Kelly, Daniel	291	2000
Kelly, Emma Lou	75	1994
Kelly, Evelyn M.	221, 223	1993
Kelly, Frank	88, 89	1995
Kelly, Geraldine	205	1994
Kelly, Harold Shaw	254	2000
Kelly, Helen G.	139	1993
Kelly, Knox	225	1989
Kelly, Mannie E.	183	1993
Kelly, Lloyd B.	110, 112, 125	1991
Kelly, Mary C. Tulloch	262	1987
Kelly, Rex	262, 264	1987
Kelso, Arlone M.	216	1995
Kelso, Carl H.	320	1996
Keltner, Homer C.	201, 203	1987
Kelton, John M.	123	1990
Kemp, Camilla A.	245, 347	1996
Kemp, James D.	93	1987
Kemp, Rose E.	313	1994
Kemper, Maggie	1	1995
Kendall, Howard	343, 344	1992
Kendrick, Charles R.	55	1987
Kendrick, Jack W.	369	1994
Kenley, Richard I.	301	1995
Kennedy, Aetna	49, 52	1998
Kennedy, Alla Mae (Kit)	60	1999
Kennedy, Alice A.	140, 141	1990
Kennedy, E. C.	358	1999

Name	Page	Year
Kennedy, Ethel	327	1994
Kennedy, Garwood A.	147, 148	1987
Kennedy, Harold J.	354	1998
Kennedy, Helen	296	1993
Kennedy, James T.	107	1986
Kennedy, Lewis D.	42	1990
Kennedy, Luther L.	182, 184	1995
Kennedy, Maggie H.	102, 103	1992
Kennedy, Mildred P.	205	1996
Kennedy, Neva Coffman	43, 44, 204	1997
Kennedy, Nezzie B.	10	1989
Kennedy, Palin L.	102, 103	1993
Kennedy, Roy Donald	42	1987
Kennemer, Wayne	252, 255	1992
Kennison, Burton	50	1995
Kenny, Clayton	95, 97	1992
Kenny, Henrietta	153	1988
Kenny, Juliana C.	95, 97	1992
Kensing, Billie Ruth Lovewell	157	1999
Kensing, Mrs. Edward S.	125	1988
Kensing, Kenneth L.	246, 247	1993
Kensing, Jean	408	2000
Kensing, Monroe	161, 162	1995
Kent, Clara D.	273	1991
Kent, Tyler G.	237, 239	1988
Kenyon, Darrell E.	43	1996
Kenyon, Paul	204	1996
Kerann, Venetta	376	1999
Kerchner, Wilhelmina	271	1999
Kerr, Franklin G.	234, 236	1986
Kerr, Helen	379, 380	1994
Kerr, Phillip D.	185	1987
Kessler, Charles Jesse	337, 338, 339	1998
Kesseler, Rosemary	197, 198, 201	1995
Kessler, Alice C.	37, 40	1996
Kessler, Oscar B. (Jr.)	244	1993

Name	Page	Year
Key, Mary Ellen	29, 31	1999
Key, William Michael	234, 236, 237	2000
Key, William O.	220, 221	2000
Key, Roscoe	119	1993
Key, Roy W.	275, 276, 277	1992
Keyes, Mary E.	399, 402	1997
Kezeler, Hazel	170	1993
Khitty, Wanda Pat	54	1994
Kick, Donald Lee	216	1996
Kidd, Clara Stapp (Mrs. James S.)	229	1987
Kidd, Katherine	47, 50	1996
Kidd, Mayme Lee	98	1991
Kiefer, Peggy M.	240, 242	1986
Kiehne, Edwin O.	118	1991
Kiehne, Frances Knopp	282	1989
Kier, Dawn Michele Pendley	251, 156	1993
Kies, Yvonne	61	1987
Kieschnick, Frieda M.	220, 222	1986
Kietten, Ruth	54	1995
Kievit, Ronald J.	397	1996
Kiewitt, Preston	207	2000
Kilborn, Marietta	67	1996
Kilgore, Catherine V. Mulcahy	179	1988
Kilgore, Charles W.	246	1991
Kilgore, Elmer H.	61, 62, 63	1991
Kilgore, George R.	361, 365	1998
Kilgore, Kelly	132, 133	1992
Kiliszewski, Walter A.	82	1991
Killer, Sarah M.	225, 227	1993
Killough, Elmo E.	32	1993
Killough, Martha A.	144	1988
Kilpper, William	228	1990
Kincaid, Charlcye	260, 261	1987
Kincaid, Frank T.	294	1998
Kincaid, Jack T.	131	1992
Kinchen, Ruby	257	1988

Name	Page	Year
Kinder, Benjamin	196, 197	1997
Kindla, Frances	14	1997
Kindla, John (Cordie)	287	1999
Kindla, John T.	33	1989
King, Alberta Bittel	44, 45	1998
King, Arthur	268	1989
King, Cecil	176	1997
King, Charles	67	1993
King, Dorothy E.	87	1993
King, Elizabeth F.	1, 3	1988
King, Elizabeth Ferguson	290	1987
King, Helen T.	53	1986
King, Horace M.	65	1986
King, James Joseph (Sr.)	320, 322	1998
King, Jewell B.	156, 157	1994
King, Lois I.	281	1997
King, Margaret D.	32, 35	1999
King, Margaret L.	12, 13	1988
King, Miles J.	4, 5	1992
King, Patricia Ann Wisener	37	1988
King, Robert	71	1993
King, Robert E.	108	1997
King, Rosetta	136, 139	1992
King, Ruth	357, 360	1992
King, Thomas J.	285, 287	1999
King, Vera	90	1999
King, Viola V.	51, 52	1991
King, Virginia M.	18	1990
King, William A.	236	1988
King, William Howard	88, 92	2000
Kingsburg, Jerome J.	268	1988
Kinler. D. Paul	124	2000
Kinman, Daymon W.	79	1993
Kinney, Fred	75	1993
Kinney, Harry C. (Jr.)	250	1991
Kinney, Jennings Bryant	276	2999

Name	Page	Year
Kinsberger, Myrta	326, 327	1996
Kinsel, Jane T.	42	1998
Kinsel, Jesse T.	162	1989
Kinsel, Jimmy	164	1989
Kinsey, Arnel (Sr.)	302	1995
Kinsey, B. P. (Pete)	105, 106	1993
Kinsey, Evie M.	30, 33	1993
Kinsey, Saloma	251, 253	1993
Kinyon, Joseph M. (Jr.)	173	1988
Kirby, Linvell H.	32	1986
Kirk, Jennie P.	30	1993
Kirk, Patricia Jean	269, 270	1997
Kirk, Raymond H.	353, 354	1992
Kirkendall, Elmer L.	48, 50	1988
Kirkindall, Aundee	214, 215	1991
Kirkland, Dwight	14	1990
Kirkland, Mary Lucy	55	1997
Kirkpatrick, Ada L.	32	1996
Kirkpatrick, Charles Cochran	65	1988
Kirkpatrick, L. B.	5	1994
Kirksey, Dawn M.	195	1994
Kirtley, Lillie L.	107	1993
Kirschner, Galen P.	197	1994
Kirschner, Lois	51, 53	1989
Kisch, Charles A.	212, 213	1987
Kisida, Cynthia	436, 439	2000
Kisida, Louis	101	1988
Kitch, Isabelle M.	53, 54	1991
Kitch, Kenneth H.	151, 152	1987
Kitchens, Charles B.	398, 400	1996
Kite, Mark Andrew	136, 137	1992
Kittell, Irving	62, 63	1988
Kitto, Belva P.	45	1993
Kittinger, Virginia S.	48, 49	1987
Kitzman, Arthur	92, 93	1994
Kitzman, Grace	291	1999

Name	Page	Year
Klaerner, Homer	225	1995
Klaerner, Viola E.	322	1992
Klein, A. C (Hotsie)	64, 66	1992
Klein, Arthur W.	2	1990
Klein, Barney (Sr.)	263	1989
Klein, Chester	18	1990
Klein, Cordelia M.	252, 253	1995
Klein, E. L. (Emo)	54	1989
Klein, Eldon	336	1999
Klein, Erhardt W.	271	1991
Klein, Felix F.	286, 287	1987
Klein, Fred B.	54	1996
Klein, Henry W.	339	1994
Klein, Hulda	44	1995
Klein, Jack	391, 393	1998
Klein, Janice	255	1994
Klein, Kenneth O.	317, 319	1995
Klein, L. P. (Tiny)	184	1988
Klein, Louise (Mrs. Conrad)	156, 157	2000
Klein, Lucille L.	307	2000
Klein, Mary Ruth Brooks	297	1999
Klein, Meta K.	184	1997
Klein, Milton J.	348	1999
Klein, Neva M. (Mrs. Felix)	263, 264	1999
Klein, Orien Lee	104, 105	1993
Klein, Richard P.	144	1991
Klein, Roland	324	1999
Klein, Rubin	291	1994
Klein, Warren Ernest	434, 436, 439	2000
Klein, Williaim C. (Jr.)	214, 215	1991
Kleinecke, Howard W.	233	1998
Kleinecke, Mary L.	59	2000
Kleinklaus, Fabiola	34, 36	1995
Klier, Francis A.	44	1990
Klier, Hedwig	32	1994
Kleis, Florence B.	260, 262, 263	1992

Name	Page	Year
Klett, Maurine	192	1992
Kleypas, Joann	316	1995
Klepatz, Judith Marie	117, 162	1999
Kline, Frederick Hays	390, 392	1999
Klingemann, James C.	195, 196	1988
Klingemann, Virginia G.	33	1994
Klingle, H. M. (Red)	246, 250	1996
Klingler, David R.	90, 91	1997
Klinksiek, Arnold	160	1994
Klinksiek, Lina K.	202	1991
Klinksiek, Olga Bohnert	55	1997
Klombies, Arthur G.	78, 80	1987
Klombies, Isabelle	229	1996
Kluckhorn, Rose E,	166, 167	1989
Klusmeier, William H.	163	1994
Knaack, Clarence E.	303, 304	1996
Knaack, Esther M.	185, 193	1999
Knapp, Charlie	126, 128	1988
Knapp, Leroy C.	23	1995
Knapp, Leta LuRee	366	1998
Knauff, Edith	110	1988
Knaupp, Lester	376	1995
Kneese, Emma Louise	207	1999
Kneese, Henry A.	64	1994
Kneese, Ida J.	65, 67	1994
Kneese, Raymond L.	67	1995
Kneese, Thomas M.	137	1986
Kneese, Travis D.	276	1997
Kneip, Mathias	89, 90, 92	1998
Knibbe, Haytee M.	130, 133	1997
Knight, Avie Lee	38, 39	1997
Knight, David R.	340, 342	1992
Knight, Vivian H.	260	1991
Knippa, John H.	51	1997
Knippers, Howard	235, 236	1990
Knipstein, Elvira A.	175	1992

Name	Page	Year
Knopp, Alex	312	1991
Knopp, Mary	97	1998
Knopp, May	216	1991
Knopp, Theo W. (Ted)	44	1994
Knopp, Vincent A.	45	1992
Knopp, Werner W.	224	1993
Knots, Milton C.	408	2000
Knott, Ida	143	1989
Knotts, Danaroze	111	1997
Knotts, Frankie	116	1987
Knox, Arnold K.	76	1989
Knox, Bernice (Chip)	121	1994
Knox. Betty	187, 189	1998
Knox, Charles D.	35, 36	1989
Knox, Charles R. (Sr.)	166, 167	1990
Knox, John H.	289, 291	1992
Knox, Millie R.	103	1986
Knox, Velma	86	1986
Kocak, Kathleen	319, 320	1995
Koch, Harold C.	208	1989
Koch, Georgia Rhey	329	1997
Koch, Mary Nell	233	1992
Koch, Minnie M.	64, 67	1999
Koehler, Elizabeth S.	42, 44	1994
Koehler, L. F. Earlan	397, 398	1999
Koehler, William	190	1997
Koehne, Eddy	78	1986
Koehne, Eddy	47	1998
Koeller, Lucille G.	359	1995
Koehler, Walter C.	12, 29	2000
Koenig, Charles	269, 273	1987
Koenig, Icie H.	85	1994
Koennecke, Arthur (Sr.)	156	1992
Koennecke, Edna	12	1993
Koennecke, Lonie Pankratz	41	1990
Koennecke, Percy	248	1992

Name	Page	Year
Kohan, Charles J.	74	1997
Kohls, Cynthia A.	252	1991
Kolmeier, Donna C.	359	1995
Kolmeier, Hendie	303, 305	1991
Kontos, Gordon C.	98	1988
Koon, Evelyn Hill	249	1992
Koonsen, Joseph E.	171, 172	1996
Koopman, Felton O.	9, 11	1990
Koranek, Eddie L.	43, 44	1991
Koska, Adolph J.	343	1997
Kosma, D. Elizabeth	155	1992
Kotara, Julia A.	76, 78	2000
Kotara, Lottie	287	1987
Kotara, Tracey Lee	305, 307, 309	1992
Kothmann, Lena Oehler	234	2000
Kott, Bertha Real	34	1987
Kott, Burton Walter	207	1987
Kott, Dorothea	44	1993
Kowalski, Chester J.	72, 73	1987
Kraft, Allan Tanner	181	1998
Krakau, Richard	57, 59	1986
Kramer, Mrs. Alfred	179	1987
Kramer, Arthur	5	1991
Kramer, Charles G.	261	1994
Kramer, Maggie	25	1996
Kramer, Thecla D.	29	1993
Kramer, Virginia	205	1996
Kranz, Joe C.	400	1999
Kraus, Marguerite	212	1995
Krauter, Anna E.	386, 390	1995
Krauter, Gladys	105	1995
Krauter, Leroy A.	299	1998
Kraxberger, Vincent E.	313	1992
Kreitz, Emma Friesenhaun	195	1991
Krengel, Paul E.	223	1991
Krich, Nicholas	236, 239	1994

Name	Page	Year
Krizek, Joe Frank	9	1996
Krohne, May K.	373, 376	1995
Krone, Nadine M.	375, 378	1999
Kronkosky, Albert	352	1995
Kruegar, Joseph	44	1988
Krueger, Grace	207	1996
Krueger, Leonard L.	263	1987
Krueger, Wilburn J.	269	1990
Kruger, Charity E.	60	1987
Krumnow, Annie Lou	371	1999
Kruse, Barbara Sue	39	1998
Kuchar, Earnest	108	1987
Kuchar, Jim	116	1988
Kuehn, Charles A.	9, 12	1990
Kuhl, Elizabeth B.	206, 207	1986
Kuhlman, Elsie A.	27	1996
Kuhlman, Lucy B.	75	1986
Kuhlman, Nelson Lawrence	78	1996
Kuhlman, Percy	43	1996
Kummerow, Joanne	368	1994
Kuntz, Walter H.	20	1992
Kunz, Edna	159	1991
Kunz, Elgin	269	1995
Kunz, James	392	1994
Kunz, Louise Z.	155	1991
Kunz, Richard J.	163	1995
Kunz, Rita Jenschke	351	1998
Kunz, Theo	13, 16	1995
Kunz, Vera R.	113	1997
Kunze, Minnie E.	383, 385	1997
Kuperman, Mary	93, 94	2000
Kupper, Roland (Dr.)	150	1989
Kurman, Rochelle	324, 326	1997
Kurth, Harold F.	174	1992
Kurz, Carl W.	276	1992
Kurz, Leona	226, 227	1997

Name	Page	Year
Kusch, Elizabeth	119	1988
Kutzer, Mrs. Walter	276	1987

L

Laas, Alma	184	1989
Laas, Perry J.	43, 45	1996
La Bonate, Carl E.	66, 68	1997
Lacey, Jack	113, 114	1989
Lachman, Lillian Thelma Wright	347	1999
Lackey, Della M.	336, 337	1994
Lackey, Ethel B.	422	1994
Lackey, Esther	259	1989
Lackey, Floyd (Sr.)	338	1992
Lackey, Ford F.	233, 234	1998
Lackey, Geneva F.	263	1994
Lackey, Howard B.	290, 293	1993
Lackey, John (Fred)	413, 416	1999
Lackey, John Frederick	3	2000
Lackey, Leota A.	201	1993
Lackey, Lewis Lange	379, 382	1997
Lackey, Peggy	86	1989
Lackey, Thomas Price	10	1989
Lacy, Francis H. (Jr.)	209	1989
Ladd, Richard	248, 249, 254	1999
Lady, John L.	338	1992
Laenger, Leslie Earl	272	2000
Lafferty, Margarette	106	2000
Lafko, Hilda M.	346	1998
La Fosse, Floyd	176	1997
La Four, Dalton	113	1998
La France, Marcel	118	1996
La France, Thomas E.	202	1989
Laganier, Paul	273	1991
La Garde, Everette S.	442, 443	2000

Name	Page	Year
Lagunas, Jose L.	75	1986
Lahm, Eva	106	1986
Lahm, Mrs. Evan	182	1986
Lain, Ora	75	1997
Laine, Lucien E.	84, 85	1988
Laine, Thelma B.	319, 320	1991
Laird, Horace M.	159	1986
Laird, Margaret	352, 353	1996
Laird, Ray	201, 202	1986
Laird, Reba	168, 178	1989
Laird, Wilson Morrow	163, 165	1997
Lake, Betty	235	1992
Lake, Donald O.	165, 166	1995
Lamantia, Roseanna	336, 338	1999
Lamb, Arminta M.	142	1988
Lamb, Charles Davis	81, 83	1999
Lamb, Nina	186	1989
Lamb, Violet L.	385, 387	1998
Lambert, Gerald	228, 234	1994
Lambert, Isabelle R.	133	1993
Lambert, James N.	243, 247	1996
Lambert, Thomas L.	282, 284	1989
La Meer, Claude	24, 25	1986
La Meer, nina	402	1997
Lamoreaux, Grace C.	428	1995
Lancaster, E. G. (Lanny)	365, 366	1994
Lancaster, Glen	229	1997
Land, Eileen	133, 134	1993
Land, Helen R.	134, 135	1994
Land, Minnie W.	377, 380, 381	1999
Land, Ora M.	3	1990
Land, Raymond W.	124, 125	1989
Landay, Charlotte S.	26, 29, 47, 49	1992
Landers, Blanche B.	354	1992
Landers, Frank	30, 33	1999
Landess, C. W.	64	1988

Name	Page	Year
Landgrebe, Dan H.	274, 275	1994
Landreth, Noel E.	417	1994
Landrum, C. R. (Raymond)	380, 381	1998
Landrum, Elmer B.	92	1996
Landrum, Hazel G.	283, 285	1998
Landry, Clayton	98, 100	1994
Landry, Rovilla M.	18	1997
Lane, Elma S.	308	1991
Lane, Girdon W.	106	2000
Lane, Jessie E.	35, 36	1987
Lane, Lallie	30	1988
Lang, Doris	362	1994
Lang, Francis W.	45, 47	1989
Lang, Lillian D.	33	1986
Lang, Marlene Sutch	303	1990
Lang, Moye E. Townsend	336, 337	1998
Langan, William V.	189	1986
Langdon, Marie A.	169, 173	1994
Lange, Alton R.	4	1996
Lange, Charles J.	4	1994
Lange, Elmer J.	333, 334	1992
Lange, Frances K.	198	1994
Lange, Frank A.	77	1987
Lange, Mary L.	28, 29	1997
Lange, Orville R.	95, 96	1989
Lange, Paul L.	47	1992
Lange, Theta Allen	186	1995
Langford, Alice S.	177, 178	1995
Langford, Earl C.	117, 119	1995
Langford, Eliza	91	1993
Langford, Emma	58	1991
Langford, John R.	92	1988
Langford, Marjorie F.	44	1987
Langford, Odessa M.	330	1996
Langford, Rebecca	93	1993
Langhenning, James	330	1996

Name	Page	Year
Langhenning, Stella	123, 126	1990
Langley, Carl N.	248	1996
Langley, Glenda	39, 40	1991
Langley, Rosalind	63, 64	1993
Langridge, Joseph Antonio	331	1996
Langston, Bonnie H.	176, 177	1993
Langston, Claude	72, 73, 74	1989
Langston, Ethelyn	19	1994
Langston, Matthew	191, 192	1989
Lankford, Charles E.	57, 60	1986
Lankford, Ila F.	299	2000
Lankford, Wanda Berniece Thompson	397	2000
Laning, William C.	282	1994
Lanning, Gertrude	306, 308	1992
Lanning, Mary Jane	157	1992
Lapham, Ella M.	253	1993
La Porte, Allen R.	47, 51	1996
Lansford, Erdie	391	1997
Lantrip, Henry B.	209	1987
Lara, Albert B.	81	1987
Lara, Gladino M.	342	1992
Lara, Joe	95	1986
Lara, Margarita H.	348	1992
Lara, Raymond V.	363, 365, 366	1995
Laracy, Elizabeth C.	160, 161, 163	1990
Laracy, Elizabeth C.(?Jacqueline)	206	1993
Laracy, Jacquelyn C.	211	1993
Laracy, Stanley R.	195, 196	1998
Large, Viola	192	1988
Larkins, George C.	272, 273, 274	1989
Larson, Eryk	265	1998
Larson, Eva Ruth	446	2000
Larson, Richard B.	398, 401	1996
La Rue, Mrs. M. K. (Eliz. D.)	105, 107	1995
La Salle, Mary C.	206, 210	1995
La Salle, Natalie R.	311	1992

Name	Page	Year
Laskowski, Frances	123	1998
Laskowski, Michael	110, 111	1991
Laskowski, Vincent	212, 213	1986
Lassen, Warren A.	212	1987
Latham, Dorothy	223	1994
Lathan, Samuel C.	202	1991
Latimer, Ralph P.	24, 26	1997
Latta, Ruth S.	306	1994
Laue, Helen	131	1999
Laughlen, Fern C. Day	361, 363, 364	1997
Laumann, Karol Ruth	334	1997
Laun, Edwin C.	248, 249	1993
Laun, Lillian E.	119	1988
Laurel, Amado A. (Jr.)	5	1988
Lavarre, Noemie (Mimi)	28, 29	1989
La Vasseur, Archie	37, 38	1991
Lawhorn, Norma L.	396	1996
Law, James	230	1998
Lawless, Melba W.	17, 20	1996
Lawless, Roy L.	325	1996
Lawley, Alma D.	261	1988
Lawrence, Anna Perry Mallette	276	2000
Lawrence, Carol	147, 164	1998
Lawrence, Nellie	92, 94	1998
Lawrence, Sue C.	170, 171	1991
Laws, Daniel Rees	20, 321, 323	1991
Laws, Hazel Powell	102	1997
Lawson, G. F.	261	1986
Lawson, G. F.	2	1987
Lawson, Lydia R.	25, 26	1988
Lawson, Maryann	314, 319	1999
Lawson, Rolan W.	193	1998
Lawson, Walter A.	245, 248	1995
Lea, W. E. (Bill)	73	1995
Leach, Bernice C.	48, 49	1991
Leach, Edward C.	197, 199	1996

Name	Page	Year
Leach, Jim P.	257	1994
Leach, Lucille	352	2000
Leal, Brandon R.	372, 376	1995
Leal, Cecelia	124	1994
Leal, Lourdes	99, 101	2000
Leal, Refugia G.	373, 375	1996
Lear, Dean E.	115	1996
Leatham, Mc Kinley B.	181	1991
Leatherman, Herman O.	59, 60	1987
Leatherman, Opal	180	1994
Le Blanc, Lucy C.	60, 107	1992
Le Brock, Martha	10	1996
Lechinger, Joseph	96, 97	1988
Ledbetter, Wilma Florence	43, 51	1989
Lee, Alice	253	1988
Lee, Alma R.	45	1986
Lee, Andus	151	1987
Lee, Archie A. (Sr.)	45, 46	1999
Lee, Beulah E.	191	1998
Lee, Burnett	146, 147	1989
Lee, Charles R.	96	1988
Lee, Charlie	187	1993
Lee, Dorris Voight	370	1998
Lee, Earl E.	61	1988
Lee, Feliz Salinas	247, 249	1987
Lee, Floyd E.	386	1995
Lee, Gertrude T.	184	1996
Lee, H. B. (Bob)	360, 361	1995
Lee, Hazel	265, 268	1988
Lee, Hazel	1	1989
Lee, Herman J.	304, 305	1997
Lee, Jack William	291	1997
Lee, Jewel Brown	403, 405	1997
Lee, Leann	176	1993
Lee, Leatrice	29	1997
Lee, Leo Alwin	34, 36	1998

Name	Page	Year
Lee, Lillian S.	249	1990
Lee, Lorena	54, 55	1992
Lee, Louis E.	97, 99	1991
Lee, Mary E.	9, 13	1990
Lee, Mary Jane	125	2000
Lee, Mattie Lena	40	1999
Lee, Obie	248	1990
Lee, Percy O. (Sr.)	395, 397	1997
Lee, Rachel	38	1995
Lee, Ray	174	1995
Lee, Robert E. Lee	26, 27	1989
Lee, Tressie	87, 88	1992
Leeder, Helen	101	1993
Leffman, Linda L.	22, 25	1992
Legg, Mrs. Ira A.	281, 282	1989
Legg, Wylie	37, 38	1986
Leggett, Donald R.	348	1995
Leggett, Thane	265	1997
Lehmann, Bernice	88	1994
Lehmann, Bessie Brigance	112, 113, 114	1993
Lehmann, Frances M.	314, 315	2000
Lehne, Addie Lusby	126	2000
Lehne, Kevin J.	215, 216	1995
Lehne, Varina	45	1994
Lehr, Bonnie A.	190, 193	1994
Leibold, Milton H.	124	1999
Leibold, Wilfred J.	67	1986
Leibowitz, Louis P.	232, 233	1986
Leigh, George E.	173	1988
Leimantine, Chris	199, 200	1988
Leinweber, Clarence L.	26, 28	1995
Leinweber, Mrs. J. A	94	1986
Leinweber, Jean	18, 19	1989
Leinweber, John T.	260, 262	1992
Leiserine, Fred A.	304	1990
Leistikow, Janie	194	1986

Name	Page	Year
Leitch, Betty N.	284	1995
Le Master, Joe	77	1995
Le Master, Mary E.	225, 229	2000
Le May, Violeta	185	1987
Lemeilleur, Ray	169, 170	1989
Lemmon, Katherine D.	26, 27	1992
Lemmon, Merrill K.	119, 120	1989
Lemmon, Merrill K. (Jr.)	163	1987
Lemmons, Bessie R.	5	1995
Lemmons, Marion F. (Bud)	26, 27	1994
Le Moine, Andew E.	242	1989
Lemoine, Thelam V.	79	1992
Lemoine, Winnie T.	236, 239, 241	1992
Lemond, Arlene	305, 307	2000
Lemond, Eugene H. (Buck)	229, 230	1989
Lemond, Phares E. (Sr.)	293	1992
Lemond, Virginia	87, 88	1992
Lemons, Marjorie E. (Mrs. R. E.)	166, 167	1987
Lemons, Mary Harlow	311	1991
Lemons, Mozelle E.	334, 335	1995
Lemos, Frances	99, 103	2000
Lenard, John H.	44	1990
Lenertz, Hilary	261, 262	1986
Lenhart, Coy S.	361, 363	1996
Lennon, Virgil G.	197	1987
Le Noir, Marie Mannering	355	1993
Lenton, Mary A.	252	1998
Lenz, Elmer F.	65	1987
Leonard, Adrian Blake	215, 216	1990
Leonard, Bertha Jarmilla	40	1998
Leonard, Dorothy	115, 119	1997
Leonard, Glen A.	74, 75	1989
Leonard, Marvin Calvin	83	1999
Leonard, Theodore	198	1986
Leonard, Thomas D.	187	1990
Lepine, Leo	98, 99	1988

Name	Page	Year
Lera, Margaret L.	202, 204	1991
Lesek, Mary Gay	348	1998
Leslie, Fern A.	357, 360	1997
Leslie, Meldon E.	160, 162	1999
Lesperance, Dorothy M.	337	1992
Lesser, George Franklin (Jr.)	157, 159	1997
Lesser, Helen	355, 359	1999
Lester, Grace Wilburn	201, 202	1999
Lester, Robert L.	223	1999
Letcher, Louise	49, 50	1993
Levensailor, Lillie L. Reagan	188, 189	1986
Leverett, Homer W.	156, 159	1998
Leverett, Irene	64	1989
Levi, Hovey H. (Jr.)	209	1999
Levinton, Cecelia	241, 244	1997
Lewis, Amelia	300	1992
Lewis, Ann M.	312, 313	2000
Lewis, Bob	218	1989
Lewis, Bill	378, 380	1997
Lewis, Charles P.	351	2000
Lewis, Cora Valerie	229, 232	1990
Lewis, Daisey Belle Clark	360, 361	1999
Lewis, Ed L.	257, 258	1989
Lewis, Ellis L.	4, 7	1992
Lewis, Elwood	55	1991
Lewis, Frances C.	343	1992
Lewis, Henry	6, 7	1989
Lewis Ione	128	1993
Lewis, Israel (Tiny)	403, 405	1997
Lewis, Iva V.	39	1994
Lewis, Ivan W.	130, 132, 133	1995
Lewis, J. P.	74	1996
Lewis, Jack C.	360	1994
Lewis, James Hubert	116, 117	1991
Lewis, Jasper Dale	410, 411	1995
Lewis, Lisa	201, 203	1991

Name	Page	Year
Lewis, Louise E.	251, 253	1992
Lewis, Mabelle (May)	187, 1898	2000
Lewis, Milton	154, 155	1990
Lewis, Mary S.	226, 227	1988
Lewis, Richard M.	258, 259	1993
Lewis, Ronald D.	74	1988
Lewis, Sarah E.	135	1997
Lewis, Vernon C.	375	1994
Lewis, Virginia A.	100, 102	1989
Lewis, Wilfred	233, 237	1995
Lewis, Will Harvey	304	1998
Lewis, Wilmer M.	2	1986
Leyden, Robert F. (Dr.)	7	2000
Leyendecker, Henry W.	312	1991
Leyendecker, Joseph Patrick	213, 216	1989
Leys, Victor B.	110, 111	1989
Liberti, Larry	155	1995
Lich, Arthur W.	328, 329	1991
Lich, Gary Wayne	297	1999
Lich, Glen	322, 324, 325	1997
Lich-Taylor, James E.	144	1996
Lich, Nora E.	149, 150	1996
Lich, Patrick A.	329	1995
Lich, Rita Ann	50	1989
Lich, Susan	70	1997
Lich, Victor	274	1991
Liddle, Ethel R.	1, 3	1998
Liebler, Lillian	2	1996
Liedel, Bruce B.	104, 105, 107	1996
Liedel, Gayle	355, 358	1997
Liedtke, Chester H.	349	1998
Lielke, Jeffery John	51	1988
Liesmann, Velma F.	62	1996
Liggett, Cecil	153, 155	1986
Light, Burnice	38	2000
Light, Clarence	86, 89	1986

Name	Page	Year
Light, Nelda Gene	92	1986
Light, Rebecca	125	1992
Light, Richard H.	176	1986
Lightner, Helen C.	173, 179	1994
Lightner, Lee M.	79, 80	1992
Ligner, George A.	26, 27	1987
Ligon, Rebecca J.	151	1990
Lillard, Robert	309	1993
Lime, Freda E.	310, 312	1996
Lincecum. M. T.	398, 400	1995
Lindeman, Deanie	168	1989
Lindemann, Dorothy M.	144, 146	1999
Lindeman, Lloyd L.	17	1988
Lindemann, Ben A. (Sr.)	158	1988
Lindemann, Helen O.	242	1986
Lindemeier, Mildred L.	237, 239	1994
Lindhorn, Paul H.	13, 14	1995
Lindley, Pat M.	281, 282	1992
Lindner, Clayton M.	265	1989
Lindner, Frieda	108	1989
Lindner, Mary (Tullie)	50	1989
Lindner, Winston C.	130	1993
Lindquist, Kent M.	164	1987
Lindsay, Mrs. George	14	1992
Lindsey, Dorothy E.	95	1998
Lindsey, James C.	222, 225	1998
Lindsey, Jimmie W.	167	1994
Lindsey, Mary Lee	115	1986
Lindsey, Onetta	293	1997
Lindsey, Robert H.	267	1990
Lindsey, Roy	157	2000
Linebarger, Hosea A. (Red)	1, 4	1998
Linebarger, Mary R. W.	233, 235	1987
Lines, J. C.	92, 94	1996
Lingle, Mrs. Leland (Sr.)	180	1989
Link, Virginia Elizabeth Rives	127	1999

Name	Page	Year
Linn, Winnie Ann Hatch	44	2000
Linn, Rankin H.	124, 125	1997
Linney, Lola V.	228, 229	1987
Linney, Oryan	144	1996
Linscheid, Chester H.	100, 102	1988
Linscomb, Gilum M.	80	1993
Linscomb, Hattie L.	274, 276	1997
Linthicum, Wilma M.	363, 365	1997
Lipe, John A.	34	1995
Lisi, Ottilie	369	1994
Liska, Darleen D.	206	1996
Littell, Amy F.	24	1987
Little, Alyeene B.	92	1991
Little, James Ernest	1, 5	2000
Little, Mary	16, 17	1986
Little, Maxyne Clark	96	2000
Little, Odis P.	140	1990
Little Paula Sue	220, 221	1999
Littlefield, George W.	271, 272	1991
Littlefield, Roy R.	37	1995
Littlepage, Ola V.	128, 129	1987
Littlepage, Randy	222	1999
Littler, James C. (Sr.)	83	1994
Litton, John W. (Buzzy)	109, 209	1999
Litzinger, John J.	170	1994
Lively, Hazel Glendean	315, 317	1996
Lively, Oran W.	13	1998
Livengood, Gerald S.	117, 119	1993
Livingston, Charles S.	261, 262	1988
Livingston, Charles S (Dr.)	1	1989
Livingston, Christopher J.	67, 71	1991
Livingston, Dewey K. (Sr.)	121, 123	1993
Livingston, Mildred L.	119	1995
Ljungdsahl, Harold L.	269	2000
Lleti, Florinda	49	1988
Llewellyn, Ruby	333, 339	1999

Name	Page	Year
Lloyd, Bridget	56	1992
Lloyd, C. Leonard	77	1997
Lloyd, Dora	109	1999
Lloyd, Roger W.	121	1997
Lloyd, W. W.	142, 143	1986
Lochte, Olga	132	1994
Lock, Howard	206, 207	1986
Lock, Lois Lucille	204	1998
Lock, Troy E.	56	1996
Lockaby, Jennie B.	94, 98	1991
Lockard, Richard P.	193	1998
Locke, A. J.	34, 37	1998
Locke, Henry C.	213, 214	1987
Lockhart, Jack D.	162	1991
Lockridge, John T.	244, 245	1986
Locklear, Jasper, D. (Sud)	207, 214	1998
Loden, Bee	150	1998
Loden, William M.	136	1991
Loeb, Dwight B.	202, 204	1986
Loesberg, Leora R.	77	1986
Loeffler, Ben E.	228	1994
Loeffler, Bernice	10, 11	1988
Loeffler, Reuban S.	43	1992
Loesberg, Jimmie M.	148	1997
Loessberg, Jewell	17, 18a	1986
Lofley, Betty L.	295	1992
Logan, Betty Jean Doss	197, 199	1992
Logan, Carlee	200, 204	1992
Logan, Charlene M.	318	1995
Logan, Velma G.	244, 246	1986
Logan, William Malcolm	103	1999
Lohman, Bertha Lee	22, 23	1999
Lohman, Theodore F.	45	1992
Lohn, Willaim Edward	161	1990
Lomaken, Alexander	87, 89	1988
Lomax, Lola B.	201, 202	1986

Name	Page	Year
Lombard, Nora M.	156, 157	1993
London, Hazel B.	74	1999
Long, Betty M. Klein	234, 235, 237	1991
Long, Cheyenne A.	99	1993
Long, Herbert S. (Jr.)	223	1986
Long, Hilda	4	1994
Long, Jim R.	253	1996
Long, Johnny R.	235, 238	1988
Long, Marjorie G.	131	1994
Long, Milton M.	240, 243	1986
Long, Robert H.	182, 183	1999
Longley, Tommy K.	251, 256	1993
Longworthy, Dorine	344, 347	1997
Looger, Lillian	253, 254	1991
Looger, Lloyd	230, 232	1993
Looker, Johnnie Lucille	87	1999
Looker, Lonnie	49	1989
Looney, Norwood D.	160	1994
Looney, Richard C.	90, 91	1986
Loop, Christopher R.	199	1989
Loop, Matthew S.	136	1988
Lopez, Adolfo R.	216	1994
Lopez, Augustine	51	1987
Lopez, Danielle Nicole	104, 105	1989
Lopez, Herman M.	400	1995
Lopes, Joe	389	1998
Lopez, Joe Trevino	239, 240	1987
Lopez, Julian Trevino	243, 256	1999
Lopez, Leanor C.	252	1994
Lopez, Manuel G.	134, 135	1986
Lopez, Omar Reymario	191	1999
Lopez, Pedro C.	17	1998
Lopez, Rachel	239, 240	1987
Lopez, Raul G.	165, 166	1999
Lopez, Raul G. (Jr.)	239, 240	1999
Lord, Michael E.	190	1989

Name	Page	Year
Lorenz, Clara E. Leyendecker	46, 50	1999
Lorenz, Jessie Garrett	149	1990
Lorenz, Lisa	242, 244	1990
Lorenzen, Gladys O. (Veda)	380	1994
Lorenzen, John William	159	1999
Lorenzen, Theron T. (Hank)	242, 243	1994
Lorick, Alexander William	162	1988
Lorimier, Anna M.	150	1993
Losey, Judith K.	63, 64, 67	1998
Loth, Mrs. Frank	156	1990
Lotspeich, James P.	400	1994
Lotspeich, James P.	17	1995
Lotspeich, Thelma G.	314, 315	1992
Lotspeich, Van B. (Jr.)	158	1990
Lott, August C.	75, 77	1996
Lott, Charles	43	1988
Lott, Evelyn L.	51	1988
Lott, Lewis L.	345, 348	1996
Lott, Margie E.	202	1994
Lott, Wesley A.	347	1992
Loubet, Blake	13	1992
Loubet, Gertrude B.	8	1992
Loubet, Mac	165, 166	1988
Loudon, Ann	212	1993
Loudon, Eugene O.	245	1987
Loughmiller, Tracey Michelle	103, 104	1995
Loup, Steve F.	50	1990
Love, Albert (Jr.)	178, 180	1987
Love, Bill	201	1989
Love, Elvira	340, 341	1992
Love, Enola Klein	264	1999
Love, James A. (Sr.)	92	1999
Love, Jonny B.	201	1987
Love, Orien L.	57, 58	1996
Love, Robert Ernest	362	1998
Love, Thomas H.	285, 286	1987

Name	Page	Year
Love, Vernon B.	317, 319	1991
Lovelace, Claribel Lee	8, 9	1989
Lovelace, Dorothy	306, 307	1991
Lovell, James A.	99	1995
Lovell, James R.	258	1992
Lovell, Jimmy	297	1993
Lovett, Gordon	326	1993
Lovett, Walter W.	229, 231	1990
Low, T. B. (Jr.)	287, 289	1987
Lowe, John K. (Sr.)	279, 280	1987
Lowe, Paul G.	86	1994
Lowery, Donald R.	98, 99	1986
Lowrance, Ed	162	1997
Lowrance, H. B.	75	1993
Lowrance, Irene	365, 367	1995
Lowrance, Tommie Isabell Tucker	344	1997
Lowrie, Jeanne Doris	399	1998
Loyd, Laura J.	174	1989
Loyd, William R.	182	1987
Lozan, Cecil A.	147	1993
Lozano, Antonio A.	183	1988
Lozano, Genevieve	134, 137	1999
Lozano, Stephanie A.	282. 283	1990
Lubin, Marvin D. (Sr.)	157, 159	1994
Luby, Donald	121	1990
Luby, Jeanette C.	242	1996
Luby, Mary Lou Davis	198	1991
Lucas, George (Jr.)	189	1991
Lucas, Gwynne B.	5, 8	1998
Lucas, Kevin M.	307	1992
Lucas, Paul A.	204, 205, 207	1989
Lucass, Corynne H.	103, 104	1988
Lucid, William	273	1995
Luckett, Beadah I.	169, 170	1991
Luckemeyer, Christian F.	66, 67, 68	1987
Luckemeyer, Louise C.	113, 114	1988

Name	Page	Year
Luckemeyer, Lawrence W.	302	1990
Luckenbach, Charles Eugene	18, 19, 21	1998
Luckenbach, James E. (Jr.)	253	1998
Luckenbach, Kermit	294	1995
Ludwig, Bertha	186	1995
Ludwig, Johanna	329	1994
Ludwig, Richard L.	116, 117	1994
Luglan, Melba P.	166, 169	1990
Luglan, Orey L.	45, 47	1986
Lumpkin, Robin	21	1995
Luna, Rachel Smith	305, 308	1996
Lund, Sandra D.	140	1991
Lundeen, Betty	4	1987
Luneau, Virginia L.	235	1995
Lundh, Gladys Shirely	182, 184, 234	1994
Lurati, Joe	299	1990
Lurker, Howard (Jr.)	47	1998
Lustig, Tiffany	9	1997
Luther, Horace Norman	65, 66	1989
Luther, Leland	119, 120, 125	1993
Lux, Walter	324	1991
Lyle, Ed W.	176, 177	1990
Lyle, William	8, 10	1998
Lynch, Edward P.	113, 114	1994
Lynch, Eunice C.	49, 52, 53	1992
Lynch, James Louis	304	1993
Lynch, John A.	222, 223	1990
Lynch, Margaret Gertrude	330	1997
Lynch, Vincent T.	184, 185	1986
Lynch, Virginia D.	46	1994
Lyngaas, Jon	238	1986
Lynn, Harry	146, 147	1989
Lyons, Clarence L.	311	1995
Lytle, Bernice	8	1998

Name	Page	Year

M

Name	Page	Year
Maas, William J.	139	1997
Maass, Dora C.	51, 52	1993
Maass, Edwin H.	315, 317	1992
Maass, George M. (Sr.)	12	1991
Maass, William (Jr.)	114	1987
Mabry, Cameron Rita	32	1989
Mabry, Ethel M.	65	1994
Mabry, Ruth A.	42, 43	1986
Mabry, Willie	266	1999
Mac Donald, Donald	94, 96	1994
Mac Donald, Fern	135	1997
Mac Donald, Josephine	272, 274, 324	1998
Mac Donald, Mary Alice Penn	44	1998
Macher, Henry	280	1992
Macialek, Juanita F.	203	1999
Mac Iver, Elizabeth A.	212, 218	1996
Maciver, Malcolm	236	1995
Mack, Calvin L.	342	1993
Mackey, Marjorie Dorrelle	277	1999
Mackey, Richard H.	37	1999
Macklin, Alva L.	90	1996
Macklin, Lee (??Alva L.??)	92	1996
Macredie, Harriet C.	241	1986
Mac Tavish, Emma D.	42, 45	1990
Macy, Vernon W.	240	1997
Maebius, Gertrude F.	92, 94	1991
Maddox, Betty Lea	310	1996
Maddox, Blanche	167	1996
Maddox, Howard	243, 245	1989
Maddox, Oscar P. (Billy)	122	1989
Maddry, Thomas	351, 355	1998
Madigan, Thomas M.	80	1992
Madole, William	277, 279	1996
Madrid, Mario V.	248, 251	1988

Name	Page	Year
Madrid, Robert F.	184, 188	1997
Madsen, A;va Charles (Dr.)	144, 145	1998
Maffet, Zelma	198, 199	1995
Magee, David W.	248	1994
Magee, Sam D.	423, 427	1995
Magers, Lloyd (Sr.)	188, 189	1988
Maggio, Louis E.	1, 3	1989
Magness, W. Otto	149	1989
Magoon, Pearl S.	244, 262	1989
Magoon, Ruby M.	56, 58	1992
Mahaffey, Billy Floyd	130, 131	1986
Mahaffey, Mamie B.	154, 156	1987
Mahaffey, Wilma	129	1999
Mahder, Gertrude	29, 30	1998
Mahlke, Doris J.	193	1998
Mahlmann, Walter C.	100	1988
Mahoney, Imogene (Genie)	104	1999
Mahood, Malla B.	305, 306	1994
Mahood, Violetta A.	297, 301	1999
Maier, Hallis	146, 149	1996
Maier, Joseph H.	82, 84	1987
Maier, Nathan D.	127	1997
Main, Doris W.	252	1987
Mainland, Barrie f.	392, 396	1997
Mains, C. L. (Charlie)	18	1990
Maize, Viola	206	1993
Maldanado, Rodalfo V.	194	1989
Maldonado, Alvin A.	340	2000
Maldonado, Jose A.	167	1996
Maldonado, Jose M.	277	1991
Maldonado, Nicholas	245, 246	1988
Maldonado, Pedro	280, 282	1987
Maldonado, Tarcisio	248	1994
Maley, Herbert	63, 65, 66	1992
Malin, Alfonso W.	110	1987
Malin, Mary A.	143	1988

Name	Page	Year
Mallery, William R.	369	1995
Mallet, Mark	170	1996
Mallone, William A.	210	1997
Mallory, Jasper Thomas	341, 342	1996
Mallory, Mildred F.	210	1998
Malltby, Raymond	100, 101, 103	1998
Malochleb, Edward A.	15, 16	1993
Malone, Bernard T.	326	1999
Malone, Gene	220	1987
Malone, William (Carl)	158, 159	1996
Maloney, Earle F. (Jr.)	190, 191	1996
Maloy, James Ryan	311	1991
Maltby, Betty C.	351, 352	2000
Maltsberger, Douglas William	3	1997
Maltsberger, Evelyn	33, 34	1989
Maltsberger, Jerry D.	33, 34	1989
Mancha Yanacio G.	19b	1986
Mancini, John F.	8, 11	1987
Maner, Albert	340	1993
Maner, Elizabeth A.	242	1995
Manes, Louisa A.	80	1988
Manes, Oscar B.	190, 191	1988
Maness, Frances	57, 58	1991
Mangen, Jena Lee	54, 55	1998
Mangham, Laura E,	274	1989
Mangham, Parker G.	103, 104	1987
Mangum, Allie R.	143	1986
Mangum, Clyde V.	41	1986
Mangum, Jewel Mae	448	2000
Mangum. Shelton E.	109	1988
Manifold, Kenneth M.	29, 31, 33, 36	1995
Manion, Raymond W.	15	1987
Mankin, Terri Lyn	40, 41	1987
Mann, Aaron D.	234, 235	1994
Mann, Betty C.	222, 225	2000
Mann, Edward C.	152, 153	1986

Name	Page	Year
Mann, H. Dewey	117	1989
Mann, Hazel Irene	28, 30	1998
Mann, Mary L.	55, 59, 61, 65	1995
Mann, Paul F.	221, 223	1997
Manning, Leona J.	331	1995
Manning, Nannie Stafford Brooks	295, 297	1991
Manning, William K. (Ken)	153	1992
Manny, Henry J.	92	1988
Manris, Maria Torres	27	1998
Mansenerious, Perlie	294	1996
Mansfield, Charles R.	248, 250	1994
Mansfield, Frank H.	223	1989
Mansfield, Gertrude G.	212, 215	1992
Mansfield, Kitty	45	2000
Mansfield, Luelba	200	1990
Mansfield, Richard B.	191, 194	1990
Mansfield, Robert L.	45, 47	1991
Manuel, Anna K.	265	1990
Manville, Donald	15	1990
Mapes, Bliss C.	304	1994
Mapes, Carolyn	190	1996
Maples, Fred Thomas	81, 82	1999
Maples, Leon F.	39, 40	1997
Marberry, Mary Lucy	136	1989
March, Lonnie M.	346, 350	1993
Marchant, Delm E.	41	1996
Marcum, Cathy	34	1996
Marek, Walter E.	363, 365	1999
Margarian, Martin K.	27	1991
Marines, Modesta A.	11	1996
Marines, Natalia	8, 10	1990
Maris, Darlene	118, 120	1998
Maris, Majorie B.	27, 29, 32	2000
Markham, Ethel C.	377	1994
Markham, Thomas	124	1993
Marks, Emory M.	235	1989

Name	Page	Year
Markwordt, Edan	297	1992
Marlo, Harry	269, 170	1990
Marlo, Jenny M.	253, 255	1996
Marquardt, Mrs. Otto (Nellie Doebbler)	74, 76	1991
Marquart, Arlene	136	1995
Marquart, Ernst	24	1993
Marquart, Herbert Otto	24	1996
Marris, Leonard Fred	98, 100	1991
Marr, Agnes	365	1997
Marrs, Totsy	197, 198	1989
Marschall, Dorothy (Mickey)	194	1997
Marschall, Louise Frida	48	1997
Marsh, Dessie R.	384, 387	2000
Marsh, Edgar F.	265, 267	1990
Marshall, Adrain J.	216, 217	1986
Marshall, Betty L.	310, 311	1990
Marshall, Diane	147	1997
Marshall, Ell Virginia	355, 356	1996
Marshall, Everett E.	269, 271	1990
Marshall, Joseph Earl	187, 190	1998
Marshall, Loreita	95, 99	1998
Marshall, Marie	37, 40	1996
Marshall, Paul S.	294	1994
Marshall, Rosemary	243, 246	1992
Marshall, William D.	353, 355, 367	2000
Marston, Arthur A.	212	1996
Marten, Ruth M.	104	1992
Martin, Alma Pursley	251, 254	1992
Martin, Alta (Tiny)	18	1991
Martin, Billy G.	141, 143	1994
Martin, Billye D.	343, 345	2000
Martin, Bobby Lee (Sr.)	71	1999
Martin, Byron E.	317, 319	1997
Martin, Chester	120	1988
Martin, Clara R.	223, 225	1996
Martin, Elizabeth D.	195	1986

Name	Page	Year
Martin, Elva Ruth Bartee	38, 40	2000
Martin, Ethel J.	11	1994
Martin, Faye A.	170, 172	1993
Martin, Frank D.	193	1986
Martin, Gary Howard	26, 28	1997
Martin, Grace	212	1887
Martin, Hardy Corrine	226, 227	1987
Martin, Harry C.	418, 419	1995
Martin, Howard	99	1986
Martin, James E.	188	1986
Martin, James H.	223, 225	1991
Martin, Jerry	375	2000
Martin, John J.	239	2000
Martin, Johnnie Mae	95	1998
Martin, Mrs. Lee	232	1988
Martin, Linda C.	22, 24	1990
Martin, Lydia L.	376, 377	1996
Martin, Martha	183	1986
Martin, Mattie	122	1992
Martin, Melvin J.	35	1986
Martin, Mildred L.	168	1996
Martin, Nadine E.	423, 425	2000
Martin, Richard S.	97, 98	1988
Martin, Robert E.	282, 284	1995
Martin, Robert Reed	182	1994
Martin, Ronald	53, 56	1997
Martin, Roy	123	2000
Martin, Stanley R.	134, 135	1987
Martin, Thelma C.	115, 117	1989
Martin, Tom A.	253, 254	1987
Martin, Tom A.	184, 188	1993
Martin, Tom H.	165, 166	1995
Martindale, Mabel M.	115, 117	1993
Martindale, Wilford R.	104	1998
Martinez, Alfred A.	65, 66	1986
Martinez, Amado T.	62, 63	1987

Name	Page	Year
Martinez, Arturo F.	204, 205	1992
Martinez, Benito	153	1999
Martinez, Carmen	120, 122	1989
Martinez, Carmen Garza	71	1999
Martinez, Christina	187	1998
Martinez, Delicitas	147	1997
Martinez, Emma	227, 231	1990
Martinez, Felipe	76	1992
Martinez, Felix	291, 292	1996
Martinez, Fidencio V.	13, 14	1987
Martinez, Francisco	363, 366	1997
Martinez, Frias Hermenejildo	124, 125	1989
Martinez, Isabell	456	2000
Matrinez, Janie	186	1997
Martinez, Joe (Jr.)	247, 248	1988
Martinez, Lucinda	22	1994
Martinez, Mabel M.	115	1993
Martinez, Marcos	59, 61	1987
Martinez, Maria Pena	18, 19	2000
Martinez, Martiniano (Maxie)	160	1992
Martinez, Pedro C.	202	1998
Martinez, Ruben Flores	137	1999
Martinez, Sarah H.	42	1993
Martinez, Trinidad	115, 116, 118	1989
Martinez, Victoriano E.	214	1994
Martyn, Glenn E.	104, 105	1987
Martyn, Grace	254	1990
Martyn, Helen	375, 380	1994
Marutzky, Delia	72	1993
Marvin, Walter I.	104	1992
Marye, Henry L.	93	1995
Mason, Albert F.	212, 214	1996
Mason, Albert S.	310, 314	1991
Mason, Charles W.	360	1996
Mason, Cora	83	1999
Mason, Erie	4, 7	1987

Name	Page	Year
Mason, Ola Mae	146, 147	1991
Mason, Richard H.	107, 108	1987
Mason, Steward R.	399	1994
Massaro, Vito (Pete)	239, 240	1994
Masse, Kay Bailey	316	1992
Masse, Leland Reed	124	1999
Masse, Paulette	159	1994
Massey, Clayton A.	151	1997
Massey, Clyde	214, 215	1996
Massey, Fred N.	295	1994
Massey, Fred W.	341, 343	1999
Massey, Harold L.	164, 166	1986
Massey, Houston	98, 99	1989
Massey, Jerry	117	1991
Massey, Katy G.	20, 22	1994
Massey, Maylon W.	333	1998
Massey, Olan Lee	258, 259	1997
Massey, Sandy	92, 93	1992
Massey, Woodrow	82, 84	1991
Massey, Zurleen	37	1991
Massie, Francis L.	10	1988
Masters, David Herbert	245	1997
Masters, John (Buddy)	165, 166	1990
Masters, John E.	319, 320	1999
Masters, Lorraine	104	1993
Masterson, Ransom F.	370, 379	1998
Maston, Mary L.	195, 197	1993
Mastrobuono. Dorothy	73, 74	1992
Mastrobuono, Eugene	267	1987
Mata, Andres	194	1987
Materne, Ellen	43	1990
Matheny, Gladys	30	1988
Matheny, Hal	212	1989
Mathews, Anne	49, 50	1986
Mathews, James H.	166	1996
Mathews, Jared S.	116, 121	1992

Name	Page	Year
Mathews, Lillian B.	184, 185	1993
Mathiason, Omer S.	107, 109	1998
Mathis, Ida M.	35, 36	1992
Mathis, John	106	1999
Mathis, June H.	45, 46	1991
Mathis, Luther C.	128, 131	1996
Mathison, Jack E.	209	1993
Mathison, Laramie N.	292, 293	1997
Matlock, Alba A.	172	1990
Matlock, Calvin C.	52	1996
Matlock, Edwin W.	92, 95	1995
Matlock, Harriet K.	28, 29	1996
Matlock, Rose	84	1988
Matter, Clara	81	1995
Matter, Jesse J.	13	1995
Matter, Mathilde	44	1987
Matter, Raymond Lee	285, 287	1998
Matter, Theodore C.	338	1994
Matteson, Debra Wood	55	1993
Matteson, Lillian H.	282, 283	1989
Matthews, Adelene (Bobbi)	408	1994
Matthews, Betty	22, 23	1991
Matthews, Charles W.	189	1992
Matthews, Choice B. (Dr.)	280, 281	1987
Matthews, John R.	270	1987
Matthews, Katie L. Swayze	52, 53	1998
Matthews, William P.	148	1991
Matthiesen, Bill	81	1997
Mattingly, Bert (Rev.)	88	1999
Mattingly, Phyllis A.	356, 357	1993
Mattison, Katy Cora Richter	183, 185	1994
Mattson, Erik Robert	5	1997
Matula, Henry A.	220, 221	1998
Matula, Lillie	61	2000
Matula, Michael	188	2000
Matula, Myra R.	120, 121, 122	1992

Name	Page	Year
Mauck, Martha J.	372, 373	1995
Mauk, Raymond Snead	240	2000
Mauldin, Eddie Ruth	16	1991
Mauldin, J. E. (Buddy)	9	1993
Mauldin, Robert L.	203, 204	1989
Maurer, Alice	398	1995
Maurer, Hazel Fitz	26	1998
Maurer, Sister Melissa (Dorothea)	80	1991
Mavor, Billie	341	1993
Mawbey, Norma D.	349, 351	1992
Maxfield, Naomi R.	305, 308	1999
Maxson, Beverly B.	373	1994
Maxson, Leo	42, 45	1994
Maxwell, Jimmie Ruth	372, 376	1997
Maxwell, Mark Craig	13, 18	1999
Maxwell, Thomas J.	200	1994
May, Joe Hal	368	2000
May, Paul H.	199, 200	1987
Mayberry, Cynthia S. Reed	27	1987
Mayer, Arline C.	36, 39	1992
Mayer, Robert R.	283, 284	1997
Mayes, Dudley	178	1996
Mayes, Lora F.	99	1996
Mayfield, Alice L.	357	1996
Mayfield, Annie M.	26	1988
Mayfield, Bob W.	41, 43	1996
Mayfield, Brice S.	219	1986
Mayfield, Boyd H.	280, 282	1990
Mayfield, Donna	24	1988
Mayfield, Ernest D.	300	1999
Mayfield, Graydon S.	313	1990
Mayfield, James H.	343	1997
Mayfield, Leslie C.	15, 16	1988
Mayfield, Steven Lee	306	1999
Mayhugh, Doris	361, 366	1998
Maynard, Everett J.	333	2000

Name	Page	Year
Mayo, Loyd L.	29	1992
Mays, Connie Clara	12, 13	1997
Mays, Margaret B.	57	1992
Mays, Margaret F.	56	1992
Mays, Nora L.	175	1992
Mays, Shellie D.	362	1998
Mazac, Robert A.	215, 216	1986
Mazurek, Albina J.	289, 290	1994
Mazurek, Anthony	138	1997
Mazurek, Charles	29, 31	1995
Mazurek, Charles P.	82	1993
Mazurek, Gloria	351, 352	1996
Mazurek, Hubert H.	310, 312	1993
Mazurek, Joe Jake	174	1986
Mazurek, Julius P.	250, 251	1989
Mazurek, Mary M.	2, 3	1986
Mazurek, Raymond	254, 255	1991
Mazurek, Robert M.	43, 44	1986
Mazurek, Sarah J.	190	1993
Mazurek, Stanley F.	243, 244	1991
Mazurek, Tony	11	1992
Mc Afee, Grace	359, 361	1994
Mc Afee, William Henry	431	2000
Mc Alister, Willard C.	100	1988
Mc Anally, R. L.	270	1993
Mc Ashan, Elizabeth S.	262, 263, 266	1993
Mc Askill, Mary L.	153	1996
Mc Ateer, Shirley Y.	379, 381	1994
Mc Bee, Billie Faye	2	1999
Mc Beth, Clyde A.	67	1999
Mc Beth, Mellie Tomerlin	310	1999
Mc Bride, Arthur Ray	157, 158	1987
Mc Bride, Laura	45, 50	1996
Mc Bride, Raymond L.	251, 253	1997
Mc Broom, Herman A.	286, 287	1992
Mc Bryde, Cleo Nowlin	254	1992

Name	Page	Year
Mc Bryde, Effie D.	68	1996
Mc Bryde, Rankin	49	1992
Mc Cabe, Jonas R.	5	1996
Mc Cain, Wescott W.	331, 334	1993
Mc Caleb, Catherine	227, 232	1991
Mc Caleb, Novella	43, 47	1997
Mc Call, Charles	147	1996
Mc Call, Nina C.	111	1993
Mc Call, Sam	126, 128	1994
Mc Callum, Ronald W.	193	1992
Mc Candless, Dorothy	125	2000
Mc Cardell, Darwin Eugene (Jr.)	353	2000
Mc Carrell, Gregory W.	292, 296	1997
Mc Carrell, Kenneth E.	119	1996
Mc Carron, Donald F.	144	1991
Mc Carron, Donald F. (Jr.)	208	1988
Mc Carron, Reba P.	321, 324	1994
Mc Carthy, John O.	111, 112	1989
Mc Carthy, Joseph M.	319	1991
Mc Carty, Aubrey L.	317	1999
Mc Carty, Floyd O.	187, 189	1987
Mc Carty, Jacquelyn S.	257, 258	2000
Mc Carty, Marshall D.	269	1991
Mc Carty, Oliver Norris	186	1997
Mc Caskill, Harold	301	1998
Mc Cauley, Isabel M.	364	1993
Mc Cauley, Royal (Mac)	116, 117	2000
Mc Causland, A. G.	53	1997
Mc Clain, Anuel L.	272, 273	2000
Mc Clain, Charlie F.	263, 264	1988
Mc Clain, Lois	243, 244	1987
Mc Clain, Ruby	4, 5	1989
Mc Clanahan, Jack. J.	213	1991
Mc Clanahan, Martha	383	1996
Mc Claran, Susan W.	37	1988
Mc Clellan, Alton F.	48	1996

Name	Page	Year
Mc Clelland, Anita T.	270, 271	1989
Mc Clelland, Harry W.	80, 81	1986
Mc Clenon, Guy S.	253, 257	1998
Mc Clintock, Amelia	251, 256	1992
Mc Closkey, Charles E.	58, 59	1993
Mc Closky, Jack	228, 229	1986
Mc Closky, LaVern	315	2000
Mc Cluer, Margaret A.	215, 220	1997
Mc Clung, Carrie B.	240	1991
Mc Clure, Lester F.	8	1994
Mc Clure, Pat N.	233, 234	1988
Mc Clure, Victoria H.	159	1990
Mc Clure, William W.	48, 49	1991
Mc Collom, Artelia Irene (Tia)	277	1996
Mc Collum, Donna Covey	325	1998
Mc Collum, Melvin Earl (Jack)	76	1997
Mc Collum, Omer	257, 261	1994
Mc Comas, Betty-Jo Rosa	74	1997
Mc Conley, Marie M.	286	1990
Mc Connell, Georgie	216	1990
Mc Connell, Lloyd	47, 48	1992
Mc Connell, Vida E.	66, 67	1993
Mc Cord, Grace O.	231, 232	1998
Mc Cord, William M.	50	1998
Mc Corkle, Donald E.	29, 32	1991
Mc Corklle, Manley Lewis	210	1998
Mc Cormack, Andrew J.	45	1992
Mc Cormack, George B.	360	1998
Mc Cormick, Kenneth	184, 185	1992
Mc Coy, Edward C.	225, 226	1986
Mc Coy, Ethel E.	67, 71	1986
Mc Coy, Eva Mae L.	158, 159	1986
Mc Coy, Ray A. (Billy)	44, 45	1988
Mc Coy, Robert D.	339, 341	1993
Mc Coy, Roger B.	223	1989
Mc Coy, William M.	149	1991

Name	Page	Year
Mc Cracken, Frank A.	259, 263	1987
Mc Craw, Matilda R.	29	1993
Mc Cray, Mildred S.	241, 245	1995
Mc Creedy, Vincent E.	287	1987
Mc Creedy, Vincent E.	4	1988
Mc Creless, John F. (Jr.)	153	1989
Mc Crimmon, Hermon P.	82	1989
Mc Crorey, Jean	154, 158	1989
Mc Crory, R. C. (John)	264	1990
Mc Crum, Juanita Rhea	323	1998
Mc Crum, Ruth S.	221, 224	1993
Mc Cubbin, Sarah E.	149, 151	1988
Mc Cubbin, Stephanie Mary	151	1990
Mc Cuistion, Eleanor Hessler	452	2000
Mc Cuistion, George Kenneth	186, 188	1996
Mc Cullor, Roy C.	58, 59	1991
Mc Cullough, David (M.D.)	16	1997
Mc Cullough, John W.	206	1986
Mc Cullough, Marjorie Williams	404	1999
Mc Cune, Richard A.	156	1996
Mc Curry, Walter E. (Sr.)	243, 246	1986
Mc Cutcheon, Della P.	28	1986
Mc Daniel, Alva E.	17, 19	1987
Mc Daniel, Cecil	137, 139	1992
Mc Daniel, Curtis L.	227	1990
Mc Daniel, Hattie M.	10, 12	1986
Mc Daniel, Jo An	420	1995
Mc Daniel, Julia	424	1994
Mc Daniel, Julia	1	1995
Mc Daniel, Leonard	54	1999
Mc Daniel, Sharon E.	191, 192	1993
Mc Daniel, Wallace	124, 132	1994
Mc Daniel, Wista	189	1987
Mc David, Maggie	13, 14	1993
Mc David, Nora A.	66, 69	1994
Mc Donald Autumn Melody	387, 389	1995

Name	Page	Year
Mc Donald, Bernetta P.	15	1998
Mc Donald, Charles K.	11, 16	1994
Mc Donald, Charlie	306	1991
Mc Donald, Clovis D.	30	1990
Mc Donald, Clovis W.	209	1990
Mc Donald, Dan R.	174, 176	1995
Mc Donald, Gordon	263, 267	1999
Mc Donald, Harvey L.	112, 116	1989
Mc Donald, James Keith	166	2000
Mc Donald, Jimmie L.	333	1998
Mc Donald, Johnnie O.	130, 132	1999
Mc Donald, Katherine	176	1997
Mc Donald, Leonard G.	61, 62	1988
Mc Donald, Lester W.	248	1991
Mc Donald, Mary Etta	2, 4	1994
Mc Donald, Ned P.	186, 187	1990
Mc Donlad, Noble P.	4	1991
Mc Donald, Oscar D/	51	1999
Mc Donald, Roland	22, 24	1989
Mc Donald, Ruth E.	266	1994
Mc Donald, Ted E.	124, 125	1996
Mc Donald, Theresa F.	173	1997
Mc Donough, James T. (II)	284	1989
Mc Donough, Kenneth	144	2000
Mc Dougal, Nina F.	353, 355	2000
Mc Dougall, Stanford	161	1988
Mc Duff, Agnes	284, 285	1992
Mc Earchern, Peggy E.	110	1999
Mc Elroy, Bruce I.	143, 144	2000
Mc Elroy, Hazel Gertrude	349, 353	2000
Mc Elroy, Ilse	195	1986
Mc Elroy, Rex	76	1993
Mc Elroy, T. D.	377	1999
Mc Entire, Travis E.	166	1988
Mc Entyre, Preston H.	181	1987
Mc Eowen, Alma	113	1996

Name	Page	Year
Mc Ewen, Clara Pearl M.	314, 320	1998
Mc Ewen, James W.	27	1986
Mc Farland, Paula A.	339	1994
Mc Farland, Samuel W.	69	1994
Mc Farland, William W.	386	1997
Mc Gann, Marcella C.	313	1997
Mc Gaughy, Kitty	164, 166	1993
Mc Gee, Cole Joshua	239	1997
Mc Gee, Ella	99, 100	1996
Mc Gee, Florence R.	302	1995
Mc Gee, Morris	9	1988
Mc Gehee, Billy J.	413	1999
Mc Gehee, Charles D.	76	1993
Mc Gehee, Frank O.	344, 352	1995
Mc Geheem J, R,	85	1997
Mc Ghee, James E.	150, 151	1994
Mc Ghee, William D.	163	1994
Mc Gill, Calvin J.	120, 121	1989
Mc Gill, Edward	173	2000
Mc Gill, Edwin M.	35	1996
Mc Graw, robert	139, 143	1997
Mc Greevy, Marjorie A.	97	1989
Mc Gregor, George M.	73, 75	1996
Mc Grew, Albert Douthett	221	1998
Mc Grew, Martha A.	131	1989
Mc Grew, Sue	189, 190, 191	1989
Mc Groaty, John J.	263	1986
Mc Groaty, John J.	1	1987
Mc Guff, William Arthur (Jr.)	70, 72	2000
Mc Guffin, Goldie	191	2000
Mc Guffin, Jack L.	155, 156, 158	1995
Mc Guffin, Katherine	117, 119	1993
Mc Haney, Rachel E.	11, 12	1991
Mc Hone, Velma I.	224, 226	1999
Mc Hugh, Artie P	238	1991
Mc Illveen, Thomas Albert (Jr.)	308	1999

Name	Page	Year
Mc Intire, Audra E.	274	1994
Mc Intosh, Elizabeth	323, 324, 326	2000
Mc Intyre, Loren Keneth	388	2000
Mc Kay, Blythe	352	1993
Mc Kay, Evelyn Mary	338	1996
Mc Kay, Helen Yvonne	305	1999
Mc Kay, W. D.	33, 35	1988
Mc Kee, Charlie F.	120	1997
Mc Kee, Fannie J.	263, 266	1993
Mc Kee, Joan Mc Cluer	418, 421	1999
Mc Kee, Madeline F.	79	1989
Mc Kee, Russell	283	1992
Mc Kee, Vera	370, 374, 376	1998
Mc Kee, Wanda	174, 175	1990
Mc Kenley, Dean W.	203	1995
Mc Kenzie, Ralph W.	91, 93	1986
Mc Keown, Anne J.	157	1989
Mc Kibben, Bruce D.	3	1999
Mc Kibben, Jacqueline	42	2000
Mc Kie, Milo E.	352, 353	1992
Mc Killop, James M.	2, 3	1986
Mc Kinney, Allen	6, 8	1986
Mc Kinney, Amy M.	190, 191	1991
Mc Kinney, Ann	58, 59	1989
Mc Kinney, Elizabeth A.	384, 386, 387	1995
Mc Kinney, Margaret L.	22, 24	1989
Mc Kinney, William D.	30	1992
Mc Kinnis, Frances T.	324, 325	1992
Mc Kinnis, Juanita Edelen	297	1999
Mc Kinnon, Alieda M.	261	1986
Mc Kinnon, Richard B.	9	1988
Mc Kinzie, Fred J.	436	2000
Mc Kinzie, William E.	274	1992
Mc Knight, Eloise Lindsey Roe	80, 81, 82	1991
Mc Knight, J. O.	54, 55	1988
Mc Laughlin, Carrie L.	166	1989

Name	Page	Year
Mc Lean, Ada C. (Gypsy)	276	1990
Mc Lean, Florence I.	150	1986
Mc Lean, Martin T. (Sr.)	64, 67, 68	1992
Mc Lemore, John M.	131, 132	1998
Mc Leod, Sarah	242	1996
Mc Lernon, Edward A.	27, 29	1996
Mc Loughlin, Annie	293, 295	2000
Mc Loughlin, Dorothea A.	194	1991
Mc Laughlin, Thomas R.	14	1998
Mc Mahan, Wendell B.	173, 174	1990
Mc Mahon, Charles	56, 57	1993
Mc Mahon William D.	136, 137	1993
Mc Mahon, Willie Mae	200, 202	1997
Mc Mains, Harry C.	102, 103	1987
Mc Michael, Jack B. (Rev.)	201, 203	1995
Mc Millan, Irene A.	45, 54	1989
Mc Millan, Marvin (Jr.)	132	1999
Mc Millen, Francis W.	235	1992
Mc Millen, George E.	88	1986
Mc Millen, Helen	300, 301	1990
Mc Millian, Leonidas Stockton	277, 281, 282	1995
Mc Minn, Merlin	305, 309	1999
Mc Murray, Crawford A. (Dr.)	270, 271	1987
Mc Murray, Mrs. Crawford	135	1998
Mc Murry, James G.	67	1993
Mc Murtrey, Verner G.	284	1990
Mc Nabb, Berda M.	11, 12	1987
Mc Nabb, J. W. (Mac)	163	1987
Mc Nabb. Marion	159	1995
Mc Nabney, Joann Wyrick	200, 201	1998
Mc Nair, Marion A.	8	1988
Mc Nally, Robert Emmett	205, 214	2000
Mc Natt, Shelton	336	1993
Mc Nay, Mrs. Drexell	227, 228	1989
Mc Nay, Robert H.	77	1989
Mc Nay, William H.	83, 84, 85	1989

Name	Page	Year
Mc Neill, James C.	263	1995
Mc Nelly, Cecillia F. B.	19	1988
Mc Nulty, Jack A.	209, 212	1998
Mc Nutt, Sally M.	62, 67	1995
Mc Nutt, William F.	91, 92	1989
Mc Phail, Joe L.	134, 135	1998
Mc Pherson, Harold	306, 308	1993
Mc Pherson, Omega M.	90, 92	1986
Mc Pherson, Timothy	49	1991
Mc Phillips, John James	29	1997
Mc Quaid, Raymond H.	84, 85	1986
Mc Queen, Ronald Fene	131	1997
Mc Shan, Isabella	100	1998
Mc Spadden, Marjorie	312	1991
Mc Wha, Robert E. (Sr.)	48	1995
Mc Williams, Ola Mae	376	1998
Mead, Charles J.	414	1995
Mead. Idell E.	197	2000
Meadors, Dorothy F.	367, 369, 371	1998
Meadow, Keith	265, 266	1995
Meadows, Glenn O. (Sr.)	171	1999
Meadows, Maxine	115	1986
Means, Maurine	134	1997
Mears, F. M. (Marvin)	5, 7	1990
Mecom, William H.	62, 63	1992
Medearis, Jewell E.	241	1993
Medford, Naomi	48	1993
Medina Enrique S.	203, 205	1986
Medina, Ramiro M. (Jr.)	248, 249	1996
Medlin, James H.	156, 157	1997
Medlock, Benjamin	124	1987
Mednansky, Ruby	357, 362	2000
Medran, Josefa	359	1999
Medrano, Claudia	142	1995
Medrano, Henry	169	1992
Medrano, Juan Z.	212	1986

Name	Page	Year
Medrano, Manuela	218, 219	1995
Meek, Carl Donald (Sr.)	341	1999
Meek, Clyde H.	332, 334	1995
Meek, Clyde R.	338, 341	1997
Meek, Curtis Lee	140, 144	1997
Meek, Daniel Albert	113	1999
Meeker, Burton	74, 76	1986
Meeker, Franklin W.	182, 183	1994
Meekins, Jessie A.	174	1988
Meeks, Doc	288	1994
Meeks, James H.	300	1992
Mefford, Milton O.	241, 243	1993
Meighen, Melva	239, 241	1987
Meinecke, Judy	263	1991
Meister, Delsia V.	368, 372	1997
Meja, Jose Antonio Sanchez	140, 142, 145	1994
Melberg, Robert	81	1996
Melberg, Sally L.	283, 284	1987
Melson, Debra J.	303, 309	1992
Melson, Elva L.	198, 200	1997
Melton, Doris I.	74, 75	1995
Melton, Gladys B.	133	1992
Melton, Glenn	222	1995
Melton, Mary Jane Turner	211, 221	1999
Melvin, Anna S.	182	1998
Men, Hugo F.	189	1991
Menard, Ernest T.	174, 176	1986
Menchaca, Eddie C.	130	1990
Menchaca, Lily Chacon	175	2000
Menchaca, Sladino	212, 214	2000
Mendiola, Erasmo (Sr.)	257, 258	1994
Mendoza, Guadalupe	35	1997
Mendoza, Paula B.	189	1995
Menke, Clifford	71, 93	1997
Menn, Johnnie Sue	133	2000
Menn, Walter (Pete)	387, 392	1995

Name	Page	Year
Mentch, Don William	275	2000
Menz, Lillian K.	433	2000
Menzel, J. H. (Jack)	255	1998
Menzies, Tom B.	9	1990
Mercer, Edna Vivian	139, 141	1994
Mercer, Floyd T.	160	1994
Mercer, Martell	333, 334	1992
Meredith, Audrey L.	280	1994
Merkel, Bettie	12	1990
Merrell, Harold A.	226, 228	1997
Merrell, Velna S.	303, 304	1992
Merrick, Ann E.	90	1987
Merrick, Clarence R.	92	1991
Merrick, Hardy D.	280	1990
Merrill, Betty	161	1990
Merrill, Charmaine M.	386, 387	1996
Merrill, Frank C. (Sr.)	215	1993
Merritt, Anna Mae	262, 263, 267	1993
Merritt, Audrey	280	1989
Merritt, Eleanor	295	1997
Merritt, Elmo	1, 4	1987
Merritt, Haskell	336, 338	1997
Merritt, King R.	187	1988
Merritt, Leona M.	5	1998
Merritt, Nancy E.	11, 13	1988
Merritt, Nell	118	1991
Merritt, Patty	8, 11	1998
Merritt, Ross R.	187, 189	1996
Merritt, W. H. (Pop)	300, 303	1993
Messer, Etta Mae	334	1996
Messer, Harrison Alan	201	1992
Messer, William B.	89, 91	1995
Messerli, Mayme L.	299, 300	1990
Messina, Marion Inez	54, 55	1996
Methany, Edith	45, 46	1995
Metheny, Marvin D.	122	1991

Name	Page	Year
Methvin, Parker Burette	405, 409	1994
Methvin, Percy B.	69	1986
Metler, A. Frank	42	2000
Metz, Ollie	256	1996
Metzger, Clara Kraus	132	1991
Metzger, Russell (Sr.)	35, 37	1992
Meunker, Annie Gertrude	277	2000
Meuth, Elmer	282	1996
Meyer, Bryan F. (Sr.)	30	1986
Meyer, David E.	312, 316	1996
Meyer, Dorothy	257	2000
Meyer, Herbert H.	121	1996
Meyer, Thelma	222, 223	1989
Meyer, Ver Arlene	262	2000
Meyer, Zilla E.	169	1988
Meyers, Johnny	19, 21	1987
Meyers, Kay	143	1991
Meyers, Melvin Louis	127	1998
Meyers, Nan (Gladyne)	354, 355	2000
Meyers, Ola T.	297, 300	1990
Meyners, Wilma	132, 133	1995
Michalak, Charlotte L.	191	1987
Michalczak, Marilyn	284, 286	1994
Michelson, E. L.	246, 247, 248	1986
Michelson, Toby B.	270	1989
Michon, August Dimingues	377	1998
Michon, Ella Marie	110	1988
Michon, John M.	213, 214	1987
Michon, Martin L.	74	1992
Mickan, Lula Mae	250, 251	1991
Mickan, Werner J. E.	223	1988
Mickelson, Hazel L.	35, 45	1994
Mickle, Rosalyn P.	74, 76	2000
Mickle, Rupert M.	287	1987
Mickna, Eva A.	160, 161	1994
Middlekauf, Leona Ragsdale	262	1998

Name	Page	Year
Middleton, Billy Joe	387, 388, 390	1996
Middleton, Helen E.	191	1987
Middleton, Henry Lee	203, 204	1999
Middleton, Josephine	63, 64	1986
Middleton, Valentine	83, 94	1996
Middleton, William R. (Jr.)	217, 218	1996
Midkiff, Margaret	307	1995
Midwood, Courtney	162	1988
Midwood, Mark Randall	163	1988
Miears, Edna J.	312	1992
Miears, Jerry Jean (Patsy)	215, 216	1992
Miears, Virgil V.	125	1993
Miears, William T.	173, 174	1996
Miears, Willie Vada	266	1998
Miers, Mary Elizabeth	107	2000
Mihatsch, Joe A. (Sr.)	244, 246	1992
Mihok, Leeta	72, 74	1987
Mijares, Wilfredo S.	149	1996
Mikeska, Jeannine	303, 305	2000
Mikeska, Wanda J.	142	1995
Mildner, Ruth A.	5, 14	1991
Miles, Mary L.	133, 136, 138	1994
Milikien, Gladys E.	14, 15	1991
Millan, Richard I.	73, 74	1987
Millard, Annie Viola	193	2000
Millard, Lucy	381	1994
Millard, Ruby T.	99	1986
Millegan, Hubert L.	195, 197	1988
Miller, A. B. (Jr.)	212, 213	1993
Miller, Albert S.	369	1998
Miller, Alfred L.	242, 244	1988
Miller, Aneta B.	154, 155	1992
Miller, Ann Hayes Eichenroht	283, 284	2000
Miller, Annie L.	8, 10	1988
Miller, Antoinette	36	1994
Miller, Benjamin P.	260, 262	1996

Name	Page	Year
Miller, Bessie M.	152, 154	1995
Miller, Bonnie Ruth	283	1996
Miller, Curtis Eugene	370	1994
Miller, Dinia Lyn	277, 280, 283	1997
Miller, Donna Jean	357	1998
Miller, Dorothy F.	136, 137	1989
Miller, Ed	318, 319	1994
Miller, Elizabeth K.	289, 291	1991
Miller, Elton	136	1987
Miller, Emma Ruth	405	1997
Miller, Forrest J.	22	1988
Miller, Fred L.	356, 358	1996
Miller, Fred P.	173	1997
Miller, George B.	245	1998
Miller, George Martin	346, 350	1998
Miller, Georgie	209, 210	1989
Miller, Harold Walter	110	1999
Miller, Harry	231	2000
Miller, Helen A.	236	1991
Miller, Henry W.	188, 191	1994
Miller, Herman Gershon (Dr.)	252	1999
Miller, Howard	284	1995
Miller, Howell L.	62, 65	1995
Miller, James T.	16, 19	2000
Miller, Jewell L.	50	1990
Miller, John H.	231, 232	1990
Miller, John H.	2	1991
Miller, John R.	157, 158	1986
Miller, John W. (Sr.)	249, 250	1992
Miller, Justin L.	309	1990
Miller, Laura E. R.	150	1987
Miller, Lenora Thomas	147	2000
Miller, Leon	44, 46	1995
Miller, Mamie Aileen	269, 271	1999
Miller, Marilyn A.	360, 365	1993
Miller, Marjorie Goodrich	323, 325	2000

Name	Page	Year
Miller, Mary Kent	303	2000
Miller, Mary L.	206, 207	1988
Miller, Mary L.	288, 290	1994
Miller, Maxine E.	415, 416	1995
Miller, Nell O.	209	1990
Miller, Oliver E.	139, 144	1997
Miller, Ollene S.	325	1993
Miller, Paul H.	211	1995
Miller, Pearle	197, 199	1987
Miller, R. B.	98, 99	1989
Miller, Ralph T.	339, 343	1997
Miller, Retah H.	254	1992
Miller, Sally J.	47	1992
Miller, Susannah G.	198, 201	1999
Miller, Thaddeus	272, 273	1987
Miller, Thomas L.	151, 152	1987
Miller, Thurma D.	42, 43	1987
Miller, Vesta	376	1994
Miller, William E. (Jr.)	264	1992
Miller, Willie	1, 4	1987
Millican, Luther O'Neil	390	1999
Millican, Opal	221	1991
Milligan, Clark C.	146, 147	1993
Millner, Luella Egg	33, 34	1988
Mills, Christine S.	29, 31	1992
Mills, Doris N.	38	1986
Mills, Doris R.	64, 65	1991
Mills, Edward J.	125, 127	1987
Mills, Gordon D.	234	1997
Mills, Herman L. (Jr.)	312	1995
Mills, Irma T.	103, 105	1991
Mills, John C.	82, 85	1995
Mills, Lynn Creamer	386, 387, 389	1999
Mills, Ora G.	414	1995
Mills, William G.	19, 24	1991
Milton, Gladys B.	132	1992

Name	Page	Year
Milton, J. C.	149	1991
Milton, Myra B.	192, 193	1991
Mims, Hobson D. (Jr.)	258	1988
Mincy, C. S.	38, 40	1989
Mincy, Dollie Ruth	70	2000
Miner, Leona	163	1987
Miner, William H.	325, 333	1994
Minnick, Florence Lucile	398, 403	1996
Minnick, Homer H.	113, 114	1987
Minnie, Barbara June	138	1999
Minor, Betty Ann	22	1999
Minor, Edward W. (Red)	254, 261	1990
Minor, Harold (Jr.)	121, 122	1988
Minor, Reba	84, 85	1988
Minyard, De Etta A.	258, 259	1993
Minzie, Charlie	194, 195	1989
Mirike, Robert M.	214	1994
Misenheimer, Gertrude Hancock (Tank)	422	2000
Misenheimer, J. B. (Boots)	138	1995
Mitchamore, Angeline	88	1997
Mitchell, Alice	123, 124	1993
Mitchell, Anna Charlotte	119	1988
Mitchell, Bessie	38	1989
Mitchell, Bert	118	1989
Mitchell, Bertie A.	76	1988
Mitchell, Charles R.	8	1993
Mitchell, Curtis B,	121	1987
Mitchell, Gary Don	94, 96	1998
Mitchell, James	124	1994
Mitchell, James	173	2000
Mitchell, James H.	38, 40	1998
Mitchell, Rabb	300	1998
Mitchell, Rosetta Deanne	398	1998
Mitchell, V. D.	182	1995
Mitchell, Ward	59	1993
Mittanck, Herbert	15	1997

Name	Page	Year
Mittanck, Ida Belle	19, 22	1988
Mittanck, Ollie S.	279	1987
Mix, Estelle	195, 197	1989
Mixon, Elaine	143	1990
Mixon, Oleda	133, 134	1989
Mixon, Richard E.	125	1999
Mize, Delma Neal	281	1999
Mizell, Wilmer	67	1999
Moberly, Oscar B.	99	2000
Modarelli, Bud J. (Sylvester)	5, 7	1991
Modgling, Arthur M.	332, 333	1997
Modgling, Eva Lee	170, 172	1998
Modgling, Nahum (Sr.) (Pete)	237, 238	1996
Moehle, Darwin Lee	275	1990
Moehle, Robin	283	1992
Moellendorf, Lydia Fay	364	1994
Moellendorf, Marvin A.	87	1995
Moellering, Edwin C.	174	1991
Moellering, Harvey W.	420	1995
Moentnish, Charles	151	1986
Moffett, Alice C.	225	1991
Moffett, Carl A.	97, 98	1987
Moffett, Celeste	16	2000
Moffett, Helen	110, 111	1993
Moffert, Julia	34	1996
Moffett, Mrs. Leo (Elinor)	354, 355	1992
Moffett, Thomas A.	208	1988
Mogford, Annie D.	247, 249	1990
Mogford, Clarence	5	1987
Mogford, Delia I.	105, 106, 108	1989
Mogford, Emma	356, 359	1996
Mogford, Hilda	3	1989
Mogg, Hershel L.	254, 255	1988
Mohney, Billy (Ed)	65, 67	1992
Moldenhauer, Lee	28	1995
Molder, John	345	1993

Name	Page	Year
Molder, Lonnie W.	120, 122	1993
Molina-Garcia, Infant	172, 174	1992
Molitor, Fred J.	252, 253	1991
Moller, Arthur L.	362	1993
Moloney, Sister Anne	397	1994
Molter, Ellie R.	62	1987
Molter, Jimmie	149	1988
Moman, Jack Juan	315	1997
Mongillo, Dawn Marie	140, 142, 146, 148	1994
Monier, Bernice	35, 36	1989
Monk, Ola	290	1987
Monkhouse, Charles	184	1992
Monroe, Buck	313	1991
Monroe, Jay A.	288, 289	1997
Monroe, Pearl	22	1995
Montague, Frank M. (Jr.)	165	1988
Montanez, Joe Valdez	247, 248	1998
Monte, Walden I.	242, 245	1988
Montgomery, A. B.	331	1993
Montgomery, Cody Laine	229	1999
Montgomery, Elynor H.	99	1986
Montgomery, John D.	16, 179	1996
Montgomery, Mabel W.	87, 88	1987
Montgomery, Marion	422	2000
Montgomery, Monty P.	94, 95	1991
Montgomery, Ned A.	299, 303	1997
Montgomery, Ruth	177	1992
Montgomery, Tennie S. K.	207	1987
Montgomery, Thomas H.	34, 35	1992
Montgomery, Violet A.	40, 42	1994
Monts, Louis Frank (Jr.)	147, 157	1999
Moody, Clifford B.	68, 59	1988
Moody, Donna Marie	14	1989
Moody, Dorothy	15, 17	1988
Moody, Dorothy C.	53, 54	1992
Moody, Doy Alfred	389, 390	2000

Name	Page	Year
Moody, Marvin R.	21, 22	1986
Moody, Ray Allison	276	1998
Moody, Viola	111	1992
Moon, Agnes M.	281	1998
Moon, Edward Dean	187	1999
Moon, Mary	116, 117	1996
Mooney, Al W.	103	1986
Mooney, George W.	246, 248	1987
Mooneyham, Violet	55, 56	2000
Moore, A. C.	295, 297	1997
Moore, A. Douglas	60	1991
Moore, Aileen	223, 224	1999
Moore, Albert (Jr.)	285	1995
Moore, Alfred J.	175	1991
Moore, Annetta M.	87, 88	1987
Moore, Arvid	278	1999
Moore, Beatrice	160	1995
Moore, Billie A.	99	1992
Moore, Billy Bob	214	1995
Moore, Buryl R.	150, 151	1994
Moore, Clifford A.	237, 241	1989
Moore, Colton T.	360, 361	1995
Moore, Miss Dewey L.	254, 256	1989
Moore, Donna	315, 316	2000
Moore, Edna F.	393	2000
Moore, Elizabeth M.	140, 141	1991
Moore, Ethel P.	68	1988
Moore, Euna M.	282	1998
Moore, Helen (Sue)	378	1998
Moore, Helen Starkey	197	1986
Moore, Herbert L.	174, 175	1987
Moore, J. I.	71, 73	1991
Moore, J. M.	259, 260	1998
Moore, Jane H.	5	1994
Moore, Jesse D.	30, 31	1996
Moore, Jimmie L.	226, 227	1996

Name	Page	Year
Moore, Kenneth	331	1992
Moore, Leo G.	314, 315	1993
Moore, Martha E.	331, 333	1994
Moore, Mary Belle	308	1997
Moore, Mattie	396, 398	1994
Moore, Mildred L.	281	1991
Moore, Millie Margaret	158	1999
Moore, Nettie L.	14	1991
Moore, Phoebie Sraella Renslee	226, 227	1988
Moore, Raleigh Edward	253, 255	1998
Moore, Shane R.	180, 182	1991
Moore, T. Jasper	156, 157, 159	1998
Moore, Thomas E.	1, 3	1993
Moore, Thomas J.	210	1990
Moore, Truitt C.	118	1988
Moore, Vinnie	163	1999
Moore, Waldon E.	65, 67	1995
Moore, Walter C.	232	1989
Moore, Walter H.	111, 112	1992
Moore, Whayne	185	1990
Moore, Wheeler C.	128	1987
Moore, William C.	275, 276	1991
Moore, Willis R.	154	1998
Moores, Annabelle Rees	263, 266	1997
Moores, T. David	124	1989
Moorman, Taylor W. (Scoop)	325, 327	2000
Moose, Albert William	398	1996
Moose, Barbara	173, 175	1999
Moose, Fred	208, 209	1988
Moose, Margaret R.	320, 322	1992
Moose, Minnie (Mrs. J. E.)	221	1986
Moose, Orba L.	379	1995
Morales, Juan	259, 260	1988
Morales, Lydia	68, 69, 70	1996
Moran, George Alton	36, 37	1988
Morav, Maryclaire	326, 327	1999

Name	Page	Year
Moravietz, Wanda	137	1991
Moreau, Ed	79	1986
Moreau, Oma L.	259, 260	1989
Morehead, Dorothy	180	1986
Moreland, Bryce Charles	102, 106	1995
Moreno, Francisca Flores	383	1998
Moreno, Francisco E.	6, 9	1987
Moreno, Lupe	155, 156	1991
Moreno, Macario R.	45	1988
Moreno, Maria Salinas	190	1992
Moreno, Nicholas	55	1988
Morgan, Agnes	381	1994
Morgan, Bruce	127	1993
Morgan, Carolyn E.	170, 172	1990
Morgan, Dalton	8	1999
Morgan, Elvie Louise	287, 290	1999
Morgan, Fred	160	1999
Morgan, George E.	146, 148	1995
Morgan, Gladys H. D.	197	1987
Morgan, Henry A.	66	1997
Morgan, Howard W.	65	1997
Morgan, Hubert C.	341	1997
Morgan, James E.	7	1989
Morgan, Johnnie F.	146	1993
Morgan, Linda T.	15	1997
Morgan, Mark C.	47, 50	1990
Morgan, Michael Anthony	213, 214	1998
Morgan, Morris G.	312, 314	1991
Morgan, Read S.	91	1993
Morgan, Ruth C.	85, 86	1991
Morgan, Walter W. (Jr.)	43, 44	1986
Morgan, William E.	57, 58	1989
Morgan, Winnard W.	50	1987
Morganstern, Ernest C.	401	1999
Morgart, Ben E.	335, 340	1994
Moriarty, Francis Christian	147	1999

Name	Page	Year
Morlett, Opal Wallace	112	1999
Morosky, Charles W.	288	1995
Morosky, Sophie	104, 105	1994
Morris, Billy Ray	267	1995
Morris, Bobby N.	250	1989
Morris, Christine T.	19	1990
Morris, Clarence	278, 279	1999
Morris, Clifford	377, 380	1996
Morris, Clifford V.	126, 127	1993
Morris, Dorothy D.	456	2000
Morris, Dorothy E.	336, 337	1992
Morris, Earl E.	6, 11	1997
Morris, Edward I.	136, 137	1993
Morris, Ella V.	257	1993
Morris, Hazel O.	179	1988
Morris, Ivy Weathersby	278	2000
Morris, Jessica	304	1991
Morris, Jessie Albertine	232, 233	1989
Morris, John	14, 17	1988
Morris, Linsey (Buddy)	117	1986
Morris, Marcilette	137, 138	1998
Morris, Otis V.	210, 211	1990
Morris, Retha E.	332	1998
Morris, Richard D.	406, 409	1999
Morris, Rocky D.	31	1991
Morris, Roy F.	285	1996
Morris, Russell W.	192, 193	1987
Morris, Susie	281	1996
Morris, Tedford (Ted)	25	1989
Morris, Thomas E.	302, 303	1990
Morris, Vera Louise	326	1991
Morrison, Beatrice R.	151	1987
Morrison, Carl W.	410	2000
Morrison, Charles C.	167, 168	1996
Morrison, Claudia A.	176, 177	1997
Morrison, Elmo W.	139, 141, 154	1988

Name	Page	Year
Morrison III, Ollege Bergman	322	2000
Morriss, Carl Adam	155, 156	1998
Morriss, Edward L.	387, 390	1995
Morriss, Pie	176, 178	1988
Morrow, Gerald L. (Doc)	242, 243	1997
Morrow, James Albert	217	1991
Morrow, John Calvin	154, 157	1987
Morrow, Margaret B.	308, 311	1996
Morse, Robert A. (Dr.)	133	1989
Mortola, Dorothy L.	77, 79	1993
Morton, Lelia S.	181	1988
Mosby, Willie D.	263, 267	1991
Mosby, Willie M.	160, 162	1991
Mose, Leo F.	237	1989
Mose, Ruby L.	358, 361	1995
Mosel, Clarence E.	192	1989
Mosel, John L.	242, 243	1988
Mosel, Hertha E.	33, 34	1994
Mosel, Mabel F.	57	1986
Moseley, Ann	90	1994
Moseley, Anna M.	232	1988
Moseley, Frieda	363	1997
Moseley, Hubert L.	157, 159	1986
Mosely, Robert Lee	324	1997
Moses, Alfred T.	247	1996
Moses, Andrea A.	47, 50	1989
Moses, Ann	6	1987
Moses, Marlowe G.	258, 259	1991
Mosquera, Joseph M.	17, 20	1994
Moss, Anita	327, 329	1994
Moss, Anna L.	81, 82	1993
Moss, Anna V.	244	1999
Moss, Jack	309	2000
Mossman, Roger Charles	394, 397	1998
Mosty, Agnes C.	133	2000
Mosty, Charles H.	198	1994

Name	Page	Year
Mosty, Esther Davenport	384, 385	2000
Mosty, Evlyn (Sam)	157, 158	1990
Mosty, Julia R.	144, 147	1994
Mosty, Laura C.	178	1999
Mosty, Mark	145, 146	1991
Mosty, Raymond F.	363	1993
Motherspaw, Jack M.	118, 119	1989
Motherspaw, Lois M.	177	1990
Motley, Carl	413	1994
Motley, Delmer H.	152	1998
Motley, Harriet L.	42	1989
Mott, Hiram M.	76, 77	1988
Motte, Alice M.	151	1989
Motteram, Helen M.	312, 313	1992
Motz, Scott R.	84, 85, 95	1991
Moulton, Willetta Stringfellow	21, 23	1997
Mouser, Carrie	340	1998
Mouton, Al	235	1995
Moyer, John P.	170	1993
Moyer, Mary Margaret	239	1999
Much, Elsie Krejci	397	1999
Muck, George J.	141	1993
Muckelroy, Thurston	381, 385	1994
Muehl, B. Luciel	35	1990
Mueller, Albert E.	3	1991
Mueller, Dorothy	147	1986
Mueller, Ernest W.	132, 133	1993
Mueller, Kathleen	320, 322	1999
Mueller, Levi O.	72	1994
Mueller, Paul V. (Vince)	190	1989
Mueller, Reinhold John (Rev.)	111, 113	1998
Muerfo, Anthony T.	179	1986
Mull, Gladys	53, 54	1988
Mullenax, Vernell	55	2000
Mullenax, Walker	245, 247	1991
Mulliner, Eurah J.	167, 168	1995

Name	Page	Year
Mullins, Clara F.	252, 256	1989
Munafo, Anthony T.	180	1986
Mund, Marie	301	1993
Munday, Norman	319	1997
Mundhahl, Monica	118	1998
Munds, Par Brasher	133	1993
Munguia, Noe T.	106, 107	1986
Munk, Rex	206, 208	1988
Munn, Phyllis Lanita	56, 57	1993
Munoz, Belle M.	3	1999
Munsell, Elmer L.	406, 409	1994
Munson, Craig G.	274	1989
Munzel, Elrene V.	266, 269	1991
Murcott, Arthur M.	320, 322	1992
Murcott, Elizabeth M.	300, 304	1998
Murdock, Patricia J.	137, 138	1998
Murillo, Mike G.	46	1999
Murnane, William J.	19	1991
Murnane, William J.	404	2000
Murphee, Sybil W.	175	1996
Murphy, Carl H. (Jr.)	280, 281	1991
Murphy, Elizabeth	329, 330	1993
Murphy, Emma L.	275	1991
Murphy, Henry C.	205, 206	1987
Murphy, John	108	1997
Murphy, John M.	309, 310	1990
Murphy, Lloyd	61	1988
Murphy, Michael Wesley	173, 174	1999
Murphy, Pearl	134, 136	1992
Murphy, Sidney F.	220	1986
Murphy, William T. A. (Jr.)	261	1986
Murr, Charles	101	2000
Murray, Carl L.	338, 339	1994
Murray, David	300	1993
Murray, James M.	237, 241	1996
Murray, John P.	147	1987

Name	Page	Year
Murray, Julian C.	125, 126	1993
Murray, Katy	110	1991
Murray, Margaret L.	114	1991
Murray, Samuel A.	347	1993
Murray, Vera O.	182, 184	1998
Murrell, Jon	378	1999
Murtha, Matthew	192	1996
Muse, Louise Ruth	250, 252	2000
Musgrave, Clara Jenkins	244, 246	2000
Mussey, William	232, 233	1989
Musto Philip W. (Jr.)	303	1999
Myatt, John	215	1994
Myers, Christopher W.	24	1995
Myers, Cornelias A. (Rosey)	255	1986
Myers, David W.	142	1990
Myers, Jack Eugene	194, 196	1991
Myers, John C.	17	1993
Myers, Maurine D.	11	1996
Myers, Richard E.	243, 245	1990
Myers, Robert C.	311	2000
Myers, Wanda	58	1999
Myers, Warren Winfred	39, 41	1997
Myres, Alice Williams	140	1997

N

Name	Page	Year
Nabors, Eula L.	168	1998
Nagel, Gilbert A.	408	2000
Nagle, Frances Young	194, 195	2000
Nail, Rusty Andrew	204	1991
Nance, Bennett A.	76, 77, 79	1994
Nance, Rosetta	14, 21	1994
Napoli, Dorothy	328	1996
Nava, Jose A.	191	1990
Najvar, Steve	33, 34	1987
Nance, Archie L. (Mrs. Bennett L.)	172, 173, 176	1987

Name	Page	Year
Nance, Doyle L.	382	1999
Nantz, Charlene	79, 80	1989
Napoleon, David	166	1989
Naquin, Bettie	1	1995
Naquin, Bettie V.	425	1994
Naredo, Mary W.	110, 112	1994
Narramore, Eullalie R.	67, 68	1998
Nash, Gilbert H.	277, 279	1987
Nash, Helen	51, 53	1989
Nash, William N.	202	1992
Nations, Ernest R.	172, 174	1989
Naul, Marie J.	200	1987
Nauman, Hazel M.	312	1992
Naumann, Bill	350, 353	1995
Naumann, Carol	350, 353	1995
Nawrocki, Emmy Oelze	308	1991
Nayer, Frank B.	222, 225	1988
Naylor, Ernest E.	104	1987
Naylor, Marvin A.	179	1997
Neal, Arvilla Viola	447	2000
Neal, Jerry W.	299, 300	1997
Neal, Marvin R.	258	1999
Neal, Merrill (Blue)	290, 291	1993
Neal, Louis M.	156, 157	1991
Nease, Nellie F.	329	1991
Nease, Nellie F.	2	1992
Nebgen, Lois	116	1989
Neeb, Harry L.	213	1994
Needham, Harold L.	108, 109	1989
Needham, Henrietta A.	36	1990
Needham, Ira M.	353, 356	1992
Neeley, Samuel O.	203, 205	1998
Neely, Elsie	145	1990
Neely, Otis K.	268, 269	1987
Nees, Leroy	94	1988
Neff, Anne L.	188, 190	1986

Name	Page	Year
Neff, Gene A.	226	1997
Negley, Lydia I.	125, 134	1996
Nehs, Elizabeth	58, 60	1986
Neidert, Fritz	232	1989
Neidhart, Mary Lou	140, 141, 144	1999
Neil, Clark	295	1996
Neill, Garth D.	304, 306	1996
Neill, James C.	313, 314, 316	1995
Neilson, Mary F.	231, 232	1986
Nelesen, Elna F.	244, 245	1993
Nelms, Darwin L.	194	1993
Nelms, Lucian W.	228, 231	1994
Nelms, R. K. (Buck)	230	1995
Nelms, Thomas P. (Sr.)	392, 393, 397	1997
Nelson, Ada Irene	388	1994
Nelson, Bertha	212	1995
Nelson, Dorothy J.	273, 274	1989
Nelson, Fred W.	183, 185	1994
Nelson, George G.	263	2000
Nelson, Ida Irene	383	1994
Nelson, Irene A.	387, 391	1996
Nelson, Irene Alice	4	1997
Nelson, Joyce E.	11, 13	1999
Nelson, Kati Jo	253	1986
Nelson, Kenneth H.	171, 172	1995
Nelson, Lawrence M.	136, 138	1990
Nelson, Leona	73	1989
Nelson, Leroy D.	313, 316	1994
Nelson, Mabel	386	1999
Nelson, Margaret	402, 407	1997
Nelson, Rachel R.	203, 205	1990
Nelson, Ray A.	152, 154	1990
Nelson, Robert F.	297, 299	1990
Nelson, Rose P.	9, 10	1990
Nelson, Tom L.	64	1998
Nesby, Charlie	2, 5	1996

Name	Page	Year
Nester, August M.	126	1990
Netterville, Nancy C.	271	1989
Neuerburg, Lula L.	72	1992
Neuman, Loree Glenn	77, 80	1997
Neuman, Otis G.	224, 225	1993
Neunhoffer, Geneva K.	129	1995
Neunhoffer, Julius	114, 117, 119	1992
Neve, Beula	243	1997
Neville, Baird	66, 67	1999
Nevins, Vera B.	11	1999
New, Annie T.	21	1987
New, Raymond H.	17	1993
New, Walter	311, 312	1995
Newcomer, Avis W.	300	1996
Newcommer, Johnnie A. Padgett	399	1997
Newcomer, Winnie P.	140	1988
Newell, Horace M.	131, 132	1992
Newell, Olive	298, 301	1991
Newhouse, Audrey	14	1993
Newkirk, Charles	314	1997
Newkirk, Victoria Anne	2	1995
Newlin, Windell C.	104	1987
Newman, Chester B. (Todd)	91, 92	1995
Newman, Lillie Mae	333, 336	1993
Newman, Opal R.	252	1994
Newman, Ralph	44	1988
Newman, Richard B.	267	1996
Newman, Robert L.	368	1997
Newman, Shelby R.	303, 304, 306	1993
Newsom, Jesse	127, 129	1995
Newsome, Mildred	126	1989
Newton, Dorothy B.	181, 182	1988
Newton, Lawrence D.	210, 211	1987
Nibert, Benjamin E.	197, 198	1988
Nibert, Geneva U.	147	1989
Nicholas, Doris	12	1997

Name	Page	Year
Nicholas, Dorothy H.	120, 121	1996
Nicholas, Walter R.	269, 272	1995
Nichols, Betty	82, 83	1993
Nichols, Billie G.	261, 262	1999
Nichols, Cloyd R.	94, 96	1988
Nichols, Edna L.	63	1987
Nichols, Eula B.	411, 412, 415	1995
Nichols, Ellen K.	138	1990
Nichols, Fritz W.	74	1991
Nichols, Gerald T.	298	1993
Nichols, Irene S.	15, 17, 18	1991
Nichols, John R.	138	1996
Nichols, Marjorie	185, 190	1999
Nichols, Ralph A.	285	1992
Nichols, Ruth E.	437	2000
Nicholson, Cecile J.	345	1995
Nicholson, Clarence	112	1991
Nicherson, Margaret M.	331	1995
Nicklin, Mildred L.	28, 29	1986
Nicolaisen, Andreas	90, 92	1987
Nied, Marjorie S.	97	1999
Niederhiser, Lizetta E.	136	1987
Niedermann, R. Lynn	333	1998
Niehaus, Henry H.	188, 195	1995
Niehaus, Otto Carl	262	1994
Nielsen, Carrie	129, 130	1989
Nielsen, Estella I.	59, 60	1988
Nielson, Jamie R.	95	1988
Nielson, Percy A.	310	1995
Nielson, William H.	219	1988
Niemann, Lois S.	292	1990
Niemeier, Arvin W.	240	1993
Nipper, James M.	287	2000
Nippert, Henry A.	84	1986
Nippert, Mable Hensley Paul	60	1989
Niska, Arvo S.	222	1999

Name	Page	Year
Nitschke, Lyle G.	229	1995
Nitz, Marcus Edward	76, 77	2000
Nix, John D.	333, 336	1993
Nixon, Andrew (Jack)	121	1989
Nixon, Brendon J.	191	1994
Nixon, Carl (II)	248, 250	1992
Nixon, Curtis R.	78, 79	1993
Nixon, Eloise	57, 59	1996
Nixon, James F. (Jr.)	26	1995
Nixon, John Henry	4, 5	1990
Nixon, Leon E.	373	1999
Nixon, Norvin A.	249	1994
Nixon, Octavia	25	1991
Nixon, Tom	274, 276, 277	1989
Noah, Helen F.	34	2000
Noble, Carey H.	218	1987
Noble, Chesley J.	245, 246	1990
Noble, Gordon O.	45, 46	1992
Noble, Julius R.	7, 8	1996
Noblett, Esther L.	37	1989
Noder, Oskar W.	23	1996
Noel, Elizabeth Kelly	163, 166	2000
Nogues, James C.	264, 270	1993
Nolan, Thomas L.	125	1989
Noland, Arline	73, 76	1991
Noll, Roger D.	176	1999
Nollen, Arliss	324	1998
Nolley, Mary L.	147, 148	1989
Nollkamper, Clarence L.	169	1988
Nombrano, Modesto G.	244, 245	1988
Nomer, Howett F.	159	1987
Nonan, Thena L.	131	1990
Nooner, James W.	201, 203	1996
Noragen, Harold B.	148	1993
Norden, Felix A.	353, 355	1994
Nordenbrock, Modena	203	1997

Name	Page	Year
Norman, Ella	305	1994
Norman, Josephine M.	52, 53	1992
Norman, Virginia B.	294	1995
Norman, Zackie A.	194	1986
Norris, Betty L.	31, 33	1987
Norris, Elizabeth	20	1989
Norris, Elwood	36	1986
Norris, Howell C.	164	1986
Norris, Walter	65, 66	1986
North, Lee F.	285, 287	1989
North, Richard A.	324	1994
North, W. J. (Bill)	168	1998
Northrup, La Vinnia	88	1997
Northrup, Mary	128	1995
Norton, Charles	328	1991
Norton, Norman E. (Gene)	87, 90	1989
Norwood, Joe W.	139, 140	1992
Novaak, Lumir F. (M.D.)	314, 315	1992
Nowlin, Ada L.	107, 108	1987
Nowlin, Hazel S.	273, 274	1994
Nowlin, Myrtle	99	1991
Nowlin, Richard (Buck)	257, 258	1989
Noyd, Margaret	157, 159	1999
Noyes, Louise	5, 6	1997
Noyes, Richard F.	259, 260	1986
Nucklos, William T.	150, 152	1994
Nuernberger, Linda	149	1989
Nuernberger, Walter	39	1988
Nugent, M. L. (Bud)	171, 172	1995
Null, Sylvia R.	62, 63	1988
Null, Wallace Reid	120	1989
Nuneley, Samuel	271, 272	1994
Nunemaker, Brandon M.	8	1992
Nunemaker, Robert G.	305, 307	1997
Nunemaker, Millie L.	26, 27	1992
Nunn, William O.	173	1996

Name	Page	Year
Nuoto, Josephine	85	1999
Nuss, Mariam K.	242	1997
Nyfeler, George (Jr.)	222	1995
Nyfeler, George L.	221	1993
Nyfeler, Ruth	15	1995

O

Name	Page	Year
Oates, M. D.	1, 2	1990
Oatman, Amy Wilson	314, 316	1995
Oatman, Charles L.	95	1997
Oatman, J. E.	57	1988
Oberg, Ernest R.	310	1995
Oberg, Jenna	333, 339	1999
Oberg, Rex	39	1998
Oberlander, Robert C.	12, 16	2000
Obermiller, Joyce Carolyn	304, 306	1999
Obido, Adrian	50, 51	1991
O'Brien, Marguerite J.	342, 245	1997
O'Brien, Raymond H.	266, 267, 268	1989
O'Bryant, Colleen R.	178, 179	1987
O'Bryant, Claris	151	1991
O'Bryant, Dorothy K.	183	1995
O'Bryant, George	65, 68	1987
O'Bryant, Georgia Smith	299	1996
O'Bryant, Lillie L.	79, 80	1989
Ochoa, Ann	221, 222	1986
O'Connell, Mary Alice	13	1996
O'Connor, Jewel	37	1995
O'Connor, Walter B.	195, 197	1988
O'Daniel, Mildred Ligon	223	2000
O'Dell, Roy	89	1993
Odena, Charles F.	200, 202	1989
Odena, Mary Hall	6	1998

Name	Page	Year
Odom, Lela	51	1991
Odom, Loice W.	215, 216	1988
Odom, Richard L.	356	1993
Oehler, Carl A.	215, 216	1987
Oehler, Chester A.	161	1995
Oehler, Clinton H.	286	1987
Oehler, E. Ruby	406	2000
Oehler, Esther M.	232	1994
Oehler, Herman K.	205	1988
Oehler, J. F. (Fred)	268	1994
Oehler, Raymond E.	92, 94	1994
Oehler, Reinhold Karl Alfred	370	1994
Oehler, Selma Lange	89, 92	1998
Oehler, William Edwin	173	1996
Oeland, Raymond (Jr.)	307, 308	1997
Oelze, Richard E.	217, 219	1994
Oestreich, Shari D.	78	1992
Oetting, Sharon	343	2000
O'Fihelly, Agnes Carey	57	1991
Ogden, Anie K	76, 77	1988
Ogden, Jerald D.	99	1987
Ogle, Sam L.	26, 27	1990
O'Hagan, William P.	366, 368	1996
O'Hern, James (Dr.)	324, 428	1994
Ohl, Calvin H.	170, 171	1995
Ohlenberger, Sandy W.	110, 112	1986
Ohlenberger, Trudy H.	111	1988
Ohls, Frederick Max	109, 111	2000
Ohls, Lucille	230	1999
Ohls, Wiliam A.	131, 132	1989
Ohnemus, Frank R.	348, 349	1997
O'Kelley, Esther M.	4	1999
Olden, Patricia	225, 226	1987
Oldroyd, John B.	244	1994
Olds, Gordon Russell	214, 217	1997
Olds, Helen Harbuck	363	1993

Name	Page	Year
Olen, Alice	324, 325	1994
O'Leary, Barbara B.	269	1991
O'Leary, E. David	262	1989
Oleson, Vesta	74, 75	1987
Oliphant, Alice	7	1994
Oliphant, Frank	256, 257	1997
Oliphant, Pauline	144, 146	1998
Olivares, Agunda Juarez	138, 139	1995
Olivares, Alvaro	60, 62	1988
Olivares, Candido H.	80	1988
Oliver, Anna A.	8, 13	1993
Oliver, George W.	139	1986
Oliver, Ila	266	1997
Olmstead, Lavern Dorothy	223, 224	1989
Olrech, John	162, 163	1996
Olsen, Irene	151, 157	1999
Olsen, Robert W.	18, 24	1996
Olson, Floyd L.	48, 51, 52	1996
Olson, Orvin A.	192, 193	1993
Olson, Thomas H.	279, 281	2000
O'Malley, Christopher R. (Jr.)	237	1990
Oman, Frank B.	323	1996
O'Neal, James W.	113, 119	1994
O'Neal, Marian E.	211	1992
O'Neill, Ivedell	105, 106	1986
Ontiveros, Pablo (Jr.)	264, 267	1993
Onion, James Collins	214, 217	1999
Onion, Margaret E.	154, 155	1989
Opperman, Mary L.	24, 26	1995
Oppinger, Karl	310, 311	1994
Opsitos, Marjorie A.	185, 224	1994
O'Quinn, Alice	60, 61	1987
Oranday, Herlinda P.	114	1996
Orgain, Marvel Weeks	261	1996
Orchard, Ida	100, 101	1989
Orem, Kevin R.	28	1995

Name	Page	Year
Orman, Emma B.	80	1994
Orosco, Ascension Ayala	62	1998
Orr, Clara R.	227, 228	1986
Orr, Corinne P.	250	1994
Orr, Helen D.	384	2000
Orr, John L.	263	1995
Orr, Johnnie Mae	105, 106	1993
Orr, Mary N.	237, 238	1997
Orr, Robert P.	78	1987
Orr, William S.	41, 42	1988
Ortega, Trinidad	29	1995
Ortiz, Alfredo	199, 200	1989
Ortiz, Arthur Bohannan	310, 312	1998
Ortiz, Carlos	148	1992
Ortiz, Francene B.	183, 184	1989
Ortiz, Librado	329	1993
Orton, Orie	296, 297	1994
Osborn, Hattie May	210, 212	2000
Osborne, Eugene H.	198	2000
Osborne, Jack	130	1995
Osborne, Jewel	54	1998
Osborne, Orin A.	282, 284	1996
Osborne, Paul D.	1, 2	1987
Osburn, Bob	361	1999
Osman, Colby Lucas	249, 251	1997
Osteen, William	11	1996
Ostrander, William E.	237	1992
Otte, Alfred C.	120	1991
Ottinger, Leslie L.	78	1987
Ottmers, Bobby W.	107, 109	1999
Ottmers, Carolyn	326	1996
Ottmers, Jeanette	9	1992
Ottmers, Lester	208, 210	1993
Ottmers, Roy	124, 125	1991
Ottmers, Walter E.	197	1989
Outfleet, Rachel Ramona	411, 413	1999

Name	Page	Year
Outhouse, Donald	126	1993
Overfield, Elijah H.	103, 105	1992
Overfield, Iris	30	1999
Overholzer, John Winston	218, 219	1990
Overholzer, Mar;ietta	301	2000
Overmeyer, Lucretia (Trish)	368	1997
Overstreet, Faye Berta	216, 217	1998
Overstreet, Gerald	386	2000
Overstreet, Patricia Lynn	165, 166	2000
Owen, Horace E.	35, 36	1989
Owen, Jesse L.	174, 176	1995
Owens, Mrs. Dutchie E.	18	1997
Owens, Henry G.	26, 238	1990
Owens, J. Garnet (Curley)	49	1997
Owens, Paul L.	127	1990
Owens, Mae Louise Merritt	250	1997
Owens, Wardlow (III)	377	1996
Oxford, Clara (??Clara Power??)	408	1995
Oxford, Linda J.	328	1991
Ozuna, Carmen	15, 16	1991
Ozuna, Elena J.	5	1997
Ozuna, Elizabeth	150, 151, 154	1993
Ozuna, Fernando G.	175	1990
Ozuna, Julia	145, 146	1989
Ozuna, Philip C.	280, 281	1997

P

Name	Page	Year
Pace, Vara Oleta	53, 54	1991
Pacheck, Leta	315, 316	1991
Pack, Emagean V.	93	1993
Packard, Eleanor	194, 195	1993
Paddock, Janice Grace	37, 39, 41	1994
Page, Donald D. (Jr.)	81	1992
Page, Foye Louise Kelley	37	1998

Name	Page	Year
Page, Frances Lorene	232, 233	1998
Page, Roy L.	114, 115, 116	1997
Page, Tess R.	314	1993
Pagel, Arthur J.	171	1987
Paine, Delores M.	52, 54	1999
Paine, E. W. (Buck)	262, 263	1994
Paine, Louise Tips	79, 80	1996
Paine, Robert N.	84	1993
Pair, Edward E.	31	1990
Pairett, Maudie M.	49, 54	1994
Palacios, Francisco S	183	1986
Palmer, Arthur L.	216, 217	1997
Palmer, Charles D.	140, 142	1999
Palmer, Charles R.	212, 214	1991
Palmer, George L.	250	1987
Palmer, Hilda L.	417	2000
Palmer, James Polk	79, 80	1995
Palmer, Lendon J.	18, 19	1995
Palmer, Maxine (Jerry)	403, 404	1994
Palmer, Velva	178	1999
Palmer, Virginia	232, 233	1996
Palmer, Winnie	6, 8	1986
Palomino, Anita	68, 73	1994
Pampell, Lucile	197, 198	1987
Pancake, Belva E.	255	1996
Pankratz, August	72	1993
Pankratz, Ernst	40	1988
Pankratz, Eugene E.	89	1997
Pankratz, Florence Haufler	156	1990
Pankratz, Joe	273	1990
Panks, Edward R.	10	1990
Panks, Sarah M.	10	1990
Pannell, Melvin B.	74	1988
Pape, Felix A.	151	1992
Pape, Gloria Ann	256	1994
Pape, Laura	29	1990

Name	Page	Year
Pape, Weldon	341, 344	1995
Paradee, Lowel E.	17, 18	1993
Parales, Raul	233	1989
Paramore, Charles	116	1995
Pardi, George	287	1992
Parish, Harry C.	234	1989
Parish, Raymond W.	105, 108	1992
Park, Carrie Etta	53	1987
Park, Puzz	179, 181	1992
Park, Russell B.	76, 78	1994
Parker, Alyce M.	355	1999
Parker, Aubrey J.	227, 229	2000
Parker, Bennie Lorene (Mrs. Pat)	316, 318	1991
Parker, Bruce Blaine	238, 239, 241, 261	1989
Parker, C. A. (Dick)	99	1999
Parker, Clariece	139	1995
Parker, Clayton C.	14	1989
Parker, Dennis	147	1988
Parker, Dorothy M.	160	1992
Parker, Dubois H.	147	1986
Parker, Eugenia A.	336	1995
Parker, Everette M.	95, 96	1993
Parker, Frank P. (Sr.)	182, 185	2000
Parker, Gladys	64, 65	1987
Parker, Iva	262	1989
Parker, Mrs. Jerry D.	81	1994
Parker, Jess F.	20, 21	1986
Parker, Jesse (Jett)	134, 135	1989
Parker, June	287	1999
Parker, Kenneth C.	118	1999
Parker, L. L. Fox	170, 171	1991
Parker, Lewis N.	285	2000
Parker, Lorena E.	74, 75	1995
Parker, Nolus H.	32	2000
Parker, Patricia Ann	388, 389	2000
Parker, Raymond	242, 246	1988

Name	Page	Year
Parker, Raymond L.	270, 271	1989
Parker, Ricky	144	1989
Parker, Ruth	269	1989
Parker, Sammy Dee	83	1988
Parker, Terry Wayne	273, 275	1998
Parker, Thelma	85	1995
Parker, Zula M.	35, 41	1994
Parks, Allen Ray	192, 193	1991
Parks, De Nean	223, 224	1990
Parks, Hal B.	211, 212	1989
Parks, Leeroy	170	1997
Parks, Luther L.	52	1994
Parks, Neville (Sr.)	130	1999
Parks, Renee	98	1998
Parks, Warren	169, 173	1998
Parmelly, Don	204	1993
Parnell, Marie R.	100	1992
Parr, Emma Charlene	239, 241	1995
Parr, Lloyd T.	30, 33	1988
Parra, Francisca	228	1989
Parra, Raul A (Jr.)	147	1989
Parsley, Helen	97, 101	2000
Parsley, Lonzo	121, 122	1992
Parsons, Edmund	168	1988
Parsons, Ethel	260, 262	1989
Parsons, Sally C.	198, 200	1993
Parsons, Virgil V.	129	2000
Partain, Harlos	58, 60	1989
Partain, Molly Syers	289, 290	2000
Partain, Ruth M.	120	1992
Partridge, Ellen Ruth	316	2000
Parvin, Alene C.	269	1994
Paskrich, Annie L.	10, 11	1988
Pashai, Abbas	196, 197	1986
Pasola, Joseph (Lt.)	208, 211	1987
Passila, Anssi Erkki Juhani	197	1991

Name	Page	Year
Pasternacki, Wilhelmina	106	1996
Pate, Earl E.	113, 115	1992
Pate, Mrs. Earl (Weatsi)	249, 250	1987
Pate, Frank A.	179	1992
Pate, W. D. (Dub)	311	1999
Patenaude, Lillian R.	253	2000
Paterson, Vida Parks	25	1994
Patino, Jason A.	268, 269, 271	1996
Patlan, Andy	224, 225	1992
Patlan, Jose	318	1996
Patrick, Elsie Ruth	102	1998
Patten, Charles G.	276, 277	1992
Patterson, Alice Stevenson	351	1999
Patterson, Camille E.	340, 342	1998
Patterson, Dow J.	136, 138	1993
Patterson, Frank M.	133, 139	1988
Patterson, Frederick John	219, 221	1999
Patterson, George A.	320, 322	1991
Patterson, George C.	452	2000
Patterson, Grace S.	211	1989
Patterson, Gwendeolyn T.	314	1999
Patterson, John D.	166, 169	1986
Patterson, Joseph M.	157, 158	1987
Patterson, Leon B.	20	1993
Patterson, Marion R.	94	1991
Patterson, Melba	153	1991
Patterson, Thomas A.	96, 98	1999
Patterson, Vivian	173	2000
Pattison, Jim W.	288, 291	1991
Patton, Benjamin J.	4, 11, 12	1987
Patton, Eula E.	356, 361	1996
Patton, Eula M.	71	1987
Patton, Everett	260, 262	1993
Patton, J. D.	41, 42	1986
Patton, Jessie M.	44, 46	1997
Patton, William David	240, 242, 244	1995

Name	Page	Year
Patton, William O.	347, 348	1995
Patton, Zula Mae (Mrs, J. D.)	246, 248, 249	1987
Patty, Kathryn	200	1996
Patusek, Odessa	98	1989
Paul, Jack	119, 122	1999
Paul, Mary B.	36, 38	1997
Paul, Ruth	137	1988
Pavelka, Alvin Lawrence	262, 263	1999
Pavlica, Raymond Joe	345	1996
Pawelek, Hilda	107, 108	2000
Pawvlik, Raymond V.	173, 175	1991
Paxson, C. W. (Willard)	234, 238, 242	1994
Payne, Barksdale M.	16, 17	1986
Payne, Eugene C.	257	2000
Payne, Francis	356	1993
Payne, Irene C.	44, 45	1995
Payne, Jim	256	1999
Payne, Johnnie Belle	282	1992
Payne, Lillian	85, 93	2000
Payne, Margaret B.	71, 78	1991
Payne, Mary E.	185, 186	1996
Payne, Pearle	401	2000
Payne, R. C.	251, 252	1988
Payne, Robert A. (Jr.)	219	1987
Peabody, James M.	47, 48	1991
Peake, Alsie	156, 157	1995
Peake, David Wainwright	80	2000
Pearce, Allan Mason	406, 407	1999
Pearce, Florence S.	111, 112	1989
Pearce, Jo Marie	283	1996
Pearce, Pauline	260, 262, 264	1992
Pearsall, Christina	183	1994
Pearson, Augustus L.	131, 139	1994
Pearson, Calvin	183, 184	1990
Pearson, Christine L.	242, 243	1987
Pearson, Hubert William	234, 236	1999

Name	Page	Year
Pearson, Mary N.	215	1988
Pearson, Murray	149	2000
Peays, Thomas Alfred	125	1999
Pebworth, William S. (Jr.)	350	1999
Peche, Josh	240, 242	1993
Peck, Charles W.	297	1995
Peck, Fern Killen	66	1997
Peck, Theron C.	145	1995
Peckerman, Benjamin A.	109	1993
Peckerman, Gertrude	298	1995
Peckham, Janet Y.	239	1987
Pedersen, Norman	280	1997
Pedersen, Virginia	95	1991
Pedigo, Roxy L. Cooper	180, 181	1988
Pedregon, A. Carlos	182	1996
Peebles, Marguerite Karger	264	1998
Peek, Earl Albert	29, 42	1999
Peel, Clivie	150	1986
Peel, Margaret K.	288, 289	1996
Peel, Opal	237, 238	1987
Peese, Elvera	357	1994
Peevey, Jack Francis	7, 8	1999
Pehl, Elenora	269	1994
Peirce, Michael	200, 202	1997
Peitzmeier, Helen	317	1991
Pelaez, Pedro B.	187	1992
Pelton, Elnora	282, 283	1990
Pelton, Elvie E.	317	1991
Pelton, Nellie O.	224, 225	1995
Pember, W. H. (Mike)	276	1995
Pemberton, Barbara Ann	383	1997
Pemberton, Carolyn Duke	26, 28	1989
Pena, Fernando	272, 273	1993
Pena, Jessica	29	1989
Pena, Kay Dismukes	64	1998
Pena, Luis Alberto	249	1999

Name	Page	Year
Pena, Richard	236	1994
Pendergrass, Gladys	58	1988
Pendergrass, Loil	58	1988
Pendleton, Paula	273, 277	1998
Pendley, Dawn Michelle Kier	251, 256	1993
Pendley, George W.	127, 128	1990
Pendley, Lela	172, 174	1987
Pendley, Opal A.	32	1992
Pendley, Roy I.	407	1997
Pendola, Lucille Griffin	317	2000
Penn, Allan	276	1996
Penn, Evelyn	295, 296	1992
Pennell, Doskie B.	71, 72	1993
Penney, Gertrude M.	134	1995
Penney, Luther	1, 2	1997
Penney, Luther T.	404	1996
Pennick, Beulah	244, 246	1986
Penwell, Frank Edward	59	1992
Pepper, Billie Edith	129	1988
Pepper, Velma E.	140	1989
Perales, Luisa V.	167, 168	1995
Perales, Ramon V.	175, 176	1991
Peralta, Jose	263, 265	1988
Peralta, Juan M.	377	1995
Perdue, Paul G.	120, 121	1986
Perez, Charles (Sr.)	406, 410	1994
Perez, Ernest R. (III)	110, 111, 116	1996
Perez, Jose	7, 8	1997
Perez, Juan C.	29	1995
Perez, Tomasa Balero Colunga	158	2000
Perhamus, Richard C.	225, 227	1994
Perigo, Mabel	3	1992
Peril, Dixie	25	1990
Peril, Rollie Edward	170	1994
Peril, Winnie Whaley	117	1989
Perilloux, Louise	162	1994

Name	Page	Year
Perkins, Elva	21, 22	2000
Perkins, George I.	206	1987
Perkins, Jack T.	88	1987
Perkins, Susie O.	170	1988
Perkins, Walter R.	7	1987
Perkins, Wilfred	151, 155	1997
Perlowski, Sigmund A.	169, 172	1992
Perna, Infant Girls	301	1991
Perner, Ernestine	138, 139	1989
Perrin, Eloise S.	204	1988
Perrin-Dale, Sylvia J. Baldwin	204	1999
Perry, Ada M.	60, 62	1995
Perry, Ann O.	71, 75	1987
Perry, Ben L.	345	1995
Perry, David	362	1999
Perry, G. W. (Sis)	280	1996
Perry, John H. (Dr.)	100, 104	2000
Perry, Mary Frances	60	1994
Perry, Ruby	16	1992
Perryman, Roslyn C.	266, 269, 270	1992
Personett, Eva M.	296	1990
Pesut, Matthew G.	171, 172	1989
Peter, Elizabeth Knopp	61	1988
Peter, Roman J.	50	1988
Petermann, Milton E.	110	1992
Peters, Conrad (Jr.)	227, 228	1988
Peters, Don B.	13, 14	1987
Peters, Donald L.	262, 263	1998
Peters, Eleanor H.	60, 62	1994
Peters, Gerande F.	20	1995
Peters, Ida G.	230	1989
Peterson, Charles W.	175, 176	1999
Peterson, Charlsie H.	195, 197	1988
Peterson, Clyde W.	191	1986
Peterson, Elizabeth D.	144	1987
Peterson, Emma	151, 153	1999

Name	Page	Year
Peterson, Esther A.	144, 145	1991
Peterson, Frances (Kit) M. D.	373, 378	1996
Peterson, George	87, 93	1995
Peterson, Henry H.	257	1987
Peterson, Lillian B.	152	1991
Peterson, Lilly	204	1993
Peterson, Mattye	86, 88	2000
Peterson, Nancy	49	1995
Peterson, Ray E.	5, 8	1991
Peterson, Sophia	81	2000
Peterson, Sue	326, 328	1998
Petit, Clara F.	129, 131	1996
Petmecky, Laura Leah	149, 152	1987
Petmecky, Lewis (Rev.)	5, 13, 15	2000
Petmecky, Lewis G.	104, 107	1995
Petrie, H. Violet	55	1998
Petrie, Joseph N.	235, 236	1989
Petron, George J.	411	1994
Petron, Lillian F.	345	1995
Petsch, Dorothy Lewis	145	1990
Petsch, Felix P.	191, 193	1989
Petterson, Ophelia	329	1996
Pettie, John W.	18, 20, 23	1988
Pettit, Ruth S.	60, 63	1994
Pettit, Violet J.	123, 124	1996
Petty, Arvis Oran	341, 342	1994
Petty, Eleanor F.	35	1989
Petty, Elmer	337	1992
Petty, Emma Virginia	226	1986
Petty, Jack A.	282	1987
Petty, James K.	194, 195	1987
Petty, Lottie M.	209	1993
Petty, Mary L.	80, 81	1986
Petty, Penny	51	1990
Petty, William B. (Sr.)	71	1998
Pfaff, Albert	151, 153	1999

Name	Page	Year
Pfaff, Anna V.	55, 59	1995
Pfau, Ervin	119	1994
Pfeiffer, A. C.	209	1998
Pfeiffer, Elsie	384	1994
Pfeiffer, Herman	282	1991
Pfeiffer, Raymond	210	1991
Pfeiffer, Richard R.	271, 273	1994
Pfeuffer, Anna Belle	74	1988
Pfeuffer, Daniel H.	198	1986
Pfeuffer, Gary K. (Sr.)	74, 75	1987
Pfeuffer, George E.	125	1989
Pfeuffer, Howard E.	259	1991
Pfeuffer, Ruby J.	288, 289	1990
Pfiester, Erwin F.	21	1996
Pham, Man Minh	192, 193	1988
Phares, Elizabeth A.	253, 254, 256	1994
Phares, Gil	211	1991
Phares, Gladys E.	253, 254, 256	1994
Pharris, Patricia	321, 326	1994
Phelps, Ella D.	87, 93	1989
Phelps, Grace	223	1999
Phelps, Hazel Bailey	357	2000
Phelps, James Lee	161, 162, 163	1987
Phelps, Melvin F	137	1991
Phelps, Merle	184, 195	1998
Philapy, Stella	40	1993
Phillips, Allison Fay	265	1999
Phillips, Alvis B.	67, 69	1998
Phillips, Amos L.	27	1997
Phillips, Arthur L.	148	1994
Phillips, Charles C.	281	1993
Phillips, Clifford Dee	289, 291	1992
Phillips, Elmer D.	16	1986
Phillips, Gene C.	165, 169	1998
Phillips, Grace	211	1994
Phillips, Helen	24	2000

Name	Page	Year
Phillips, J. A. (Dude)	343	2000
Phillips, James	254	1991
Phillips, Joe D.	336	1992
Phillips, Lucille	211	1994
Phillips, Robert James	138	1997
Phillips, Ruby R.	34, 40	1994
Phillips, Sherri K.	387	1994
Philp, Sara	292, 293	1994
Phonepaseuth, Lorn A.	131	1990
Pickens, Elva	84, 86	1999
Pickens, Eugenia	218, 220	1987
Pickens, Lee L.	173, 174	1986
Pickering, Paul T.	102	1997
Pickering, Thelma I.	28, 29	1986
Pickett, Irene	189	1995
Pickett, John S.	12, 13	1987
Pickett, Mamie L.	215	1992
Pickett, Reuben A.	163, 164	1988
Picture, Fred	313	1996
Pieper, Edward A.	90, 91	1993
Pieper, Eula	127, 128	1992
Pieper, Henry (Jr.)	329, 331	1996
Pieper, Johnny	54, 55	1995
Pieper, Robbie H. (Mrs.)	231	1990
Piepgrass, Berenice	287, 288	1999
Pieratt, Harold Lee	79	1997
Pierce, Alta	282	1992
Pierce, Frank	264, 267	1998
Pierce, Madeline	283	1992
Pierce, Robert L.	189	1992
Pierce, Tracy	32	1992
Pierson, Becky O.	241	1996
Pierson, John	336	1999
Pierson, Ornan	257	1997
Pierz, Richard J.	98	1987
Pigg, Idell G.	185	1987

Name	Page	Year
Pike, Beaulah	101	1991
Pike, Jean S.	232, 233	1995
Pike, Richard T. (Sr.)	51	1994
Pilgram, Walter G. (Jr.)	285, 304	1999
Pimlott, Ralph Filmore	56	1998
Pina, Jose Reyes Morua	400	1997
Pinder, Donald H.	81, 82	1997
Pingleton, Arlie Ruede	320	2000
Pinkston, Betty	17, 22	1994
Pinto, Pauline E.	228, 232	1994
Pintsch, Helen	300	1996
Piotrowski, Richard J.	407	1999
Piper, Earl W.	292	2000
Pippin, Betty (Peggy)	253, 255, 258	1995
Pitkin, William	124	1990
Pitman, Lucille M.	341, 343	1995
Pitman, Mikel J.	148, 151	1998
Pittman, Jonathan (Bill)	30	1993
Pittman, Mary L.	413	1995
Pittman, Ouida S.	156	1992
Pitts, Henry K,	234	1986
Pitts, Luther A.	209, 212	1988
Pitts, William	60	1993
Plahm, Arthur O.	27, 29	1992
Planzer, Pearlie	278	1992
Plahm, Hazel	143, 148	1989
Plangeman, Faye R.	134, 135	1996
Plangman, Solange	87, 90	1996
Plant, Wesley	343, 344	1999
Plaskett, Elden M.	154	1995
Plaskett, Ida M.	225, 227	1989
Platner, Leo V.	203	1993
Pless, Susie K.	22	1987
Plotner, Harold E.	96	1995
Plumlee, Irene S.	191, 192	1990
Plumley, Eddie	320	1996

Name	Page	Year
Plummer, Graydon F.	241	1988
Plummer, W. A. (Al)	163, 165	1991
Podgorny, Barbara	2, 3	1994
Poe, George Austin	159	1991
Poe, Glenn A.	210	1988
Poe, Ruby T.	61	1986
Poehler, Phillip O.	140	1996
Poenisch, Ernest M.	261	1994
Poeske, Margaret B.	252, 254	1993
Pogue, Mary R.	387	1888
Polk, Carlo B.	78	1989
Polk, Clifford	335, 336	1996
Polk, John A.	241, 242	1988
Polk, Pattie	159, 166	1997
Pollard, James L.	9	1991
Pollard, Mildred L.	178	1999
Ponce, Guillermina	294	1999
Poncy, Margie A.	246, 249	1987
Pond, Carolyn M.	105	1993
Ponton, Gene E.	151	1990
Ponton, Richard Harrison	212	2000
Pool Darrell (Sr.)	395	1995
Pool, Warren W.	220	1987
Poole, Edward E.	41	1986
Poole, Elizabeth	45	1990
Poole, Lydia R.	37, 41	1996
Poole, Marvin James	169, 170	1988
Poole, Mattie	166	1997
Poole, Norman F. (Sr.)	97	1987
Poorman, Harold P.	266	1991
Poorman, Margorie T.	244	1989
Poot, William Joseph	199, 200	1990
Pope, Lilly L.	29, 31	1991
Popken, Fritz E.	43	1989
Poplin, Glenn O.	150	1996
Poplin, Margaret M.	105	1995

Name	Page	Year
Poppe, Erich W.	179	1992
Porche, Hazel	72	1992
Porche, Vivian W.	223	1987
Porlier, Alvira L.	11	1996
Porter, Anna Veonita	48	1987
Porter, Doris J.	279	1987
Porter, Hugh V.	33, 35	1988
Porter, Leroy	165, 166	1986
Porter, Kitty J.	153, 154	1986
Porter, Louise Elizabeth Lewis	429, 431	2000
Porter, Wayne L.	364, 366	1999
Portley, Lillie Mae	266, 271	1992
Posey, Lawrence L.	33	2000
Posey, Robert	231, 232	1986
Posik, Otto L.	219	1986
Post, Byron	175, 177	1988
Post, Lillian R.	63, 67	1991
Post, Marvin H.	137, 138	1988
Postell, Dorothy	7, 8	1989
Poth, Hilda	71	1998
Poth, Jay	126	1997
Potier, Joe Eugene	235	1997
Potter, Jeff	58	2000
Potter, Marilynn	193, 197, 201	1993
Powell, Arnell E.	208, 210	1995
Powell, Carl L.	280	1997
Powell, Celestine F.	132, 133	1991
Powell, Clyde A.	199	1992
Powell, Doyce L.	27	1992
Powell, Ivan	145	1992
Powell, John M.	438	2000
Powell, Larell Schneer	405, 409	1994
Powell, Lorene H.	307	1997
Powell, Samuel F. (Sr.)	217	1987
Powell, Vernon D.	133	1987
Powell, W. G. (Red)	61, 63	1993

Name	Page	Year
Powell, William A.	84	1996
Powell, Willis	234, 238	2000
Power, Clara Page	411, 417	1995
Power, James F.	219	1993
Powers, Donald D.	105	1991
Powers, Donald U.	27	1998
Powers, Marea	50	1989
Powers, Robert C.	359	1998
Powers, Robert C.	11	1999
Prade, Earl (Chubb)	148	1989
Prado, Andres M.	84, 85, 97	1996
Praeger, Faye Kathryn	283	1993
Prahl, Robert A.	133, 134	1990
Praschak, Patricia M.	228, 233	1991
Prell, Noel	226	1999
Prather, Julius L.	317	2000
Pratte, Jerre M.	257, 258	1997
Pray, Asenth D.	215, 216	1993
Preddy, Jane	274, 279	1994
Preece, David T.	240, 241	1986
Preece, Ellas J.	355	1997
Preece, Rochelle	190, 191	1991
Preer, Helen B.	124	1996
Preice, James H.	289, 292	1992
Preizner, Frank R. (Jr.)	109	1989
Prell, Helmut	249, 250	1994
Prenville, Jean G.	335, 338	1995
Prescott, Mary	46, 48, 49	1993
Prescott, Sharon Statten	295	1995
Presler, Elizabeth	4	1988
Presley, Beatrice A.	203, 204	1991
Presley, Claude Kirk	120	2000
Pressler, Emilie B.	228, 229	1998
Pressler, Marie	55	1991
Pressler, Victor K.	218	1990
Preston, Kevin O.	221, 223	1992

Name	Page	Year
Preston, Leta D.	53, 54	1989
Prestwood, Cleo	162, 163	1996
Prestwood, Frank B.	94, 95	1989
Preucil, Edward	104, 105	1996
Prewitt, Walter E.	334, 338, 341	1993
Price, Bessie	319	1999
Price, Bobby J.	448	2000
Price, Clark C.	106, 108	1995
Price, Emma Pearl Neely	194	2000
Price, Florence	129	1986
Price, Floyd Virgil	290, 291	1999
Price, Gaylord	394, 395	1995
Price, Gaylord M.	26	1994
Price, George	85	1987
Price, Glen L.	176	1987
Price, Glen R.	7	1987
Price, Karen Diane	268	1999
Price, Kerwin R.	407, 408	1997
Price, Kevin D.	407, 408	1997
Price, Lonnie J.	385	1997
Price, Lucie L.	70	1989
Price, Marcelle	143	1992
Price, Mrs. R. L. (Sr.)	157	1989
Price, William B.	53	1991
Priddy, Arthur P.	201	1987
Pridemore, Cleave	175, 176	1989
Priess, Perry S.	13	1990
Prieto, John	216, 217	1989
Prillwitz, Sophia Anna	369, 372	1998
Primm, Donal Francis	17	2000
Prince, Carolyn W.	109	1999
Prince, Jack E.	52	1999
Prine, Homer	102	1987
Prine, Leroy Alby (Jr.)	343	1997
Prinzing, Henry W.	95, 96	1987
Priour, Howell M.	28	1990

Name	Page	Year
Priour, Velma	322, 323	1993
Priour, Winona Lorene	219, 221	1996
Prislovsky, Matthew R.	83	1988
Pritchard, James W.	32	1987
Probst, Kurt	11	1999
Procopio, Bobbie A. (Barbara)	178, 180	1998
Prosper, Peter	58, 62	1986
Protsman, Virginia Steel	220, 224	1997
Prothro, Fred A.	124, 125	1991
Provance, John L.	25	1996
Pruett, Esther	37	1987
Pruett, Lucille	347, 349	1995
Pruitt, Helen I.	73, 77	1991
Pruitt, Johnny	14	1991
Pruitt, Rena Mae	283	1996
Pruneda, Adela R.	392	1996
Pruneda, Francisca	33	1986
Pruneda, Julie Kilgore	392, 396	1996
Pruneda, Petra H.	176	1987
Puckett, Billy H.	259	1995
Puckett, George W.	419	1999
Puckett, Leon Louis	53	2000
Puckett, Leon Louis (Jr.)	218	1997
Puckett, Ruby V.	250, 251	1997
Pue, Anna	265	2000
Pue, Harold	173, 179	1994
Pue, Judy	128	1998
Pue, Virginia	67	1989
Pue, Wilson H.	129, 131	1987
Pugh, John R.	140	1991
Pulido, Enrique	191	1990
Pulkrabek, Franklin D.	71, 72	1995
Pulliam, Charles	18	1994
Pulliam, Jim D.	77	1993
Pullias, Elizabeth	224, 227, 228	1999
Pullin, Charles D.	218	1998

Name	Page	Year
Pullin, Louise	262, 264	1994
Pumphrey, Agnes F.	26	1994
Pumphrey, Jack E.	129	1986
Pumphrey, Joseph V.	399, 401	1994
Purcell, Paul	188, 189	1990
Purdy, Charles W. (Jr.)	134	1987
Purdy, Ethel	327, 328	1995
Purgason, Sarah A.	141, 142	1987
Pursch, Arthur	290	1992
Pursch, Carolyn	354	2000
Purvis, L. H.	152, 154, 159	1993
Purvis, Victor Coleman	25, 26	1992
Putnam, Alice	247, 248	1986
Putnam, Alma G.	72, 73, 74	1989
Putnam, Ilah	139, 143	2000
Putnam, Joann	71	1989
Putnam, Lessie L.	312, 313	2000
Putnam, Virgil James	314	1998
Putt, Ethel L.	21, 22	1987
Pyatte, Erma D.	187, 188	1986
Pyka, Felix (Trexie)	313	1991
Pyle, Coy	152, 153	1986
Pyle, Edith	127, 129, 136	1998
Pyle, Mark A.	364, 373	2000

Q

Name	Page	Year
Qualkinbush, Albert R.	164, 165	1989
Qualtrough, Cleo Bryson	286	1990
Qualtrough, Pearl	187	1990
Qualtrough, Raymond H.	280	1994
Qualtrough, Walter F.	199, 201	1994
Quail, Nancy	278	1996
Quigley, Eric	397, 399	2000
Quinn, B. E.	21, 22	1993

Name	Page	Year
Quinn, Charles F.	70	1996
Quinn, Eleanor R.	119	1995
Quinn, Joseph A. (Jr.)	260, 272, 276	1991
Quinn, Lottie Viola	280, 282	1987
Quinn, Mary C.	164, 165	1987
Quintana, Beda K.	6	1992

R

Name	Page	Year
Rabalais, Mrs. M. P.	227, 228	1992
Rabon, Mattie E.	259, 260	1987
Raborn, James J.	349	1997
Raborn, Mary Catherine	257, 258	2000
Raborn, Michael Steven	26	2000
Raburn, Merle	260	1999
Radeleff, Ernest F. (Fritz)	190	1995
Radeleff, Eugenia H. (Jean)	269, 270	1994
Radenz, Shirely O.	126, 127	2000
Rader, Irma	372	1999
Rader, Mildred E.	346	1998
Radkovich, Leon (Sr.)	285	1998
Ragland, James Calvin	289	1998
Ragland, Sallie Sandlin	54, 56	1987
Raglin, Rose F.	226, 227	1996
Ragsdale, William W.	2	1992
Raiford, Ada Florine	130	2000
Raiford, Aubrey H.	4, 6	1987
Raiford, I. L. (Buster)	107	1988
Railsback, Esther	325, 332	1996
Raine, Joseph V.	399, 401	1994
Raine, Thomas W.	45, 46	1986
Raines, John L.	175	1994
Rainey, Ernest L.	46, 47	1986
Rainey, Eva	161	1987
Rainey, Gordon W.	37	1996

Name	Page	Year
Rainey, Harry W.	171, 174, 203	1994
Rains, Ada	44, 46	1995
Rains, Gladys C.	372	1997
Rains, Richard K.	110, 111	1994
Rakow, Otto H.	52	1988
Rambin, Lillian	409	1997
Rambin, William J.	356, 358	1998
Ramelli, Roland A.	170, 173	1987
Ramero, Joppy	168, 169	2000
Ramey, Delbert L.	383	1994
Ramirez, Arthur	267	1998
Ramirez, Blas C.	192	1986
Ramirez, Gabriel V.	268	1995
Ramirez, Joe Lopez (Pepe)	329	1996
Ramirez, Julia	61, 62	1999
Ramos, Alfredo (Freddie)	228	1998
Ramos, Carlos	365	1996
Ramos, Paulo	220	1987
Ramos, Victor T.	246, 248	1995
Rampt, George W.	326	1998
Rampy, Lynn Bob	273, 275	1997
Ramsden, Curtis A.	42, 46	1991
Ramsden, Violet P.	187, 193	1992
Ramsey, Daga Sofia	166, 171, 174	1997
Ramsey, Eugene S. (Gene)	195, 200	1996
Ramsey, Anita	300	1999
Ramsey, Ouida W.	239	1991
Ramsey, Willielee Auld	78, 81	2000
Ramsperger, Frank J.	22, 23	1998
Rancher, William R.	359	1993
Randal, John	199	1991
Randall, Rosella M.	398	1996
Randel, Ola Lee	137	1995
Randle, Clarence	29	1999
Randle, Florence S.	45, 46	1989
Randle, Jacqueline W.	307, 309	1997

Name	Page	Year
Raney, Ed	257	1992
Rangel, Jesus M.	56, 57	1988
Rankhorn, Ovid K. (Dick)	254	1997
Rankin, Clifford C.	368	1993
Rankin, Clifford C.	1	1994
Rankin, J. B.	234, 235	1986
Rankin, Loss Williamson	92, 93	1992
Rankin, May E. Page	171, 172, 173	1988
Rankin, Oren R.	228	1988
Rankin, Walter B.	283	1992
Ranne, Dean H.	175	1998
Ranne, Willard D.	82, 85	1995
Ransleben, Mabel B.	161	1987
Ransleben, Mathilda M.	45	1995
Ransleben, Patricia A.	415	1994
Ransleben, Theodor	308	1994
Ranzau, Edna	318	1995
Rapp, Laura E.	113, 115	1988
Rappolee, Bess A.	9	1988
Raser, Lois Anita	30, 33	1995
Rasmus, J. W.	11	1992
Rasmussen, Billie Beth	248	1999
Ratcliffe, Goldie	363, 364	1999
Ratcliffe, Sara Eastwood	223	1999
Rathke, James	217, 218	1988
Rathke, Mary Cathy	290	1999
Rathke, Olive L.	49, 51	1990
Ratliff, Arch	312, 313	1990
Ratliff, Clifford M.	46	1993
Ratliffe, James Ray	199	1998
Ratliffe, Mary E.	124, 126	1986
Raubfogel, Grace F.	33	1996
Raubfogel, M. F.	338	1996
Rauch, Palmer	155	1988
Rausch, Hubert	67, 73	1994
Rausch, Mark	267	1994

Name	Page	Year
Rausch, Paula M.	406	1994
Raute, Fritz	75	1992
Rawlinson, Thomas	281, 282	1989
Rawls, Ramona E.	416	1995
Rawls, Raymond H.	185, 186	1986
Rawson, Melinda L.	107	2000
Ray, Ann Urban	229, 230	1988
Ray, Charles (Sr.)	24	1988
Ray, Charles (Jr.)	261, 262	1999
Ray, Charles M.	94	1992
Ray, Dewey G.	201	1993
Ray, Harold K.	218	1997
Ray, Leon	402, 403	1995
Ray, Margaret	320	1991
Ray, Ruby	244, 245	1997
Rayes, Alvin A.	88, 91	1992
Rayfield, Dona T.	179, 180	1986
Raymer, Geoffrey M.	206	1998
Raymond, Alice J.	144	1986
Raymond, Evelyn A.	184, 185	1993
Rea, William Anthony	111	1995
Reader, Lilian M.	4	1986
Reagan, Robert L.	329, 331	1993
Real, Hugo H.	18	1993
Real, Loma M.	243, 244	1986
Reasor, Leola (Lee)	228	2000
Reatherford, Carrie L.	111	1997
Reatherford, Lonnie O.	111	1997
Reaves, Frances M.	82, 84	1991
Reaves, Ralph L.	124, 125	1998
Reca, Rene L. (Jr.)	156	1990
Recio, John H.	192	1994
Rector, Irene A.	183, 185	1995
Rector, Jonathon R.	124	1989
Redd, Anita	113	1996
Redd, Lorena S.	41, 44	1996

Name	Page	Year
Reddell, lillian	177, 179	1995
Reddick, Doris L.	323, 324	1999
Redding, Loyd W.	83	1989
Reder, Victoria Margaret	311, 312	1992
Redford, Cecil M.	324	1991
Redford, Evelyn E.	88	1992
Redland, Ruth	162, 164	1986
Redmann, Hellen	260, 261	1999
Redwine, Katherine	145	2000
Redwine, Mollie Davis	43, 45	1990
Reece, James T.	295	1998
Reed, Arthur L.	209, 210	1989
Reed, Blanche L.	29, 32, 33	1991
Reed, Burl David	168, 170	1994
Reed, Clifford A.	241	1990
Reed, Clyde	201	1998
Reed, Corinne	108, 110	1996
Reed, Daniel C. (Jr.)	378	1995
Reed, Edna S.	15, 18	1989
Reed, Everett L.	147, 148	1988
Reed, Forrest K.	157, 158	1989
Reed, Geraldine	383, 388	1997
Reed, Hattie Vernon	50, 51, 52	1987
Reed, Helen temple	188	1998
Reed, Helen W.	398	1995
Reed, Jack M.	96, 98	1986
Reed, John Mc Kinley	331	1987
Reed, Leroy	14	1989
Reed, Lola Virginia Priour	355, 359	1999
Reed, Mozelle	355	1999
Reed, Nell	317, 318	1991
Reed, Patricia	409	2000
Reed, Patsy Irene Ballenger	236	1997
Reed, Paul L.	133, 136	1988
Reed, Mrs. Pete (Jessie)	105, 108	1997
Reed, Roley (Coy)	194, 199	1993

Name	Page	Year
Reed, Ronald	380	1996
Reed, Rose M.	177, 179	1991
Reed, Thelma W.	2, 7	1994
Reeder, Albert G.	62, 63	1989
Reeder, Cecil J.	194	1997
Reeder, Mamie	271	1994
Reeder, Marjorie Jane	18	2000
Reeder, Roy H.	96, 97	1988
Reeh, Alonzo A.	39	1994
Reeh, Clifford H.	61	1992
Reeh, Elmer J.	148	1993
Reeh, Ernst	244	1991
Reeh, Lorine E.	319	1994
Reeh, Olga Zenner	207	1989
Reeh, Ryan	184, 186	1998
Rees, Daniel Dryden	40, 42	1991
Rees, Dorothy	227	1993
Rees, G. R. (Bitsy)	117	1999
Rees, Lenore	129	2000
Rees, Ruby D.	46	1990
Rees, Sylvia	46	1998
Rees, Wendell H. (Sr.)	277, 278	1991
Reese, Earl	337	1992
Reese, Rodney E.	273, 274	1990
Reesel, Ruth L.	411, 414	1999
Reets, Mintz	345	1998
Reves, Norma Marie	326	1998
Reeves, Allene D.	9	1987
Reeves, Alletta	158, 159	1999
Reeves, Ann L. Pluto	77	1997
Reeves, Cecil B.	146	1986
Reeves, Chester	377, 378	1997
Reeves, David J.	288, 289	1993
Reeves, Deborah Lynn	37, 38	1988
Reeves, Edwin A.	48, 49	1988
Reeves, Hattie	109	1986

Name	Page	Year
Reeves, Jewel	109, 111	1986
Reeves, Price W.	106, 109	1988
Reeves, Roy F.	80	1996
Reeves, Ruth Allen	254	1999
Reeves, Ruth Taylor	255	1999
Reeves, Wallace	188	1992
Reich, E.C.	242	1994
Reichenau, Dorothy Koch	301	1993
Reicheneau, Elsie	1	1990
Reid, A. E. (Ace)	284, 286	1991
Reid, Callie	103	1994
Reid, David	234, 235	1988
Reid, Mark Allen	109, 122	2000
Reidy, Vergie	95, 97	1995
Reifen, Marguerite	16	1998
Reiffert, Walter (Jr.)	407	1994
Reigem, Jacques	7, 9	1996
Reilly, Catherine	266, 269	1994
Reimer, Alfred J.	60, 61	1991
Reimers, Gertrude L.	195, 200	1993
Reimpa, Helen Dejong	365	1996
Reinbach, Max O. (Sr.)	30	1997
Reinhard, Charles	25	1991
Reinhard, Walter F.	156, 158	1994
Reininger, Alton	110	1986
Reinsch, Carl A.	205	1986
Reinsmith, Roy E.	295, 296	1998
Reiter, Charles A. (Jr.)	234	1995
Reiter, Diane	345	1994
Reiter, Mary	327, 328	1992
Reither, Bob	172	1994
Reither, George	102, 104	1998
Reither, Velma L.	179	1990
Remley, Floyd L.	380	1995
Remling, Hilda T.	28	1998
Remschel, Anne C.	143	1988

Name	Page	Year
Remschel, Minnie I.	378, 380	1998
Renaud, Elsie M.	227	1998
Rendon, Florence B.	244, 245	1996
Rendon, Gilbert A.	188	1995
Renfro, Alice R.	120, 121	1996
Renfro, Edith B.	228, 232	1994
Renfro, Holly L.	86, 87	1987
Renfro, Robert J.	80, 81	1994
Renick, Effie F.	307	1995
Renick, Nina L.	248	1993
Reno, Bill E.	24, 27	1997
Reno, John A.	369	1995
Rentz, Jack C.	221, 223	1986
Rentz, Mary	128	1997
Res, Chester L.	214	1988
Reusch, Leo J.	1	2000
Reusser, Timothy	273	1990
Rexrode, Clyde C.	262, 263	1986
Rey, Francisco	230, 231	1987
Reyes, Antonio	36	1997
Reyes, Juanita B.	188, 190	1991
Reyes, Maurilio G.	82	1988
Reyes, Orlando	198, 199	1987
Reyna, Belma Alvarado	366, 367	1999
Reynier, August M.	53, 54	1991
Reynolds, Annie Morria	180	1996
Reynolds, Clara Louise	90	1997
Reynolds, Conway F.	324	1993
Reynolds, Elias C.	358	1996
Reynolds, James M.	44	1988
Reynolds, Joe L.	169, 170	1998
Reynolds, Louis Hubbard	203	1996
Reynolds, Kathryn	5	1988
Reynolds, Opal	342	1999
Reynolds, P. T.	295	1994
Reynolds, Sybil M.	69	1986

Name	Page	Year
Reynolds, Thomas F.	4, 8	1988
Reynolds, William H.	283	1994
Reza, Rene L.	157	1990
Rhea, Gertrude	14, 15	1986
Rhea, Leonard D.	95, 96	1993
Rhoads, Ellsworth	17, 18	1996
Rhoden, Clyde Austin	260	1996
Rhoden, Darrell C.	113, 114	1994
Rhoden, Don D.	213, 216	1989
Rhoden, Elizabeth F.	262	1994
Rhodes, Anita	116, 117	1988
Rhodes, Annie	402, 416	2000
Rhodes, Carl E.	403, 404	1995
Rhodes, Daisy K.	259, 260	1988
Rhodes, Helen	109	2000
Rhodes, Kenneth D.	152	2000
Rhodes, Nicholas Adam Culberson	294, 295	1993
Rhodes, Pauline Edith	258, 259	1997
Rhodes, Verna	146	2000
Rhudy, Jack	113, 115	1987
Rhudy, Jo Helen	258, 259	1988
Rhyne, Harvey Glenn	305, 309	1999
Riba, Alfred C.	273	1993
Rice, Anton V.	26	1988
Rice, Henry C.	202	1987
Rice, Jerrell D.	86	1986
Rice, Mable Floyd	254, 255	1987
Richards, Charlotte F.	100	1989
Richards, Dorothy B.	150	1992
Richards, Ida Christine	261	1997
Richards, James C.	320	1996
Richards, Rowland	258	1990
Richards, Sarah Lee	188	1997
Richards, Terri S.	161	1990
Richardson, Alan L.	176, 178	1990
Richardson, Anthony Ray	314, 316	1994

Name	Page	Year
Richardson, Conrad C.	221, 224	1996
Richardson, Curtis	202, 203	1987
Richardson, Elsie B.	162, 164	1991
Richardson, Martha J.	179	1995
Richardson, Morris G.	156	1996
Richardson, Nova H.	160, 162	1986
Richardson, T. R.	101, 103	1987
Richardson, Walter R.	76	1989
Richardson, William C.	92	1988
Richardson, William S.	135	1993
Richer, Mary Lillian	89	1998
Richey, Thomas A.	128	1991
Richmond, Earl H.	343, 347	2000
Richter, Ella	105, 106, 107	1988
Richter, Genevieve C.	136, 142	1994
Richter, Joseph D.	70, 72	1999
Richbeil, Clara E.	264	1995
Ricker, John Milton	63	1998
Ricketts, Alma	221	1991
Rickhoff, Linda Holst	78	1999
Ricks, Alice Glen n	411	1997
Ricks, James L.	4, 6	1987
Rico, Elvira R.	28, 29	1991
Rico, Juan A.	94, 96	1999
Rico, Martin	349	2000
Riddell, Silas F.	52	1988
Ridenour, William E.	192, 194	1986
Ridgaway, Ora M.	86	1994
Ridgaway, Robert E.	238, 239	1996
Ridge, Elbert	258, 259	1988
Ridout, Margaret M.	166	1997
Rieden, Jewell S.	24	1996
Rieger, Amber Joy	140, 142	1999
Rieger, James Dallas	31, 32	1987
Rieger, Velma	72, 75	1999
Riels, Donald C.	81	1992

Name	Page	Year
Riemenschneider, William	218	1999
Riesel, Clara	25	1996
Riesel, Erich	153, 155	1993
Riesner, Natalie	255, 257	2000
Riexinger, Albert	113, 114	1987
Rigby, Carolyn Tucker	87	2000
Riggens, Dale D.	222, 224	1987
Riggs, Denson	113, 115	1994
Riggs, Ruby L.	98, 99	1988
Riley, Charles Benson	169	1994
Riley, Charles Vincent (Sr.)	171	1994
Riley, Charlotte G.	94	1987
Riley, Elizabeth	179	1999
Riley, Flara	101	1991
Riley, Gary Lee	331	1996
Riley, John R.	94, 96	1997
Riley, Marguerite	218, 228	2000
Riley, Marguerite Elizabeth	308	1995
Riley, Olga	68, 70	1995
Riley, Willie M.	214, 215	1995
Riley, Woodrow W.	205, 206	1992
Rimlott, Ralph	54	1998
Riner, Ollie B.	176	1992
Riney, Helen L.	131	1988
Ring, John A.	40, 41	1990
Riojas, Concepeion R.	15, 16	1991
Riopelle, Biddie Campbell	367	1996
Rios, Jose Cruz	208, 210	1990
Rios, Jose H. (Sr.)	137, 138	1987
Rios, Longinos R.	94, 97	1989
Rios, Maria S.	76	1988
Rippey, Robert L.	238	1991
Riquelmy, Clara M.	16	1996
Rische, James	99, 100	1997
Rischner, Felix C.	32	1994
Risinger, Bertie V.	408	1999

Name	Page	Year
Risinger, Edna Agnes	139, 141	2000
Ritch, Alyssa Nicole	10	2000
Ritch, Nancy Smith	295	1994
Ritcherson, Hope	117	1998
Ritcheson, Homer A.	176	1989
Ritchie, Jack B.	172, 174	1994
Ritchie, Martha Jane	286	1992
Ritter, Glen	91	1996
Ritter, Ronald G.	19, 20	1995
Rittiman, Marie	355, 356	1994
Rittimann, Lucille	328, 330	1994
Rittimann, Michael A.	237, 239	1992
Ris, Spencer	151	1993
Risher, Emily	35	1993
Ritchie, Hiram K.	292	1993
Ritchie, Wilma	130	1993
Ritter, John	352, 354	1993
Rivera, Carlos (Sr.)	225	1994
Rivera, Carlos A. (Jr.)	177	1999
Rivera, Jose	454	2000
Rivera, Manuel Eduardo	215	1997
Rives, Odile S.	133, 134, 135	1990
Rizner, Delbert L.	157, 158	1987
Roach, Melissa Sue	186	1998
Roach, Philip D.	183	1993
Roach, Walter L.	107, 110	1997
Roaten, Shelley P.	288, 290	1995
Robb, Edgerton	68, 70, 72	1999
Robb, Vera Curtis (Mrs. Edgerton)	212, 213	1986
Robbins, Billie M.	107	1987
Robbins, C. A. (Dusty)	62	1992
Robbins, Dorothy	342	1999
Robbins, Elvin	247, 248, 249	1989
Robbins, Ethel L.	195	1996
Robbins, Georgia	46	1994
Robbins, Herman	30, 31	1989

Name	Page	Year
Robbins, James A.	49	1986
Robbins, Leota	51	1986
Robbins, Maggie	39, 41	1997
Robbins, Myrtle M.	80	1986
Robbins, Walter F.	425	1994
Robbins, Walter Frank	3	1995
Roberson, Estie M.	11	1992
Roberson, Gilford	125, 126	1986
Roberson, Larry W.	161	1993
Roberts, Arthur M.	288	1994
Roberts, Bonnie Mae	269	1999
Roberts, C. J. (Cliff)	262	1990
Roberts, Clause	92	1993
Roberts, Della M.	96, 98	1998
Roberts, Dorothy A.	353	1999
Roberts, Eva Bell	104, 106	1988
Roberts, Gladys Lundstrom	411, 414	1999
Roberts, Lea	304, 307	1994
Roberts, Leliah	104, 105	1993
Roberts, Michael	364, 366	1999
Roberts, Otha L.	276, 277	1994
Roberts, Preston F.	229, 234	1996
Roberts, Roy E.	72	1995
Roberts, Ruth A.	183	1997
Roberts, Trevor	37, 41	2000
Roberts, W. A.	48	1988
Roberts, William F.	159, 161	1992
Roberts, William Jett	265	1999
Roberts, Willie Mae	399, 402	2000
Robertson, Betty	276	1990
Robertson, Dorothy	89, 90	1993
Robertson, Gladys L.	116	1995
Robertson, Ina Belle	188	1987
Robertson, Lee J.	292, 293	1994
Robertson, Lola Clair	259, 261	1998
Robertson, Mabel M.	363	1992

Name	Page	Year
Robertson, Mabel M.	1, 4	1993
Robertson, Vada	341	1993
Robertson, Vivian	63	2000
Robertson, William A.	233	1997
Robey, Marie T.	57	1988
Robinett, Maud	377	1996
Robinett, Roberta Butler	267, 268	1998
Robinson, Arthur L.	42	1988
Robinson, Betty R.	197	1995
Robinson, Eddie	125	1994
Robinson, Edna Thelma	235	1997
Robinson, Effie G.	329	1992
Robinson, Garth W.	218	1990
Robinson, Harold	175, 176	1989
Robinson, Hazel Louise	171, 175	1995
Robinson, Howard F.	110, 111	1989
Robinson, James D. (Jr.)	217, 219	1989
Robinson, Katherine C.	263, 266	1987
Robinson, Louise	52	1988
Robinson, Merice	203	1987
Rocha, Agapito S.	280	1998
Rocha, Martin	40	1988
Rocha, Martin V.	203	1997
Roche, Thomas	110	2000
Rockey, Sara G.	44, 45	1989
Roddy, Rhea G.	193	1989
Rode, Carrie	352	1992
Rode, Helena S.	423	1994
Rode, Mayme	158, 160	1986
Rodecape, Lucille	223	1991
Rodelander, George R.	4	1993
Rodelander, Mary I.	34, 38	1994
Rodgers, A. G.	111	2000
Rodgers, Annie Lou	294	1998
Rodgers, Elva M.	213	1988
Rodgers, Joe	136	1994

Name	Page	Year
Rodgers, Tommy	361	1994
Rodney, Richard S.	298, 303	1991
Rodriguez, Anna M.	211	1999
Rodriguez, David Thomas	387	1996
Rodriguez, Dolores C.	117	1988
Rodriguez, Elias	195	1998
Rodriguez, Elias M.	113	1997
Rodriguez, Elvira M.	321	1998
Rodriguez, Fidel A. (Jr.)	167	1995
Rodriguez, Griselea Elizabeth	113	1997
Rodriguez, Isidro C.	30	1992
Rodriguez, Jesus	81, 82	1987
Rodriguez, Jose	115	1994
Rodriguez, Jose	240, 241	1997
Rodriguez, Juan D. (Jr.)	225	1998
Rodriguez, Juanita G.	265	1999
Rodriguez, Leonides B.	293	1990
Rodriguez, Lillie T.	37	1993
Rodriguez, Louis	334, 335	1996
Rodriguez, Maria	317	1999
Rodriguez, Mario	141	1995
Rodriguez, Ramiro	294	1999
Rodriguez, Ruth C.	149, 151	1986
Rodriguez, Salvador C.	173, 177	1989
Rodriguez, Tomas F. (III)	105, 106	1992
Roe, Mary J.	141, 145	1997
Roeder, Cecillia C. Petsch	328	2000
Roeder, Mrs. Emil (Muddie)	164	1989
Roeder, Lawrence A.	56	1996
Roeder, May D.	146	1994
Roederer, Leonard J.	186, 190	1989
Roehl, Mildred	152, 158	1995
Roehl, Rudolph J.	237, 240	1990
Roessing, Hilda	162, 163	1993
Roetzler, Gladys G.	315, 318	1996
Rogan, Mary Lucille	266	`1996

Name	Page	Year
Rogan, Virgil K.	58, 59	1986
Rogers, Anna M.	338	1992
Rogers, Bill	64	1999
Rogers, Charles R.	25	1987
Rogers, Delia Irene	156	1997
Rogers, Dorothy M. W.	96	1986
Rogers, E. G.	221	1993
Rogers, Ella L. (Dolla)	150, 151	1993
Rogers, Era	323	1992
Rogers, Ernest A.	293, 295	1996
Rogers, Ethel H.	37	1990
Rogers, Gerald W.	347, 349	1995
Rogers, Geraldine	329, 332	1995
Rogers, Harold Edward (Buddy)	21	1999
Rogers, Herman	92	1997
Rogers, Hubert Carl	176	1997
Rogers, Inez Dudley	76, 77	1992
Rogers, James R.	244, 246	2000
Rogers, John E.	39, 40	1987
Rogers, Leonard	363	1999
Rogers, Milton L.	200, 202	2000
Rogers, Nathaniel L.	110	1989
Rogers, Otis P.	203, 205	1996
Rogers, Porfirio C.	179	1996
Rogers, Robert	398, 400	1995
Rogers, Robert A. (Sr.)	61	1992
Rogers, Spence	58	1994
Rogers, Stephanie	139, 140	1989
Rogers, Thomas W.	90	1992
Rogers, Vernon V.	356	1992
Rohe, Bernard	211, 212	1992
Rohn, Edward J.	360	1992
Rohrbach, Mary	286, 288	1990
Rohrbeck, Ruby	76	1986
Rohrbeck, Ruth	74	1986
Rolan, Jerome K.	33, 34	1987

Name	Page	Year
Roland, Anna Bell	343, 344	1997
Roland, C. A.	242, 243	1988
Rollen, Edith T.	343, 344	1995
Rollins, Beryl Arlene	226	1997
Rollins, Juanita	219	1996
Rollins, Francis Monroe	215	1992
Rollins, John W.	46, 48	1993
Rollins, Margie	394	1998
Rollins, Marion E.	47, 50	1991
Rolston, A. J.	81	1989
Romey, Morris E.	139	2000
Romigh, Orin	281, 282	1991
Romo, Alfred	122, 124	1990
Romph, Ralph C.	152	1990
Rone, Billy	73	1988
Roney, Norlene Nay	319, 322	1993
Ronk, Cleo	326	1992
Roos, Bennie E.	106	1995
Roper, Della E.	105, 106	1994
Roque, Martha A.	198	1992
Rosales, Antonio J.	260, 261	1987
Rosales, Carmen A.	309, 310	1997
Rosales, Jesus H.	142	1986
Rosales, Samantha	288	1990
Rosanhoff, Elizabeth	31	1999
Rosas, Hilario J.	216, 219	1990
Rose, Bobby A. (Jr.)	335	1995
Rose, Dollie Kneupper	349	1998
Rose, Ella Smith	382, 397	1999
Rose, Irene Frances	254, 256	1997
Rose, James P.	264	1991
Rose, John Leonard	212	1997
Rose, Meta	117	1993
Rose, Michael H.	212, 213	1988
Rose, Raymond (Buddy)	404	1994
Rose, William J.	126, 129	1999

Name	Page	Year
Roseler, Elizabeth	139	1996
Rosenbach, Meta G.	189	1993
Rosenblum, Alex (Dr.)	149, 150, 151	1989
Rosenblum, Evelyn C.	280	1993
Rosenthal, Adela M.	203, 205	2000
Rosenthal, Charlcey Alma	381	1996
Rosenthal, Joseph A.	170	1986
Rosenthal, R. L (Bob)	65	1997
Roser, Etta Louise	69	1998
Roser, Ruth M.	10	1988
Rosier, John	24	1997
Rosilier, Johnnie A.	8	1986
Roskie, Margaret E.	59	1992
Ross, Ann Catherine	141	1997
Ross, Coy Frank	227, 228	1991
Ross, Hugh W. (Jr.)	171	1988
Ross, Janie	8, 11	1992
Ross, Leona R.	306	1999
Ross, Luther (Dr.)	87, 88, 90	2000
Ross, Ruth E.	96	1986
Ross, Vera S.	92, 93	1988
Rosser, Iver Lee	317	1992
Rossiter, Harry A.	139	1995
Rotge, Eva C.	155	1994
Rotge, Lucy F. E.	83	1986
Rotge, Sandra Crosthwait	216, 217	1992
Rothrock, James A.	113, 115	1993
Rouquette, Lillian P.	266	1988
Rouse, Donald B.	29, 31	1998
Rouse, William R.	121	1988
Rowe, Catherine C.	336	1995
Rowe, Gilbert	271	1994
Rowland, Albert James	142, 145	1991
Rowland, Michael	123	1997
Rowsey, Gentry L.	169	1987
Rubey, Martha F.	185, 188	1993

Name	Page	Year
Ruck, Marguerite V.	72, 73	1988
Rucker, Esther Edna	448	2000
Rucker, James C.	168, 170	1986
Rucker, James Ray	350	1998
Rucker, Jean	200	1988
Rucker, Marvin E.	9, 12	1992
Rudasill, Nellie	180	1987
Rudd, C. Gene	142, 143	1987
Rudine, Margie E.	68	1996
Ruede, Alexander Wayne	393	1996
Ruede, Howard A.	360, 362	1995
Ruede, Randy Wayne	392	1996
Ruelas, Miguel	266	1988
Ruff, Alma L.	48, 49	1995
Ruff, Mollie	230, 231	1989
Rugel, Tillie K.	6	1993
Ruggles, Milton	50	1995
Rugh, Charlie P.	219, 220	1993
Rugh, Helen M.	281, 283	1992
Rugh, Ronald	397	2000
Ruiz, Raul Rodolfo	44, 47	1999
Ruiz, Rufus (Sr.)	82	1987
Ruiz, Sandra L.	287, 288	1989
Ruiz, Santiago	423	2000
Rule, Frank V.	237	1997
Rumpf, Louise U.	7, 8	1990
Rumsey, Earline Mc Fall	223	1998
Rundell, Clarence A.	205	1986
Ruppert, George O.	12	1993
Rusch, Le Roy	276	1987
Rusche, Merlyn	57	1992
Rusche, Ruben A.	37	2000
Rushing, Stephen O.	325, 326	1997
Rusling, Charles J. (Sr.)	92, 93	1991
Rusling, Neil E.	223	1995
Russ, Elizabeth J.	232, 233	1992

Name	Page	Year
Russ, Rudolph A.	220, 221	1992
Russell, Albert R.	39	1991
Russell, Amanda Isabel	303, 304	1997
Russell, Bessie May	2, 3	1990
Russell, Clara M.	368, 371	1993
Russell, David M.	159	1996
Russell, Frances Louise	16	1997
Russell, Harry F.	66	1986
Russell, J. Neville	287, 289	1999
Russell, James C. (Jr.)	125, 126	1995
Russell, Mrs. Louie H.	232	1989
Russell, Sherman	145	1996
Russey, Clyde Keith (Jr.)	269	2000
Russum, Paul Eugene (Jr.)	226	2000
Rust, Alfred F. (Freddie)	152	2000
Rust, Roy	343	1994
Rut, Leonard J.	2, 3	1990
Ruth, Esther J.	199, 200	1989
Rutherford, Aleta M.	115, 119	1997
Rutherford, Emma F.	272	1993
Rutherford, Elmaer R.	394	1994
Rutherford, William L. (Luke)	152	1989
Rutledge, Isabella	144, 145	1989
Rutledge, Mrs. JayD. (Virginia R.)	20, 21	1999
Ruttan, Hilda M. (Dolly)	54, 56	1993
Ryan, John V. (Jr.)	137	1986
Ryan, Lee C.	131, 132	1990
Ryan, Richard G. (Rev.)	128, 129	1991
Ryan, Sarah B.	287	1881
Rydbery, Gunnar	124	1986
Rydl, Geneva	92, 94	1987
Rye, Doyle S.	130	1993
Ryner, Norman	43	1993

Name	Page	Year
S		
Saathoff, Eugene F.	164, 165	1988
Saathoff, Harvey P.	300	1998
Saathoff, Horace	89	1993
Sab, Hafiz (Harvey)	242	1988
Sabens, Elizabeth E.	310, 312	1993
Sabins, Edna G.	67, 89, 92	1992
Sabins, Lonie	22, 24	1995
Sabins, Mavis M.	54, 55	1986
Sabins, R. L. Jr. (Bob)	108, 109	1991
Sabom, William O.	261, 262	1991
Sackett, Norman	107	1998
Saenger, Lucille	290	1990
Saenger, Marion D.	6, 8	1991
Saenger, Maud S.	193	1986
Saffel, Nettie Loyce	148, 150	1986
Sagebiel, Agnes	251	1994
Sagebiel, Carlos L.	58	1993
Sagebiel, Detrick	310	1995
Sagebiel, Mark W.	177	1994
Sailer, Elly karruch	19	1997
Sailer, William	127, 128	1993
St. Clair, Dorothy	219	1988
St. Claire, Felix	116	1988
St Claire, M. B.	45	1996
Sakraida, Frank Thomas	25	1993
Salas, Manuel	246	1995
Salinas, Eulalia	50	1993
Salinas, Melquiades	6, 7	1988
Salineas, Joan Ambelon	140, 142, 147	1994
Salisbury, Paul R.	20	1987
Salmon, Jason	17	2000
Salter, Forrest A.	219, 220, 223	1994
Salter, John M.	121, 123	1993
Saludis, William J.	9	1987

Name	Page	Year
Salvaggio, Joseph	224	1994
Salvaggio, Robert Lee	396	1998
Salvaggio, Rosalie Hoelscher	187	1997
Samford, Alva	305	2000
Samford, Eloise	39, 42	1991
Samford, Wilmeth (Dave)	41, 42	1989
Sample, Beulah G.	142, 143	1994
Sampson, Pauline	83	2000
Sams, Ferris V.	196, 198	1986
Samsel, Mildred V. B.	82	1988
Samson, George E.	45	1999
Samulowitz, Jean Marie Oberg	333, 339	1999
Sanchez, Amalia	152, 154	1992
Sanchez, Antonio	244, 246	1995
Sanchez, Arthur	107, 109	1991
Sanchez, Augustina L.	302	1998
Sanchez, Florin A.	222	1989
Sanchez, Florin B.	345	1992
Sanchez, Francisca	387, 391	1994
Sanchez, George Y.	111	1988
Sanchez, Guadalupe S.	228, 229	1989
Sanchez, Jose Antonio Mejia	140, 142, 145	1994
Sanchez, Lorenzo	62	1995
Sanchez, Louis L.	63	1998
Sanchez, Richard A.	215, 216	2000
Sanchez, Roman	94	1987
Sanchez, Valeriana	66	1986
Sandefur, Bill (Rev.)	199	1995
Sandel, Roland A.	198, 199	1987
Sander, Dorothy R.	224, 225	1989
Sanderlin, Eula F.	57, 58	1987
Sanders, Beulah (Pickey)	202, 203	1990
Sanders, Hubert E.	163, 164	1988
Sanders, James C.	148	1996
Sanders, Lakisha Moesha	238, 239	1996
Sanders, Marguerite J.	153, 155	1989

Name	Page	Year
Sanders, Nancy M.	59, 60	1997
Sanders, Richard T.	329	1993
Sanders, Stella Dunn	235	1988
Sanderson, Christine	221, 222	1990
Sanderson, Ruth	60	1993
Sandidge, Annie B.	133	1988
Sandidge, George T. (Jr.)	91	1986
Sandidge, Jean	323	1999
Sandidge, John C.	273	1997
Sandlin, Vera I.	254, 255	1986
Sandoval, John L.	56	1997
Sands, Harold F.	128, 134	1992
Saner, Betty	64, 68	2000
Sanford, Bertha	66	1986
Sanford, Blanche	6	1986
Sanford, John D.	223, 226	1990
Sanford, Rosalie	105, 106	1986
San Miguel, Virginia	30, 31	1989
Sanville, Michael T.	305	1994
Sapp, Bettye Jo	87	1986
Sapp, Charles W.	225	1995
Sapp, John J.	235, 236	1992
Sapp, John P.	7, 8	1988
Sapp, Mary L.	18, 19	1995
Santos, Francisco G.	137	1988
Sarcea, Christobal	157	1992
Sargent, John Chester	390	1998
Sarrell, Phillip (II)	220	1988
Satler, Hugo	296	1994
Satterfield, William Monroe (Jake)	361	1996
Satterlee, Elsie M.	105	1987
Satterwhite, Nita	12	1988
Sauer, Georgia	60	1997
Saul, John Van	225	1986
Saul, Lola	5	1988
Saultzman, William L.	173	1991

Name	Page	Year
Saunders, Dorothy M.	84	1995
Saunders, Douglas O.	101	1996
Saunders, Orena G.	50	1995
Saur, Fred (Sr.)	173	1990
Saur, Mrs. Fred	111	1988
Savage, Frank C.	286, 287	1989
Savage, Grace R.	403, 405, 408	1994
Savage, Lyman Channing	315	1992
Saville, David B.	384, 387	1994
Saville, Floy B.	249	1990
Savio, Florence Del Vecchio	73	1999
Savoie, Rick	236, 237	1999
Savoy, Joseph E.	201	1987
Sawey, John	372, 374	1995
Sawyers, Cathleen	231, 233	1990
Sawyers, Wayne W.	334, 335	1993
Saylor, Charles E.	373, 376	1996
Scafidi, Denise	216, 217	1991
Scales, Jenny M.	88	1991
Scantlin, Billy C.	264, 265	1991
Scantlin, Lester W.	88, 89	1991
Scarborough. Lydia Fay	136	1999
Scarbrough, S. C. (Sam)	145	1995
Scarborough, Annie C.	41, 44	1992
Scarborough. Clara Elisa	37, 38	1998
Scarborough, Nancy J.	207	1993
Scevers, George D.	41	1992
Schaefer, Frankie Jacoby	4	1995
Schaefer, James D.	178, 179	1999
Schaefer, Lady Hooper	50	1986
Schaefer, Marie	52	1996
Schaefer, Sherrill L.	222, 223	1990
Schaetter, Lawrence A.	230	1989
Schaffer, Leta M.	45, 46	1993
Scharmen, Gabriele R.	133, 134	1989
Scharnberg, George B.	130	1992

Name	Page	Year
Scharnhorst, Geneva	10	1994
Scheele, Edwin	179, 181	1991
Scheer, Larell Powell	405, 409	1994
Scheineman, Wanda Lea	132, 146	1999
Scheirman, Patricia Louise	118	1999
Scheirton, George W. (Sr.)	237	1987
Schellenger, H. Yale	112, 113, 115	1995
Schellenger, Mildred L.	204	1997
Schellhase, Paul	192	1994
Schellhase, Roland	133, 134	1994
Scherber, Melvin C.	137, 138	1998
Scherer, Felix	26	1996
Scherer, leon R.	192	1998
Scherer, Lois H.	168	1993
Schey, Harold A.	193, 194	1991
Scherdin, Carl W.	12, 13	1986
Scherf, Esther	118	1994
Schewe, Francis (Bob)	72, 75, 87	1996
Schievelbein, Eugene W.	278	1993
Schiller, James Curtiss (Jr.)	180, 182	1994
Schilling, Albert (Sonny)	362, 365	1993
Schilling, Eleanor	21	1996
Schilling, Josephine Irene	190, 191	1996
Schiro, Genevieve C.	45	2000
Schiwetz, Ruby	175	1986
Schiyer, Earl	340, 342	1997
Schladoer, Henry	138	1992
Schlaudt, Edward	68	1989
Schlereth, Joe	240	1986
Schleuse, Charles H.	9	1986
Schlotzhauer, Emmadell	154, 156	1988
Schlueter, Reuben	152	1990
Schlueter, Rosaline	16	1994
Schlueter, Theresa N.	104	1995
Schluop, Dale	192, 193	1991
Schmerbeck, Garrett Gill	312, 313, 316	1999

Name	Page	Year
Schmerbeck, Robert L. (Jr.)	46, 47	1988
Schmidt, Alex E.	20	1992
Schmidt, Beulah Eastwood	72	1997
Schmidt, Catherine G.	184	1988
Schmidt, Clara	69	1993
Schmidt, Clara M.	323, 325	1992
Schmidt, Corenthia	78	1989
Schmidt, Cyrus Hall	377	2000
Schmidt, Ebbie E.	354, 355	1992
Schmidt, James E.	16	1992
Schmidt, John William	114	1997
Schmidt, Lillie Pearl	391	1996
Schmidt, Marie	40, 42	1996
Schmidt, Nancy Carol Hudnet	330	1999
Schmidt, Robert S.	320, 321	1994
Schmidt, Robert W.	231, 233	1997
Schmidt, Sara Beth Maier	52	1989
Schmidt, William J.	254	1997
Schmidtke, Bessie	246, 248	1995
Schmidtke, Corene	56	1989
Schmidtke, Leslie W.	206	1998
Schmidtz, Grace	43, 44	1989
Schmidtzinsky, Joshua Ross	35	1987
Schmisseur, Ed	108	1986
Schmuck, Myla	358, 362	1995
Schmuck, Rudy H.	336	1996
Schneer, Albert	416	1994
Schneer, Viola F.	210	1993
Schneider, Max E.	261	1988
Schneider, Mildred Jean	281	1998
Schneider, Myrtle V.	243	1995
Schneider, Ruth	200, 201	1987
Schneider, William V.	205	1986
Schnettier, James	280	1998
Schober, Charlotte	119	1999
Schock, Gwendoline B.	293, 294	1997

Name	Page	Year
Schoelak, Ignatz	27, 29	1994
Schofield, David	379, 380	1998
Schofield, Mae L.	78	2000
Scholtes, Albert J.	223, 224	1987
Schon, Josephine C.	163, 165, 169	1992
Schonlau, Victoria C.	7, 9	1996
Schooley, Lona	191, 192	1986
Schott, A. H.	242, 243	1989
Schott, Arliss W.	124, 125	1991
Schott, Leo A.	142	1989
Schott, Loura	124, 125	1986
Schott, Thomas Leo	252	1997
Schou, Kehlet C.	77	2000
Schouten, David	9	1997
Schouten, Stephanie	9	1997
Schrade, Duane R.	289	2000
Schreckenbach, Riley Paul	320	1997
Schreiber, Erwin A. (Doc)	117	1991
Schreiner, Audrey P.	126, 127	1988
Schremp, Theodore	411	2000
Schroeder, Clarence C.	194	1992
Schroeder, Clinton D.	316	1994
Schroeder, Lonnie	444	2000
Schroll, Lawrence A.	138, 141	1987
Schubert, Betty	152, 153	1990
Schubert, Frederick Landry	26, 30	1999
Schubert, Kenneth L.	131, 134	1988
Schuch, Leonard G.	166	1997
Schuetz, Robert P.	273	1994
Schuitema, Albert	57	1988
Schuiteman, Christabell	171	2000
Schulak, Helen B.	240	1998
Schulgen, Walter	32	1986
Schulte, Edwin J.	284, 285	1987
Schulte, Nell	331, 333	1995
Schulte, Winfred H.	244, 245	1999

Name	Page	Year
Schultheis, Robert P. (Sr.)	360	1994
Schulz, Alvin G.	380, 384	2000
Schulz, Lillian	257, 261	1995
Schulze, Ferdinand	290	1994
Schulze, Raymond	309	1998
Schumacher, B. N. (Pete)	113	1992
Schumacher, Dorothy J.	253, 255	1997
Schumacher, Hascol	195	1996
Schumacher, William Charles	244, 246	1998
Schumann, Jared	17	2000
Schumann, Katherine	212	1995
Schumann, Mary Margaret	60	2000
Schumann, Willie H.	19	1996
Schupp, John	152	1994
Schwalbe, Sue	5	1992
Schwartz, Betty	192	1994
Schwartz, Dorothy D.	79	1994
Schwartz, Opal B.	249	1986
Schwartz, Walter H.	46, 47	1987
Schwarz, Charlie E.	11, 16	1989
Schwarz, Charles E.	216	1991
Schwarz, Hilda A.	280	1993
Schwarz, Mary L.	235	1986
Schwarz, Oscar E. (Doc)	122, 124	1991
Schwarzlose, Eugene W. (Jr.)	220	1996
Schwethelm, Chester A.	215	1994
Schwethelm, Harry Flato	348, 350	1999
Schwethelm, Ysabel F.	326, 328	1991
Scoggins, Earl (Tim)	146, 147	1986
Scoggins, James	166	1990
Scogin, Garland C.	167	1996
Scott, Ethyl O.	52, 108	1995
Scott, Fay P.	303, 305	1991
Scott, Ferne M.	301, 302	1990
Scott, Florence	64, 69	1997
Scott, Frances H.	80, 95	1997

Name	Page	Year
Scott, George C.	190, 191	1986
Scott, Leslie D.	69, 71	1987
Scott, Loraine	53, 54	1989
Scott, Lynn Dykes	175, 176	1996
Scott, Margaret G.	243, 244	1989
Scott, Mary Bonner	123	1999
Scott, Raymond L.	5	1988
Scott, Robert J.	146, 148	1993
Scott, Robert W.	352, 354	1995
Scott, Vera Taylor	220	1999
Scott, Walter	29	1986
Scott, Walter	34	1997
Scott, Walter Norman	285, 286	1987
Scottow, D. Ellen	294, 295, 296	1992
Scrimshire, Vera N.	256	1986
Scroggs, Juanita R.	252, 255	1990
Scruggs, Alice	22, 23	1989
Scruggs, Lucia T. B.	182, 183	1989
Seago, Clara	22, 24	1995
Seale, Fred	368, 371	2000
Seale, Phillip	184	1990
Seaman, Joe P.	2, 8	1988
Searcy, Bill G.	78, 79	1991
Searcy, Jack	189, 190	2000
Searcy, Lucille C.	8, 11	1995
Sears, Ellie N.	1	1987
Seastrunk, Oliver C.	365, 376	1995
Seaver, Glen H.	79, 80	1995
Seaver, Irene M.	291, 295	1993
Sechrist, Dorothy M.	343	1993
Sechrist, Norris	184	1991
Secor, Beulah A.	140, 142	1996
Secor, Creighton L.	268, 269	1995
Secor, Ollie Mae	97, 98	1993
Secor, William T.	4, 5, 6	1989
Seeger, Roe E.	192, 194	1994

Name	Page	Year
Seegers, Nelle Wright	40	1989
Seelig, Katy M.	137	1994
Seelig, Louis	192, 194	1986
Seely, Richard	30, 34	1995
Seely, Wilbur E.	7, 10	1991
Segebarth, Victor W.	208	1990
Segovia, Juana C.	214, 215	1987
Sehon, Ada	383, 384	1994
Seidel, Joshua (Dr.)	195, 198, 274	1995
Seidel, Terry Wayne (Dr.)	271, 273, 283	1998
Seidensticker, Mrs. Bodo (Hilda)	295	1990
Seidensticker, Elmer R. (Moe)	277, 278	1990
Seidensticker, Joyce E.	216, 221	1995
Seidensticker, Margaret S.	387	1994
Seidensticker, Robert G.	101	1996
Seifert, Robert	218	2000
Seiferth, Georgia	274	1998
Sekerka, Dorothy L.	1	1988
Selbo, Louise M.	368, 374, 376, 380	1997
Selbo, Lyle	88, 89	1988
Selby, Sally	245	1997
Seleb, Florence M.	243, 244	1986
Selgrath, John F.	134	1991
Self, Rudolph L.	139	1992
Seller, Helen M.	138, 147	1991
Sellers, David L.	227, 229	2000
Sellers, Ina D.	32	1992
Sellers, Johnie	146	1990
Sellers, Nita	256	1990
Semmler, Katie	390	1996
Semple, John	37	1989
Sengour, Suy	147	1998
Seppie, Albert F.	40	1992
Serur, Eddie	56	1988
Sessions, Claude E. (Jr.)	305	1996
Sessions, Lillien E.	388	1998

Name	Page	Year
Sessums, Lewis	37, 38	1986
Sevey, Fred W.	364, 366	1993
Seyferlich, Virginia M.	320	1996
Seward, Margaret H.	26	1986
Sewell, Edward A.	71	1988
Seyfert, Ethel M.	255, 256	1990
Seyler, Carey Mildred	304	1998
Seyler, Deborah Sue	375	2000
Seymour, Edward C.	96, 100	1999
Seymour, Gladys L.	368	1994
Seymour, Opal	54, 56	1996
Seymour, Roy L.	174, 175	1987
Seymour, Ruth M.	6	1994
Shackelford, Mattie	284, 285	1989
Shackelford, Nell	227	1998
Shackelford, Robert H.	113, 116	1993
Shafer, Beulah G.	272	1989
Shafer, George Raymond	245, 246	1989
Shafer, Leonra D.	33	1992
Shafer, Lottie Margie	347	1999
Shafer, Lydia N.	399	1997
Shafer, Virginia	87	1995
Shaffer, Cleve O.	227, 229	1988
Shaffer, Elsie I.	153, 155	1989
Shaffer, Gary M.	231	1987
Shaffer, Kathryn	360	1999
Shaffer, Richard W.	121, 123	1993
Shanahan, Elaine M.	313, 314	1994
Shankle, Gatesie Storms	171	1996
Shanklin, Doreen	306	1990
Shanks, Daniel D.	414, 415	1995
Shannon, Robert	151, 152	1992
Shannon, Rosa L.	1, 2	1990
Shannon, Sally C.	389, 391	2000
Shapiro, Martin B.	1	2000
Sharp, Loval L.	131	1995

Name	Page	Year
Sharp, Ocie J.	314, 317	1993
Sharp, William	307, 310	2000
Shaver, Charles B.	273, 276	1991
Shaw, Barbara	121	1988
Shaw, Charles E. (Sr.)	245, 247	1991
Shaw, Doris	77	2000
Shaw, Hubert U.	232	1991
Shaw, Kenneth A.	156, 159	1995
Shaw, Matthew Taylor	274	1993
Shaw, Mary Margaret Lianza	205, 207	1997
Shaw, Myrtle L.	246	1995
Shaw, Nancy J.	149	1996
Shaw, Paula Mae	309, 311	2000
Shaw, Sarah Dell	102	2000
Shay, Connor P.	93, 96	1996
Shay, Mildred H.	120, 121	1989
Shearer, Cary	190, 194	1999
Shearer, Mary M.	106	1987
Sheaves, Harry	3, 6	1996
Shedd, Jeff	2	1993
Shedd, William J.	362	1992
Sheehan, John	196, 197	1998
Sheffield, Everett	229	1989
Sheffield, Charley N.	152, 153	1987
Sheffield, Murray Lee	331	1992
Sheffield, Weldon W.	241	1996
Shelburne, Charles W.	188, 189	1997
Shelgren, Carl H.	61, 72	1987
Shell, Mary (May)	203, 204	1997
Shelly, Harold Y.	292, 295	2000
Shelley, Hilda	214	1997
Shelton, Elizabeth Stroud	327	1991
Shelton, J. D. (Hank)	228	1989
Shelton, Leona A. Wood	206	1999
Shelton, Morris W.	145, 148, 149	1994
Shelton, Robert R.	12, 13	1994

Name	Page	Year
Shelton, R. L. (Roy)	195	1990
Shelton, Sammie L.	46	1996
Shely, Annie L.	87, 89	1995
Shenkir, Henry	223, 224	1987
Shepard, Sam L.	211	1997
Sheppard, John W.	216	1998
Sheppard, Raymond B.	69	1993
Sheppard, Roy E.	41	1989
Sheppard, Thomas O.	67, 68, 73	1994
Sheppard, Zelma B.	295	1999
Shepperd, Alfred Edgar	236, 237	1994
Sheptock, Bernice	5, 6	1989
Sherer, Irving B.	366	1998
Sheriff, Steve R.	369	1995
Sheriff, Virginia Jenks	230	1998
Sherlock, Ed (Jr.)	73, 76	1999
Sherman, Henry David	228	1994
Sherman, Les	398, 399	1998
Sherman, Nancy J.	99, 101, 104	1996
Sherman, Norman G.	351	1998
Sherill, Harry D.	362	1998
Sherrick, Josephine O.	209, 213	1987
Sherrill, Claude Vernon	165	1989
Sherrill, Joe	215	1994
Sherrill, Juanita	243, 244	1989
Sherwood, Eddie Joe	192, 194	1987
Sherwood, Milda L.	118	1991
Sherwood, Randolph A.	160, 161	1987
Shetley, Doris	226	1989
Shidel, Fredeeric C.	22, 23	1990
Shields, Florence E	304	1996
Shields, Frank S. (II)	24	1987
Shields, Jessica M.	214	1992
Shiflett, Mrs. Merle	113	1997
Shilling, Gary Raymond	11, 13, 19	1999
Shilling, James W.	264, 265	1998

Name	Page	Year
Shilling, Louis E.	9	1990
Shilling, Mayfield R.	369	1997
Shine, William E. (Sr.)	186, 187	1989
Shiner, Margaret W.	120, 122	1996
Shipman, Fannie K.	37	1986
Shipman, Ruth	152	1995
Shipe, Charlotte	245, 247	1990
Shirley, Lesley O.	74	1986
Shively II, John Cutbirth	318, 320	2000
Shiver, Charlotte	310	1997
Shoaff, Eliza	277, 278	19193
Shoemaker, Barbara Dodds	25, 28	1987
Shoemaker, Benjamin Howe	238, 239	1989
Sholund, John O.	130	1989
Shope, Lee	111	1997
Short, Floy C.	154, 157	1995
Short, James C.	101	1992
Short, Lenna M.	253	1997
Short, Leslie E.	84, 85	1992
Short, Marvin C.	185, 186	1994
Short, Melissa Ann	279, 281	1995
Short, Merle K.	244	1994
Short, Susie R.	307, 308	1991
Short, Velma R.	281, 282	1993
Shotts, Patricia M.	68, 72	2000
Shotwell, Anson J.	90, 93	1993
Shoults, Alzina	291, 294	1990
Shoults, Clinton W.	9	1986
Shroeder, Lillian B.	263, 266	1987
Shryock, Kevin (Jay)	160	1999
Shults, Leanna R.	245	1986
Shultz, Virginia Hays	316	1992
Shumate, Ann	296, 297	1992
Shumate, William A.	27, 29	1988
Shupe, William J.	416	2000
Shuptrine, John D.	191, 195	1995

Name	Page	Year
Shuptrine, Thelma	56	1997
Shubert, Jimmy J.	22, 24	1990
Shurley, Avis R.	7, 8	1995
Shuster, George (M. D.)	300, 302	1994
Sibson, Jo Ann	215	2000
Sichel, Betty E.	178, 180	1998
Sides, Edith M.	155	1995
Sides, Jim	62	1996
Sides, Lottie B.	120, 121	1986
Sides, Saxton	169	1999
Siebels, Jeff L.	166, 167	1994
Sieber, Joseph W.	296	2000
Siebrecht, Hawley R.	30	1991
Siebrecht, Mary J.	288	1991
Sieker, Ruby	394, 396, 399	1995
Siel, Harry A.	92, 93	1992
Siel, Midge	226	1992
Siemens, Dorothy E.	294, 295	1992
Sifford, Russell G. (Sr.)	25	1994
Sifford, Mrs. Russell (Sr.)	123	1988
Silva, Arturo M.	336	1997
Silva, Bessie R.	17	1999
Silva, Elvira Ayala	132, 134, 136	1997
Silva, Mercedes Torres	126	1999
Silvas, Estefane (Fanny)	292	1994
Silvas, Juan M.	124, 125	1987
Silvas, Jesse C.	197, 198	1997
Silvas, Oralia	190	199
Simler, Frank	216	1986
Simler, Kathryne	35, 36	1993
Simmons, Elizabeth Anne	169	1998
Simmons, Ernest W.	152, 154	1990
Simmons, Eugene B.	370	1995
Simmons, Irven E.	362	1992
Simmons, Loraine	26	1996
Simmons, Louis M.	118	1991

Name	Page	Year
Simmons, Margaret G.	293	1990
Simmons, Welton	33	1992
Simon, Janice Kay	11, 13	2000
Simon, Richard B.	181, 182	1997
Simon, Ronald S.	356, 357	1994
Simpson, Dorothy T.	154, 156	1996
Simpson, Edward J.	257, 259	1990
Simpson, Jean F.	307, 308	1990
Simpson, Mitchell T.	233	1988
Simpson, Tom B.	153, 155	1994
Sims, Earl J.	297, 299	2000
Sims, Juanita V.	61, 62	2000
Sims, Mary E.	393	1999
Sims, Stanley J.	56, 58	1989
Sims, Frances	108, 109	1994
Sincleair, Roy	153	1990
Sinclair, Nell	312	1999
Singer, Dorothy	235	1997
Singleton, Bobby L.	128, 129	1995
Singleton, Bunnie	65, 66	1989
Singleton, Catherine	403, 405	1997
Sinninger, Dwight	341, 342	1997
Sisson, Emmett B. (Ned)	129, 130	1998
Sivells, Mary F.	202	1992
Sivert, Loyd	50	1986
Sivert, Velma	10, 11	1991
Sizemore, Lineal Lewis (Lanny)	8, 10	2000
Skarke, H. O. (Jimmie Elizabeth)	265, 269	1991
Skeen, Elsie M.	290	1992
Skeen, Ethel L.	11, 14	1989
Skelton, Talmadge S.	42, 45	1988
Skidmore, John	294, 297	1990
Skidmore, Pearl H.	38, 43	1994
Skidmore, Roy H.	38, 43	1994
Skiles, Albert N.	243, 245	1986
Skilnyk, Rochelle	152, 153	1994

Name	Page	Year
Skilnyk, Stephen	360	1998
Skinner, Florence Scofield	91	1998
Sinner, Ival F. (Bud)	42, 45	2000
Skinner, Mildred J.	301, 303	1999
Skinner, Myra Alice Taylor	195	1997
Skinner, William R.	179, 180	1992
Skoglund, Marie	343	1992
Skousen, Aytch G.	70, 71	1988
Skully, Lillian	163	1997
Slack, Dorothy E, Carmichael	288, 290	1997
Slade, David C.	40	1990
Slater, Wayne H. (Sr.)	339	1999
Slaton, Paul L.	231, 233	1987
Slator, Dock Scott	260	1994
Slatt, James L.	327, 328	1995
Slaughter, Harold T.	19	1991
Slaughter, John D.	62, 63	1991
Slaughter, Pauline A.	78	1997
Slavich, Jerald Benjamin	52, 56	2000
Slayden, Joe Bob	191	1999
Slayton, Paul L.	231, 233	1987
Slifer, John R.	168, 170	1987
Slimpin, William A.	97, 99	1995
Slinger, Lola	86	1989
Sloan, Audie F.	370	1999
Sloane, Harold	395, 397	2000
Slusher, Eugene T.	52, 53	1988
Slusser, Harold O.	153	1990
Slye, Gladys	182	1998
Small, Addie B.	403, 404	1996
Smalley, Bernardyne	280, 281	1996
Smallwood, Lillie Mae	343, 345	1998
Smart, Dorothy Dee Hughs	441	2000
Smart, Edy Lu Graves	184	1998
Smart, Ivan B.	131	1987
Smart, Kathryn Hough	11	1998

Name	Page	Year
Smart, Neville G.	59	1989
Smart, Shea Wilson	69	1988
Smart, Sylvia B.	276, 277	1994
Smethers, Lowell D.	58	1988
Smilie, Jeanne Domengeaux	11	1993
Smith, Alexander	216, 219	1989
Smith, Alice	175	1996
Smith, Alvin Joel	309, 313	1999
Smith, Amos L.	244, 246	1999
Smith, Anita Faithe	193	1997
Smith, Arlice Orene	124, 125	1998
Smith, Arnold (Sr.)	376, 378	1996
Smith, Bernard	389	2000
Smith, Bess (Sarah Eliz.)	204	1991
Smith, Bessie Hess	269	1998
Smith, Bonnie	11	1991
Smith, Bret Andrew	226	2000
Smith, Bryant D.	136, 137	1987
Smith, Calvin	22	1991
Smith, Cecil R.	132, 134	1992
Smith, Cecil Ray	302, 305	2000
Smith, Charles A.	150, 152	1989
Smith, Charles T.	49	1994
Smith, Chester (Check)	4	1998
Smith, Clayton E.	168, 169	1990
Smith, Cullen J.	40, 41	1993
Smith, Darlene E.	208, 210	1996
Smith, Delilah R.	326, 328	1999
Smith, Della	39, 43	1989
Smith-Boston, Deloris	96	2000
Smith, Delphia B.	208, 209	1999
Smith, Doris K.	9	1989
Smith, Doris L.	36, 37, 38	1996
Smith, Doris M.	205, 207	1990
Smith, Dorotha S.	24	1992
Smith, Dorothy	22	1992

Name	Page	Year
Smith, Dorothy Ogle	202, 204	1994
Smith, Edaline C.	411, 414	1994
Smith, Edward A. (Jr.)	38, 39	1990
Smith, Edwina C.	275, 276	1989
Smith, Edwina M.	259	1994
Smith, Eldridge	210	1996
Smith, Elizabeth V.	407, 410	1995
Smith, Ellis K.	212	1990
Smith, Elsie B.	207	1989
Smith, Emma A.	202, 204	1990
Smith, Eula M. Zumwalt	45, 46	1992
Smith, Festus L.	80	1994
Smith, Floyd	245, 249	2000
Smith, Fred M.	51	1986
Smith, Frederick L.	297, 298	1992
Smith, Frank F, (Sr.)	85, 87	1986
Smith, Garnet L.	171	1991
Smith, Graydon M.	192	1994
Smith, Gretchen E.	241, 243, 258	1987
Smith, Gunhilde A.	45, 47	1989
Smith, Gustavus	167, 168	1995
Smith, Hallie W.	220	1987
Smith, Harold E.	116	1986
Smith, Harold W. (Jr.)	291	1994
Smith, Herman M.	275, 277	1993
Smith, Hollan L.	22, 24	1997
Smith, Horace E.	53	1986
Smith, Horace Lee	335, 339	1996
Smith, Hazel Lee	17	2000
Smith, Irvin	195, 196, 198	2000
Smith, J. H.	268	1993
Smith, James R.	391	1995
Smith, James W.	165	1986
Smith, James W.	64, 65	1987
Smith, Jay B.	248	1997
Smith, Jennie Lee	230, 231	1991

Name	Page	Year
Smith, Jessie Lawrence	225, 226, 228	1997
Smith, Jewell	96, 97	1988
Smith, Jewell D.	181, 182	1997
Smith, Jo Ann Brewer	93, 94, 96	1998
Smith, John	9, 10	1986
Smith, John M.	315	1993
Smith, John W.	92, 94	1986
Smith, Kenneth C.	75	1988
Smith, Klea Mae	84, 87	1997
Smith, Laura	265	1992
Smith, Lawrence E.	13, 15	1988
Smith, Lawrence N.	53, 54	1987
Smith, Letha (Dea)	400	1996
Smith, Lee B.	67, 68	1986
Smith, Lena	292	1999
Smith, Leonard Clay	216, 219	1993
Smith, Lillian Gibson	283	1991
Smith, Lillian R.	176, 177	1986
Smith, Lindy L.	182	1993
Smith, Lois Powell	376, 379	1996
Smith, Lonnie Phillip (Jr.)	271, 274	1998
Smith, Loucile B.	26	1999
Smith, Louise	283, 284	1990
Smith, Lucille E.	318	1994
Smith, Lydia M.	358, 360	1993
Smith, Manor Quincy	145	1997
Smith, Margaret F.	139, 141	1989
Smith, Mary H.	25, 26	1989
Smith, Mary Lee Mosty	312	2000
Smith, Mercedes	251, 154, 256	1995
Smith, Mervin S.	240	1989
Smith, Michael S.	38	1988
Smith, Mildred	253	1989
Smith, Milton D.	111, 115	1987
Smith, Myrtle Irene	356	1996
Smith, Nina B.	35	1995

Name	Page	Year
Smith, Orval L.	221, 222	1991
Smith, Paris A.	61, 62	1992
Smith, Percy G.	349, 353	1993
Smith, Philippa B.	125, 127, 128	1998
Smith, R. V.	169	1994
Smith, Ralph, J. (Rev.)	227	1992
Smith, Raymond (Pa-Too)	149	1997
Smith, Ree D.	26	1987
Smith, Richard C.	348, 350, 361	1993
Smith, Robert Cortland	282, 285	1997
Smith, Robert F. (Freddie)	80, 83	1991
Smith, Robert James	150, 153	1995
Smith, Rosalyn	143, 144, 145	1993
Smith, Roy E.	201, 203	1991
Smith, Ruby R.	186	1987
Smith, Sarah R.	179, 180	1991
Smith, Steven	398, 399	2000
Smith, Thomas W.	22, 23, 28	1989
Smith, Tom F.	214	1986
Smith, Tyson	157, 159	1997
Smith, Vernell	113, 115	1994
Smith, Vernmeille S.	172. 173	1990
Smith, wallace	202, 204	1997
Smith, Walter L. (Smitty)	78	1994
Smith, Willard G.	122	1991
Smith, William	311	1996
Smith, William J.	51	1986
Smith, Willie Bertha	186, 187	1995
Smith, Willie H. (Bill)	217	1995
Smith, Wright D.	15, 16	1986
Smith, Youell C.	27, 28	1988
Smith, Zane E. (Jr.)	278, 279	1999
Smith, Zemma	242	1988
Snearly, Gladys	18, 19	1989
Sneathen, Ivey W.	53	1988
Sneathen, Margaret B.	36	1987

Name	Page	Year
Sneeringer, Jay D.	231	1995
Snell, Margaret Elizabeth Frye	32	1998
Snelling, Harry F.	155	1989
Snider, Gene Helen	27	1994
Snodgrass, Bryce	207, 208	1997
Snodgrass, Volney B.	206	1989
Snow, Bob (Sr.)	15	1987
Snow, Carlton W.	10	1988
Snow, George G.	201, 202	1986
Snow, Helen	152	1993
Snow, Lloyd D.	326	1992
Snow, Lloyd D.	7	1993
Snow, Verna Lucille	389, 393	1996
Snow, Wilson H.	67, 68	1987
Snowden, Jewel	389, 392	1994
Snowden, Tom	205, 206, 207	1994
Snyder, Barton H.	42, 48	1999
Snyder, Ellen	410	1997
Snyder, Jean	30	1994
Snyder, Joe Allen	399	1997
Snyder, Joseph A.	342, 345	1994
Snyder, Katherine	44, 45	1986
Snyder, Linda Porter	243, 246	1999
Snyder, Mary	197, 199	1986
Snyder, Raymond	1, 3	1998
Snyder, Wylie M.	43, 44	1991
Soell, Louis	40	1998
Sokolyk, Wasyl	253, 255, 256	1989
Solbrig, Cora	304	1995
Solomon, Brenda	151	2000
Solomon, Ollie Ruth	56	1988
Solomon, Pamela A.	88, 89	1994
Soltenberg, Wilmer D.	299, 302	2000
Solomon, Ralph W. (Jr.)	7	1997
Somlo, Lawrence A.	132	1997
Sommers, Kenneth L.	227	2000

Name	Page	Year
Sontag, Merwyn R.	295, 296	1990
Sorenson, Viola S.	156	1987
Sorrell, Charles F.	283, 284	1994
Sorsby, Billy Ed	13, 14	1986
Sotelo, Jose E.	334	1997
Soth, Charles H.	211	1991
Sothers, Russell E.	364	1997
Soto, Anita	29, 32	2000
Soto, John L. (Sr.)	259, 260	1990
Southerland, Ozella M.	80, 81	1986
Southern, Guy W.	417	1995
Southern, Rose A.	405	1999
Southworth, Jim	224	1987
Sowards, Mildred	374	1994
Sowers, Maria M.	145, 146	1991
Spahr, Naomi F.	100	1994
Spain, Joseph C.	291	1993
Spalding, Sallye M.	238	1999
Spangler, Tiana C.	82	1994
Sparenberg, Russell	86, 87	1988
Sparks, Charles Wesley	103	1998
Sparks, Newton J.	245, 248	1991
Sparks, Pearl E.	169	1993
Speakman, Frank L.	167, 168	1999
Spear, Clara D.	110	1988
Spears, Bertha	118, 119	1989
Speath, Otto A.	419	1995
Specht, Laura M.	72	1992
Speck, Jefferson W.	31	1993
Speer, Fred R. (Jr.)	221, 222	1991
Speer, Sandra Kay	221, 222	1991
Speer, tessa M.	237, 239	1995
Spence, Alice M.	128	1990
Spence, Floyd A.	208, 209	1986
Spence, Mae Elizabeth	296, 298	1996
Spencer, Alexander B.	353, 354	1996

Name	Page	Year
Spencer, E. Bert	64	1999
Spencer, Edward H. (Jr.)	241	1998
Spencer, Hubert L.	320	1991
Spencer John Wesley	374	1994
Spencer, Maxine	198	1987
Spencer, Patricia Jo	143	2000
Spencer, Richard	235	1998
Spencer, Robert L.	134	1986
Spencer, Weaver	71	1989
Spenrath, Lizzie	322	1995
Spice, Rawlin Thomas	348	1997
Spies, Olive E.	127, 128, 145	1993
Spiller, Van M. (Sr.)	332	1993
Spirek, Jack	154, 156	1997
Spirek, Ruth C. Suess	348	2000
Spitzer, Clarence R.	102, 103	1992
Spiva, Frank F.	343, 344, 345	1993
Spivey, William L.	256	1996
Spletstoser, William K.	262	1989
Spooner, Evelyn M.	168	1988
Spooner, Fay H.	228, 230, 231	1993
Sprang, Barbara I.	6, 7	1990
Spring, Alice	380	1995
Springer, Jamie	96, 102	1996
Springnoli, Elvira E.	310	1993
Sproles, Jay T. (Sr.)	208, 209	1987
Sprott, Clara V.	103	1986
Sprott, Leroy	23, 25	1993
Sprott, Maude F.	280	1996
Sprott, Shirley Mae	156, 160	1998
Spurgin, Kenneth Ray	350, 352	1998
Spurlock, Gladys	97, 98	1994
Spurney, Frank (Sr.)	156	1989
Squires, James H.	28, 31	1990
Staber, Donald E.	175	1991
Stacy, Tressie O.	326, 328	1994

Name	Page	Year
Stadler, Martha	107, 110	1987
Staffelbach, Bertie	55	1998
Staffelbach, Leonard Dale	24	1998
Stafford, Allen E.	96, 99	2000
Stafford, Norma F.	63, 65	1998
Stahelin, George	30	1994
Stahelin, Martha	344	1993
Stakes, Eloi	314	1997
Staley, Carson	72, 73	1987
Stalcup, Rebecca	38	1998
Stallcup, Grady R.	223, 224	1987
Stallsmith, Melissa K.	269, 271	2000
Stambaugh, Loise	144	1999
Stanberry, Joel	142	1998
Stanburg, Guy	107, 108	1986
Standifer, Vera E.	207	1993
Staner, Forrest A.	263, 265	1990
Stanfield, Woodrow W.	124, 125	1990
Stanford, Frannie	3, 4	1992
Stanford, Gloria Lynell	292	1996
Stanford, Iva M.	99, 100	1998
Stanford, O. H. Perry (III)	274	1989
Stanley, Jerry	113	1986
Stanley, Lillian	183	1986
Stanowski, Lois E.	92, 93	1999
Stansell, Mary M.	178	1993
Staples, Betty R.	9	1995
Stapleton, Cordelia L.	220	1998
Stark, Weldon A.	193	1992
Starr, Glenn	201, 203	1996
Startzman, Mary M.	216, 217	1990
Staudt, Alma	11	1987
Staudt, Alouis A. (Allie)	64	1991
Staudt, Dick	305	1998
Staudt, Irene	360	1995
Staudt, Paul J.	43	1990

Name	Page	Year
Staudt, Theresa	285	1993
Staughton, Ralph E.	14, 15	1995
Staughton, Ruby M.	127, 129	1992
Stayton, Richard James	297	1996
Stayton, Zachery Scott	307, 308	1992
Steadham, Ordis	314, 323	1993
Stearns, Lila	147	1991
Stedifor, Effie P.	114	1999
Stedifor, Irene	299, 303	1995
Stedifor, Martha J.	207	1988
Steed, Margaret E.	42	1990
Steed, William C.	102	1997
Steele, James C.	237	1992
Steele, Barbara Jean	392, 400	2000
Steele, Dick Ray	187, 196	2000
Steele, Nettie	271	1997
Steen, Alvin C.	65	1991
Steere, Jeanne R.	76, 77	1986
Steere, Myron S. (Jr.)	123	1988
Steffey, Melvin Dewey	153	1997
Steger, Hazel	306, 309	1993
Stehling, Alfons	194	1987
Stehling, Arthur	145	1988
Stehling, Christopher Robert	191, 193, 196	1995
Stehling, Dora Krauss	71	1992
Stehling, Henriette	97	1996
Stehling. Loretta M.	245	1998
Stehling, Martin F.	287	1997
Steichen, Daniel	285, 286	1997
Steiler, Elizabeth	197	1989
Stein, Arantha M.	112	1997
Stein, Hedwig I.	81	1999
Stein, John C.	182	1996
Stein, Ruth Georgia	328, 329	1997
Stein, Walter	260, 262	1993
Stein, (Stine) Walter D.	47, 49	1990

Name	Page	Year
Steiner, William G.	203	1996
Steinruck, William D.	417	2000
Stell, Georgianna M.	201	1997
Stem, Tricia June	376	1999
Stemmler, Hazel	314, 316	1998
Stenouish, Winifred	10	1987
Stephani, Thomas A.	22	2000
Stephen, Dorothy	170, 186	1986
Stephen, Tressie	305	1990
Stephens, Charles L.	40	1988
Stephens, Donald M.	49	1992
Stephens, E. A. (Jake)	277	1987
Stephens, Edna F.	216	1986
Stephens, Euel	193	1996
Stephens, Eula	305, 306	1996
Stephens, George	318	1993
Stephens, George W.	384	1999
Stephens, Jewel	300, 301	1993
Stephens, John A.	203, 206	1993
Stephens, Johnie D.	26, 27	1996
Stephens, Judy K.	336	2000
Stephens, Maggie	292	1998
Stepens, Margie	322	2000
Stephens, Olga	60	1991
Stephens, Ora	171, 172	1995
Stephens, Thad Bradford	112	1987
Stephens, Wanda N.	129	1996
Stephenson, Karl C.	318, 320	1996
Stephenson, Grace L.	155	1991
Stephenson, Paul E.	257, 258	1988
Stepherson, Ginger M.	400, 403	1994
Sterling, Joseph	284	1999
Sterling, Mary K.	159, 160	1989
Sterling, Roman	281, 285	1995
Stern, Lydia J.	168, 169	1991
Stern, Raymond L.	366	1996

Name	Page	Year
Stevens, David	86	1988
Stevens, Ethel May (Molly)	26	1989
Stevens, J. E. (Short)	329, 238	1993
Stevens, Jean	219	2000
Stevens, Jewel	33	1996
Stevens, John William	123	1987
Stevens, Juanita	449, 453	2000
Stevens, Juanita L.	367, 372	1998
Stevens, Katherine H.	62	1997
Stevens, Lester Dudley	97	2000
Stevens, Loleen E.	46	2000
Stevens, Margueriet Wendel	366	1996
Stevens, Mary S.	233	1988
Stevens, Mattie J.	113, 115	1988
Stevens, Pauline Reagan	98	1997
Stevens, Roy Tyson	16, 17, 19	1997
Stevens, Thelma M.	72, 73	1992
Stevens, Vane W.	202	1986
Stevens, Verginia Henniger	330	2000
Stevens, Vic Denton	246, 247	1986
Stevens, Vic N.	176, 177	1986
Stevens, Vida M.	6, 10	1987
Stevens, Virginia	326, 330	1993
Stevens, William D.	55	1997
Stevenson, Iola	225	1990
Stevenson, Joseph B.	274, 275	1989
Stevenson, Myrtle	209	1992
Steves, Tillie H.	75, 76	1994
Stewart, Alice G.	134, 139	1988
Stewart, Alma	209	1992
Stewart, Anabel	356	1994
Stewart, Buell H.	66	1993
Stewart, Carrie W.	183, 185	2000
Stewart, E. R.	217, 218	1990
Stewart, Mrs. E. R (Cubie A.)	274, 276	1994
Stewart, Emma Mae	282, 284	1992

Name	Page	Year
Stewart, Frances	264, 265	1990
Stewart, Harold Dean	2, 7	1986
Stewart, Helen B.	47, 49	1990
Stewart, Henry	158	1991
Stewart, James	123	1986
Stewart, Monica E.	196	1990
Stewart, Nanard B.	134, 139	1988
Stewart, Nancy Rosita	227	1991
Stewart, Ollie L.	314	1997
Stewart, Ross M.	43, 44	1991
Stewart, Roy (Dean)	89, 92	1993
Stewart, Sam M.	156	1993
Stewts, Ralph W.	301	1997
Stice, Clifford Merrill	21	2000
Stieber, Emma C.	327	1992
Stieber, Wanda	8, 12	1997
Stiefel, C. B. (Sr.)	175, 178	1987
Stiefel, Ruth	211, 212	1988
Stieler, Arthur	146	1991
Stieler, Elmer	335, 336	2000
Still, Leonard (Gene)	116, 120	1998
Stillwell, Maxine	90, 91	1991
Stimson, Ann Morrell	73, 76	1996
Stinson, Kenneth	112	1988
Stobbe, Grace	284	1998
Stobbe, Martha H.	84, 89	1986
Stockman, Ruby O.	113, 116	1994
Stockton, Lewis Austin	252	1999
Stoddard, Dwaine R.	253, 255	1990
Stodder, George	224, 225	1990
Stodghill, Margaret	214	1986
Stokes, Isabell A.	161, 162	1991
Stokes, Ora Maude	133	1987
Stolp, Robert M.	155, 164, 259	1990
Stolte, Opal R.	48, 49, 51	1993
Stoltz, Eugene W.	393, 398, 401	1999

Name	Page	Year
Stoltz, Lilly A.	221, 223	1987
Stolz, Simone	24	1995
Stone, Austin B.	65, 70	1994
Stone, Bernice Bumpus	262	1997
Stone, Charles A. (Sr.)	290	1995
Stone, Daniel W.	204	1994
Stone, Dolores F.	310, 311	1993
Stone, Elmer Rae	56	1999
Stone, Floyd L. (Stoney)	1, 8	2000
Stone, Frank E.	26, 29	1998
Stone, Frank H.	70	1986
Stone, Frederick J.	234, 235	1986
Stone, Gyda Madeline	379	1997
Stone, Harvey	30, 34	1990
Stone, Jimmy	284, 285	2000
Stone, Lillis Mae	199	1998
Stone, Pat	198	1988
Stone, Ralph C.	299, 301	1997
Stone, Roger	55	1987
Stone, Roy A.	180	1988
Stone, Ruth Danley	18	1989
Stone, Zelma L.	241, 242	1993
Stopke, Ed	364, 366	1997
Store, Elmer	53	1999
Storey, Mary	247	1999
Storey, Vivian W.	74, 75	1989
Story, Henry G.	276, 278, 282	1994
Storm, Wash (Jr.)	384	1997
Storms, Charles V.	299, 301	1997
Storms, Julia E.	8, 9	1993
Storms, Letha A.	49, 50	1993
Storms, Sylvan	53	1992
Storms, Velma E.	138, 139	1989
Storto, Nicholas J.	111, 112	1993
Story, Myra Deal	148, 150	2000
Stott, Earle	258, 260	1993

Name	Page	Year
Stoughton, Marilyn	443, 444	2000
Stoughton, Mary A.	207, 208	1990
Stout, Earl E.	66	1999
Stout, Maurie Evelyn	163, 164	1988
Stout, Robert J.	213	1993
Stovall, Claude	271, 274	1998
Stovall, Neta Phillips	272	1997
Stovall, Robert C.	161, 162	1998
Stovall, Robert C. (Jr.)	46	1990
Stover, Esther	76, 77	1999
Stover, Lewis E.	68	1993
Stowe, Alice B.	48	1991
Strachbein, Amanda	64	2000
Strand, Robert	309	2000
Stratton, Harvey Ray	139	1998
Straub, Edward	103	1988
Straube, Alma	311	1993
Straube, Olen Ray	29	1999
Strauss, Lawrence	93	1997
Strawn, Arthur J.	59, 60	1998
Strawn, Ken	76	1994
Street, James Wayne	18	1994
Streeter, Kenneth C.	46	1998
Streetman, Mozell Sparks	114	1997
Streibeck, Bessie E.	30, 31	1989
Strentz, Billie J.	204	1996
Strentz, Ed	90, 92	1988
Strickland, Arnold R.	266, 267	1987
Strickland, Burl	36	1999
Strickland, Ellis	61, 62	1991
Strickland, Harold G.	411, 414	1999
Strickland, John	285	1998
Strickland, Lillian	59	1988
Strickland, Trudy	149	1999
Strickland, Viola	13, 25, 84	1994
Stringer, Cathie	171	1987

Name	Page	Year
Stroeher, Annabel D.	311	1993
Strohacker, Louis G.	354, 356	1995
Strong, Jennings B.	146, 148	1990
Strong, Stella W.	61	1988
Stroud, Lucile R.	168	1997
Stroup, Alta J.	157	1988
Strum, Emma M.	231, 235	1987
Strunk, Madison E.	110, 111	1998
Struve, Edgar (Ed)	20	1991
Struve, Lottie Lorena	19	1999
Stuart, Colvin W.	389	1996
Stuart, Dave	388	1999
Stubbins, Mildred M.	236	1990
Stubblefield, David	394	1995
Stubblefield, Herman	392	1995
Stubblefield, Louvena	244, 245	1993
Stubblefield, Patricia	317, 321	1992
Stuckey, Tempie Taylor	257, 258	1992
Studer, Bertram J.	2	1999
Studstill, Bill	26	1996
Stufflebean, Glenn L.	166, 167	1989
Stulting, John	318	1991
Sturges, Claude	92, 94	1993
Sublett, Aileen M.	368, 373, 376	1997
Sublett, Birkett J.	172	1986
Sublett, Burkett J.	173	1986
Sublett, Gladys Leacock	258	1996
Sublett, Herman L.	285	1989
Sublett, Jesse J.	140	1986
Sudberry, Leta	80, 81	1989
Sudbury, John W.	149	1995
Sudbury, Martha Harville	270, 272	1993
Sudduth, Joyce Hollmig	234	1992
Sueltenfuss, Alvin	102	1995
Sugarek, Eddie	41, 42	1987
Sulik, Susie	263	1987

Name	Page	Year
Sullivan, Beatrice	309, 312	1997
Sullivan, Charles H.	18, 19	1993
Sullivan, Elvin D.	240, 242, 247	1991
Sullivan, Michael	159	2000
Sullivan, Pauline	323, 325	1999
Sultenfuss, Henry	97	1996
Summerford, Lola	34, 36	1990
Summers, Benjamin F.	49, 53	1992
Summers, Jean A.	98, 99	1998
Summers, Lucille M.	25	1986
Summers, Norman Lee	133	2000
Summers, William Z.	153	1990
Sumner, B. F.	344, 345	1997
Sumner, Jimmie M.	235, 236	1987
Sumner, Peggy Jean	112, 113	1987
Sumner, Robert P.	199, 200	1995
Sumner, Ruth	8, 9	1998
Sundstrom, Elsie C.	204	2000
Sundstrom, Milton A.	416, 417	1994
Surman, Marjorie Ruth	103	1999
Surprenant, L. R. (Red)	5, 9	1994
Surles, Edgar W.	261, 263	1987
Surles, Lois	4, 5, 6, 21	1989
Sussky, Ira M.	369, 374	1998
Sussky, Katherine T.	121	1997
Sutherland, James M.	116	1997
Sutherland, Jo	92	1997
Sutherland, Marguerite P.	12	1986
Sutherland, Mildred	244	1996
Sutherland, Paula J.	22, 23	1986
Sutorius, Richard	52	1998
Sutton, Dorothy Ellen Chance	319, 327	1993
Sutton, Dortha	217, 219	1996
Sutton, James P.	148, 150	1987
Sutton, James W.	238, 239	1995
Sutton, Jessie B.	179, 180	1993

Name	Page	Year
Sutton, Johnnie R.	104	1988
Sutton, Lewis W.	110	1991
Sutton, Lillian	20	1993
Sutton, Lonnie Leonard	111	2000
Sutton, Louis P.	120, 121	1993
Sutton, Lucille J.	45, 47	1995
Sutton, Ollie M.	159, 162	1994
Sutton, Willis E. (Sr.)	80	1986
Sutton, Willis E. (Jr.)	316	1998
Svatek, Louis A.	377	1994
Swafford, Lamdine E. (Lamoine)	325, 326	2000
Swager, Robert F.	244, 245	1991
Swain, Howard E.	352	1995
Swan, Herman A.	55, 56	1991
Swan, Inez	5	1994
Swan, Leila M.	273	1992
Swanland, Melvin	166	1996
Swanson, Florence A.	38	1989
Swanson, Roger B.	271, 273, 275	1994
Swayze, Douglas A.	28	1991
Swayze, Elizabeth	22, 23	1987
Swayze, Elsie L.	253, 255	1988
Swearingen, Alice G.	71	1989
Swearingen, Samuel C.	30	1999
Sweatman, Alma Gertrude	53	1999
Sweat, Harold Ray	371	2000
Sweatman, Wert	235, 236	1998
Sweeney, Bill	36	1997
Sweeney, Eve Cummings	13, 15	1999
Sweeney, Joseph B.	245, 247	1988
Sweeney, Sally W.	146, 148, 149	1990
Sweeney, Sean Tatsch	54	2000
Sweeney, Thomas Anthony	13	1998
Sweet, Dorothy Grave	353, 355	1992
Sweeten, John Marbrooks	186	2000
Swiderski, Theodore J.	49, 52	1988

Name	Page	Year
Swiedler, Bernard	37, 38	1991
Swiger, Kenneth Carl	270	1990
Swilley, Leon	232, 233	1993
Swim, Herbert S.	293	1992
Swim, Mary E. Hall	122	1994
Swindell, James	14, 16	1988
Swindle, Ruby M.	250, 251	1989
Swindle, Shannon Wright	187, 190	2000
Swinford, Betty June	335	1997
Swinford, Keith	5	2000
Swing, Ann Colvin	27	1988
Swink, Arizona	287, 295	1991
Swint, Wyatt A.	26, 27	1987
Switzer, Alvin Loyd	218, 224	1995
Switzer, Elmer L. (Buddy)	75	1992
Switzer, Jean-Luke M.	164	1994
Swonke, Barbara A.	341, 342	1995
Sydow, C. E.	249, 251	1996
Syers, Ed	204	1987
Syfan, Frank Edwards	149	1998
Symm, Dorothy Stendebach	395	1999
Symm, Troy C.	184, 187	1992
Szal, Vienna K.	214, 219	1997
Szekely, Charles S.	222, 226	1999

T

Tabares, Raymond J.	52	1999
Tabor, Cheryle Warren Harper	52	1997
Tabor, Donald Eugene	319, 320	1997
Taccetta, Debra	167, 168	1989
Talbert, Anita	341, 342	1994
Talbert, Bob Ned	173, 175	1999
Talbert, Mary P.	42, 43	1988

Name	Page	Year
Talbert, W. C. (Bill)	181	1993
Talbott, Erma M.	50	1997
Talley, Charles M.	84, 86	1999
Talley, Mary C,	4	1990
Tallman, William Staples	198	1997
Talte, Johnnie P. (Jr.)	61	1989
Tamayo, Rufino	166	1991
Tampke, Jack	407	1997
Tamplin, Beulah M.	203	1992
Tankersley, Johnnie	338	2000
Tanner, Kyle L.	18, 20	1998
Tanner, Mary F.	165, 166	1990
Tanner, Melba	13	1986
Tarrant, Bennie Berry	242, 243	1998
Tarrant, Tom	216, 218	1992
Tarter, Chrystal	17	1996
Tarver, Ada Dean	62	1997
Tassone, Lettie	212	1991
Tasto, Minnie	108	1991
Tate, Dodie Porter	223	1998
Tate, Eva L.	168	1994
Tatom, (Tatum) Kenneth Guy	162, 163	1992
Tatsch, Anita Klein (Nitzie)	359	1999
Tatsch, Chester Edwin	134	1997
Tatsch, Eleonora	282	1993
Tatsch, Emil A.	82	1994
Tatsch, Richard	11	2000
Tatsch, Stacy L. Watts	135	1990
Tatum, Nannie G.	319, 324	1999
Tatum, Robert Putt	371	1995
Tayloe, Dorothy	253	2000
Taylor, Aileen T.	59, 60	1989
Taylor, Asael L.	192, 193, 196	1990
Taylor, Austin B.	56	1987
Taylor, Ava Tenny	129, 132	1988
Taylor, Camille C.	72, 73	1988

Name	Page	Year
Taylor, Carmen E.	57	1999
Taylor, Carrie Lee	26, 28	1989
Taylor, Carroll A.	158, 159	1986
Taylor, Charles W. (Jr.)	81	1993
Taylor, Cleo	105, 106	1999
Taylor, Earl J.	185	1990
Taylor, Eugene	67	1989
Taylor, Eugene T.	222	1993
Taylor, Harold O.	151	1997
Taylor, Haskell	369, 372	1995
Taylor, Irwin Donald	308	1997
Taylor, Isabell M.	240, 241	1991
Taylor, Jack G. (Dr.)	220, 223	1995
Taylor, Jack Lewis	206, 208	1999
Taylor, Jerral	225	1986
Taylor, John E.	240	1993
Taylor, Katherine M.	198	1988
Taylor, Laymon W.	233	1986
Taylor, Linda Ilene Light	305, 306, 308, 310	1992
Taylor, Marvin (Tobe)	141, 142	1989
Taylor, Mary	321, 323	1992
Taylor, Mary C.	111	1986
Taylor, Mary P.	334	1993
Taylor, Mathilda	318, 320	1991
Taylor, Oma Pember	250, 251	1990
Taylor, Oreva m.	332	1996
Taylor, Preston G.	49, 51	1994
Taylor, Raymond Samuel	343	1994
Taylor, Robert G. (Sr.)	16, 18	1987
Taylor, Rudolph H.	56, 57	1998
Taylor, Sam Houston	365, 374	2000
Taylor, Thelma L.	205	2000
Taylor, Vivian L.	29, 37	2000
Taylor, Wallace W. (Jr.)	368	1996
Taylor, William A.	1, 5	1988
Taylor, William A. (John) Sr.	325, 326	1999

Name	Page	Year
Taylor, Zachery Neil	276	1990
Teague, Doria Lee	149	1998
Teague, Erna	43	1992
Teague, Irby	344	1996
Teague, Octavia	191, 192	1989
Tedham, H. A.	18	1991
Tedwell, Ruby M.	248, 249	1988
Teele, Arthur (Jr.)	296, 297	1990
Teele, Myra	210, 211	1993
Tehas, Fritz H. (Sr.)	269	1997
Telles, Juanita C.	227	1995
Tellez, Frank	150, 151, 153	1988
Tellez, Richard	150, 151, 153	1988
Teltschik, Avie	220, 222, 224	1997
Templeton, Fred	175	1995
Templeton, George	95, 96	1986
Templeton, Mary E.	238, 239	1988
Ten Eyck, William E.	182, 184	1986
Tennison, Mellie M.	159, 160	1987
Tenny, Dorothy E.	11	1989
ter Fehn, Herman	67	1986
Terrell, Jerry W.	99, 100	1987
Terrell, Johnnie B. Burns	109	1995
Terry, Lynda Catherine	61, 62	2000
Terrell, Olga	71, 77	1994
Terrell, Thomas H.	7, 9	1999
Terrazas, Carmen J. D.	144	1988
Terry, Corbin	14, 15	1992
Terry, Howard	135, 136	1989
Terry, James C.	13, 15	1990
Terry, Jocille	255, 260	1995
Terry, Leslie (Sr.)	192	1994
Terry, Marion B.	184	1987
Terry, Marvin	17, 19	1988
Terry, Mary K. (Peggy)	240, 242	1997
Terry, Ralph E.	134, 135	1987

Name	Page	Year
Terry, Ray	183, 184	1997
Teschner, Charley	341	1992
Teten, Earl	260	1996
Teten, Naomi	105	1999
Tewksburg, Katherine E.	140, 141	1988
Tewksbury, Robert T.	356	1992
Thacker, Alex	70, 71	1986
Thacker, Arlen G. (Jr.)	205, 206	1987
Thackston, John A.	200	1994
Thaler, Alma M.	12	1987
Thallman, Geraldine C.	174, 175	1988
Thallman, Nora R.	106	1987
Thallman, Roland N.	242	1994
Thalman, Ernest H.	266, 267	1995
Thalman, Maggie	53, 56	1995
Thamm, Myra E.	227	1998
Tharp, James W.	101, 102	1989
Tharp, Robert C. (Sr.)	6	1986
Thedford, Frances Armand	74	2000
Thedford, Inice	82	2000
Theis, Lena C.	259, 260	1988
Theis, Melvin	240	1996
Theiss, Floyd H.	230, 231	1991
Thetford, Annie	30	1990
Thetford, Gerald Ray	324	1997
Theurer, Maurice E.	46, 47	2000
Thibault, Harvey H.	143, 145	1996
Thieff (Thiess) Major F.	173, 174	1990
Thiel, Darwin F.	326, 351	1993
Thielle, John A.	270, 271	1997
Thies, Raymond J.	137, 138	1995
Thigpen, George R.	290	1998
Thomas, Boyd	71	1992
Thomas, Cherry H.	41, 42	1999
Thomas, David M. (Red)	28, 30, 32	1991
Thomas, Freda Scoggins	412	1999

Name	Page	Year
Thomas, Garwood, Eugene	306	1991
Thomas, George E.	232	1993
Thomas, George E.	117, 122	1996
Thomas, Gerda	48, 51	1992
Thomas, Harold H.	204, 205	1990
Thomas, Jack	318	2000
Thomas, Janice C. Benson	287	2000
Thomas, Lena K.	298, 299	1990
Thomas, Lorean	235, 236	1997
Thomas, Marjorie Faltin	270	1991
Thomas, Mary B.	136	1996
Thomas, Mary Burnett	195, 196	1998
Thomas, Mary Galen	222, 223	1991
Thomas, Minnie	330, 331	1992
Thomas, Owen	262	1997
Thomas, William O.	365	1994
Thomason, Frank F.	319, 322	1999
Thompson, Asher	90	1991
Thompson, Carolyn	209, 212	1994
Thompson, Clement	31	1993
Thompson, Clyde P.	244	1999
Thompson, Edith M.	44, 48	1996
Thompson, Ethel B.	189	1991
Thompson, Garland	15, 16	1998
Thompson, George M.	36	1994
Thompson, Hal Keith	348	1996
Thompson, Hardy	171	1993
Thompson, Harlow	230, 235	1988
Thompson, Hazel Bracken	366	1997
Thompson, Henry G. (Jr.)	246	1988
Thompson, James E.	139, 140	1989
Thompson, Jim R.	143, 144	1986
Thompson, John	197	1989
Thompson, Johnny	226, 228	1987
Thompson, Joseph W.	175, 176	1996
Thompson, Josephine M.	135	1999

Name	Page	Year
Thompson, Juanita	308, 309	1994
Thompson, Lee E.	222, 224	1988
Thompson, Linda L.	61	1993
Thompson, Loraine	74	1986
Thompson, Louis L.	167, 178	1987
Thompson, Margaret	228	1987
Thompson, Mary J.	57, 58	1998
Thompson, Miriam M.	87	1993
Thompson, Newton L.	209, 210	1987
Thompson, Norman, Powell	327	1996
Thompson, Ola	181	1999
Thompson, Paris M.	249	1997
Thompson, Mrs. R. L. (Lois)	417, 418	1995
Thompson, Rosemary L.	207, 208	1987
Thompson, Talmadge (Doc)	318, 322	1994
Thompson, Viola	238, 240	1992
Thompson, William B.	126	1994
Thompson, William N.	189	1990
Thompson, Willie L.	270, 271	1995
Thomson, Panchita G.	321	1996
Thormalen, Barbara	128	2000
Thormalean (Thormalen), Caesar A.	391, 393	1995
Thorn, Howard A.	181	1987
Thorn, Jack D. (Sr.)	183	1986
Thorn, Maggie	412, 419	2000
Thorn, Robert	191	1987
Thornberry, Inez F.	160, 161	1988
Thornberry, Mildred	141	1988
Thornbloom, Oscar W.	79, 80	1989
Thorne, Harry H.	17, 18	1993
Thornton, Mary I.	191	1986
Thorp, Chester	127	1991
Thorp, Melvin F.	168, 170	1999
Thrane, Emogene Mareau	171, 174	2000
Thrift, Tom	190	1990
Thurman, Chester	113, 114	1996

Name	Page	Year
Thurman, Etta	187, 190	1993
Thurman, Foster A.	143	1988
Thurman, John J. (Sr.)	138	1995
Thurman, Rose L.	348, 351	1993
Thurman, Vernon William (Jiggs)	337	1997
Thurmon, Emmett	162, 163	1988
Thurmond, Mary Louise	339	1993
Tibbs, Donna Velma	58	2000
Tidemann, Fred	224	1991
Tidmore, Bobby Jim	351, 353	1993
Tidwell, Ellen	122	1997
Tigert, Jimmie G.	270	2000
Till, Edmund J.	236, 240	1994
Till, Ily J.	249, 253	1996
Tillery, Manning E.	231	1988
Tilley, Arlyne Kern	394	2000
Tilley, Freddy Jay	281	2000
Timian, Joel H.	398	1998
Timm, Vesta W.	239, 241	1994
Timmons, Boston	220	1998
Tindall, Edward F.	332, 334	1998
Tindall, Gertrude	283, 286	1993
Tinley, Marain E.	287	2000
Tinley, Robert E. (Dr.)	168, 169	1989
Tinsley, Betty	191	1987
Tinsley, Charlyne	378, 381	1995
Tippett, Ergeal B.	149, 150	1986
Tipton. Tava L.	22, 25	1991
Tiritilli, Fred C.	94, 95	1991
Tittle, Loyd	140	1986
Toalson, Gladford F. (Jr.)	423, 424	1995
Tobar, Guadalupe	399, 406	1999
Tobey, John Harry	17, 19	1999
Todd, Lesley Fay	169	1996
Todd, Nettie Belle Mc Bryde	264	1996
Todd, Willi D.	122, 123	1996

Name	Page	Year
Tokaz, Albert J.	134, 135	1991
Toler, Emma L.	54	1988
Toler, Frederick C. (Pete)	62, 65	2000
Toler, Myrtle E.	111	1986
Toliver, Billy Joe	299, 303	2000
Tolle, Joanne	68	2000
Tolle, Marzee A.	23, 24	1993
Tolley, Robert D.	384	1995
Tom, John F.	48, 50	1992
Tomasello, Jesse	140, 141	1990
Tombs, Charles L.	270	1999
Tomek, Andrew E.	61	1996
Tomlin, Mae J.	242	1996
Tomlinson, Dorothy	176	1998
Tomlinson, Mary C.	33, 35	1988
Tomlinson, Mary E.	115	1986
Tooley, Laura A.	48, 49	1986
Tooley, Teddy R.	288	1987
Toops, Annie E.	19b, 20	1986
Tope, E. Marie	318, 319	1998
Tope, Howard O.	166, 167	2000
Torgerson, Jeralde L.	209, 210	1997
Torosian, Mrs.Gulizar	271, 276	1991
Torres, Gilbert	181, 182	1993
Torres, Guadalupe	273	1990
Torres, Jose	218, 220	1986
Torres, Juana	233	1990
Toscano, Florence	51	1998
Totty, Muriel Joy	158, 160	1988
Towell, H. Vernon (Dr.)	303, 306	1998
Townley, Herbert D. (Jr.)	254	1986
Towns, Eugenia	202, 204	2000
Townsend, Audrey	312	1994
Townsend, Claude	166, 168	1991
Townsend, Jack L.	262	1999
Townsend, Ray	241, 243	1996

Name	Page	Year
Trammell, Ionette B.	38	1990
Tranfaglia, Vincent J.	49	1990
Trapp, Howard C.	117	1996
Trapp, Lanara L.	27, 38	2000
Trautmann, Warren E.	194	1990
Traver, Jack O.	137	2000
Travinski, Henry	114	1999
Travis, Alice	118, 123, 124, 139, 149	1998
Travis, Dorothy L.	120, 121	1993
Travis, Ramon R.	211, 218	1991
Traweek, B. B.	146	1995
Traweek, Roy W.	26, 27	1993
Traweek, Sylvia B.	13	1997
Traylor, Bobbie J.	204	1993
Traylor, Robert A.	160, 161	1996
Treadwell, Erlyne B.	380	1997
Treadwell, Phoebe Ellen	169	1994
Treat, Lonnie T.	314	1992
Tredul, Betty	143	1995
Trejo, Albert	163	1990
Trejo, Maria Arrendondo	9, 13	1998
Treiber, Ada Mae	324, 325	1996
Treiber, Albert A.	67	1997
Treiber, Edith A.	157	1996
Treiber, Joseph F.	180, 183	1995
Treiber, Mrs. Herman	84	1987
Treiber, Richard P.	243	1991
Treiber, Selma	5, 6	1992
Treiber, Thelma	362	1994
Treibs, Leroy W.	6	1996
Tremper, Wallace	273, 275, 278	2000
Trenkelbach, Harry F.	214	1987
Treptow, Carl E.	279	1990
Trevino, Candelario E.	301, 302	1996

Name	Page	Year
Trevino, Georgia	104	1998
Trevino, Mary C.	143	1992
Triana, Diana Garces	245, 246	1998
Triemert, Collin	412, 413	1995
Trieu, Janet	191	1997
Trieu, Michael	191	1997
Trimble, Bernice	401	1999
Trimble, James Phillip	316, 317	1994
Trinkler, Frances	332	1998
Triplett, Courtney M.	375, 376	1995
Triplett, Oscar L.	248	1986
Tritschler, Helen W.	136	1990
Troegel, Edna E.	232, 233	1996
Trolinger, Bill	110, 111	1986
Trosclair, Calvin James	255	1997
Trosclair, Miriam E.	225	1996
Trosper, C. E.	42, 44	1996
Trott, Stephen E.	252, 255	2000
Trotter, Dorothy	27	1986
Trueblood, Betty J.	131, 132	1995
Truesdale, Paul	209	1999
Truitt, Lola	379	1996
Trullender, Robert E.	253	1987
Truly, Clyde Lanham	364	2000
Trussell, Ruth	273, 278	1994
Truxal, Robert E. (Jr.)	184	1997
Tryon, Bertha M.	92	1993
Tubb, Myrtle L.	358, 361	1992
Tuck, Grady	213	1994
Tuck, William Gene	206	1986
Tucker, Alice	317	1995
Tucker, Carolyn	85	2000
Tucker, Cullom Owen	153, 158	1999
Tucker, Elbridge A.	270	1991
Tucker, Elizabeth	140	2000
Tucker, Ivan	254	1988

Name	Page	Year
Tucker, M. T. (Jack)	328, 329	1995
Tucker, Maxine Ellison	127, 128	2000
Tucker, Tolby S. (Toby)	222, 231	1996
Tuckness, Calvin J.	330	1999
Tuckness, La Bonnie	276	1997
Tuengel, Martha	30	1989
Tulcus, Charles J.	303	1990
Tull, Delores	55, 56	1999
Tumlinson, Lonnie N.	4	1986
Tunstall, Nell B.	333	1992
Tupper, Stella M.	233, 234	1986
Turley, Opal	263, 264	1989
Turley, R. Don	190, 191	1997
Turner, Ada Fay	61	1994
Turner, Ben T.	17, 18a	1986
Turner, Blanche B.	199	1988
Turner, Carolyn	174, 176	1992
Turner, Charlie	106	1994
Turner, Edd R.	232, 235, 265	1995
Turner, Hazel S.	334	1997
Turner, Henry P.	245	1998
Turner, Iris	254, 255	1991
Turner, J. Halmon	49	1998
Turner, James R.	220	1998
Turner, John E.	139	1995
Turner, John J.	309, 318	2000
Turner, John W.	168, 169	1996
Turner, Josephine	105, 106	1989
Turner, Josephine L.	249	1988
Turner, Laura Fay	121, 123	1997
Turner, Leo D.	291	1995
Turner, Mae Burley	39, 41	1998
Turner, Mary	237	1998
Turner, Merrill E. (Sr.)	110	1987
Turner, Mildred B.	258, 259	1988
Turner, Leon R.	199, 201	1997

Name	Page	Year
Turner, Norman B.	94, 97, 98	1997
Turner, Richard Lee (Jr.)	285	1999
Turner, Ruby	96	2000
Turner, S. L.	43	1988
Turner, Stafford E.	313	1992
Turney, Vivian L.	418	1994
Turnipseed, Aubrey L.	152, 153	1986
Turrentine, Gordon H.	162, 163	1986
Turrentine, Margie	275, 277	1993
Tuttle, Mrs. F. H.	132	1986
Tuttle, J. I. (Jim)	95	1994
Tuttle, Locke P.	292, 294	2000
Tuttle, Pamela	238, 245	2000
Twilligear, Fern N.	105, 106	1994
Twilligear, Verno L.	69	1988
Tyler, Cecile	359	2000
Tyler, Mrs. Injun Austell	52, 53	1988
Tyler-Lich, James E.	168, 169	1996
Tyree, Barbara	68, 74	1994
Tyson, Floy M.	181, 182	1991
Tyson, Howard E.	100, 102	1988
Tyson, Maria Louise	393	1999

U

Ubbins, Miriam M.	403	1995
Uecker, John W.	235, 236	1998
Uglow, Mary Lee	265, 270	2000
Uli, Margaret L.	101	1991
Uli, Richard W.	97	1993
Ullrich, Marsha Jennings Ellis	163	2000
Umberfield, Alton	272	1990
Underwood, Irlene Elizabeth	51, 52	1987
Underwood, Johnnie F.	225	1992
Unknown Hispanic Male	127	1988

Name	Page	Year
Unnasch, Ella	281, 283	1991
Unnasch, Estella	40, 42	1997
Uppling, John G.	60, 63, 64	1997
Urban, Rhett D.	194, 195	1992
Useman, Ernest	308	1991
Usener, Albert (A. B.)	335	1996
Usener, Edgar L.	320	1994
Usener, Elizabeth Roeder	176	1999
Usener, Lillie	49	1992
Ussery, Franklin Wayne	285, 286, 290	1997

V

Name	Page	Year
Vacco, Louise I.	258, 258	1987
Valderaz III, Robert	113, 116	1993
Valdez, Andrew	7	1999
Valdes, Cipriano D.	27, 30, 33	2000
Valdez, Herlinda T.	238, 239	1999
Valdez, Isidora H.	234, 236	1993
Valdez, Maria R.	187	1988
Valdez, Ramona M.	77, 78	1989
Valdez, Roberto	333	2000
Vale, Charlotte Ray Schefer	395	1998
Valentine, Christina	4, 5	1989
Valentine, Mildred	374	1995
Valenzuela, Antonio	222	1999
Valero, Tony	80	1995
Vamvakias, Edith	115	1997
Van Aken, Gerald R.	356, 358	1998
Van Beysterveldt, Antony A.	29, 31	1993
Vance, Annie L.	234	1986
Vance, Edward S.	318	1992
Van Cleave, Joseph E.	128, 132	1988
Vandenakker, Nicholaas	135, 139	1997
Vanderford, David Wayne	249	1998

Name	Page	Year
Van Der Meer, Wybe J.	40	1995
Vanderpool, Henry N.	187	1997
Vanderveen, Dorothea P.	111, 113	1992
Vanderveer, Jack	350	1998
Vandervort, Harry A,	54, 56	1992
Vandervoort, Ann	185, 187	1995
Vandervoorst, C. R.	187, 198	1999
Vandervoort, Susannah R.	162	1994
Vander Zee Ruge, Alice	199	1986
Van Dewater, William J.	118	2000
Van Dyke, Louise E.	63, 65	1989
Van Dyke, Paul Shepard	105, 108	1998
Vanham, Joseph W.	254, 263	1992
Vanham, Ruth T.	70	1988
Van Hoozer, Dorothy M.	349, 350	1994
Vann, Elizabeth Marie	280	1999
Vann, Mary T.	188	1990
Van Ostrand, Betty	172	1999
Van Ostrand, Dorothy N.	52	1995
Van Ostrand, Ruth	260	1991
Van Pelt, Dan	200, 201	1986
Van Pelt, Virginia	345	1993
Vansant, Belle	126	1989
Van Winkle, Cheryl Sue	328, 330	1997
Van Winkle, Juanita C.	157, 159	1992
Van Zanten, Peter	43, 44	1987
Varela, Marjorie C.	206, 209	1994
Vargas, Edmundo H.	399, 402	1999
Vargas, Frank A.	46, 48	1986
Vargas, Henry L.	143, 144	1992
Vargas, Jesusa A.	80, 82	1992
Vargas, Marcelino (Chelo)	125, 126	1997
Vargas, Miles	89	1998
Vargas, Sotero Perez	144	1989
Varnarsdale, Fred	180, 181	1990
Varnell, John Penman	64, 66	1988

Name	Page	Year
Varner, Chester A.	246, 247	1986
Varner, G. N.	389, 393	1999
Varner, Lucile	296	1994
Varner, Pina Ann	84, 86	1989
Varner, Stephen	81, 83	1987
Vasek, Leon	23, 24	1987
Vassaur, Del Rumbler Moses	392, 394	1977
Vassur, Elmer L.	182, 184	1994
Vasquez, Manuel G.	169	2000
Vasquez, Mrs. Valentina Q.	68, 69	1989
Vaughan, Sue	86	1993
Vaughn, Anna L.	125, 126	1992
Vaughn, Connie R.	255	1992
Vaughn, Erich	267	1997
Vaughn, George F.	5	1993
Vaughn, Roswell F.	165	1998
Vaughn, Shirley	79	1995
Vaught, Clatie H.	95, 97	1993
Vavrik, Frank	42	2000
Vavrik, Marjorie Sharp	379	1997
Veatch, Eloise	66, 68	1999
Veatch, Russell	112	1994
Vega, Philipp	153	1995
Vehslage, Helen	357, 358	1995
Vela, Margareta	237, 239	1998
Velchoff, Steve	161	1987
Velvin, James C. (Jr.)	128	1989
Velvin, Ollie G.	281, 282	1992
Venegas, Benjamin	175	1989
Venegas, Evalidia	175	1989
Venus, B. Lewis	231	1995
Venzor, Joe	45, 46	1989
Venzor, John M.	394, 395	2000
Venzor, Yasmine Elana	358, 359	2000
Vernon, C. L.	51, 53	1987
Vestal, C. D. (Zeke)	325	1999

Name	Page	Year
Vetter, Elizabeth A.	344	1995
Vetter, Lawrence	63	1996
Via, Edward	56	1995
Vick, Clemmie A.	79, 80	1988
Vickrey, Anna Leigh	41	2000
Vickers, Olive R.	242	1987
Villanueva, Florencio A.	161	1986
Villanueva, Leandro	87, 89	1993
Villanueva, Paula	113, 116, 117	2000
Villarreal, Daniel	207, 208	1995
Villarreal, Dolores	59, 61	1997
Villarreal, Felis Vecca	313, 314	2000
Villarreal, Linda	291, 294	2000
Villarreal, Matias M.	54, 56	1992
Villemain, Constance	175	1998
Vincent, George A. (Jr.)	6, 10	1987
Vincett, Agnes W.	146	1992
Vinson, Arthur Hoyt	202	1994
Vinson, Beatrice C.	392, 395	1996
Vinson, John B.	327	1996
Vinson, Ruby D.	151	1992
Viola, Peter L.	110, 112	1986
Vinz, Margaret S.	234	1990
Virgen, Theodore	134, 135	1996
Vlasek, Adolph Lawrence	114	1999
Vlasek, Agnes H. M.	70, 71	1986
Vlasek, Christopher Joseph	195, 198, 202	1999
Vlasek, Edward James	350	1996
Vlasek, John Frank (Jr.)	236, 237	1999
Vlasek, Louise	37, 38	1986
Vogel, James J.	144, 145	1987
Voges, Marguerite A.	315, 319	2000
Voges, Roland P.	144	1992
Vohl, Clara (Tiny)	409, 411	2000
Vohl, William H.	288, 291	1995
Vohs, John (Jr.)	250, 251	1989

Name	Page	Year
Voight, Laura B.	230	1988
Volentine, Ruth L.	301, 302	1992
Vollmar, Krista Kae	150, 152	1991
Vollmar, Mary J.	180, 182	1990
Vollmar, Thelma Odiorne	23, 26	2000
Von Essen, Dorothy Oleta	115	1999
Von Hoffman, Karl	25, 26	1991
Voorhees, Flora E.	198	1990
Voss, Julia M.	121, 123	1997
Voss, Nina M.	108	1989
Vrooman, Winifred V.	164	1993

W

Name	Page	Year
Wachater, Clarence (Shorty)	371, 373	1994
Wachter, Lillie	15	1986
Wachter, Lucile Hyde	395	1996
Wachter, Sarah E.	246, 247	1989
Waddell, Minnie L.	203, 204	1991
Waddell, William	63	1997
Wade, Bruce E.	261	1988
Wade, Doris C.	58	1991
Wade, Maxine	183	1991
Wade, Meddie Mae	60	1989
Wade, William R.	121	1992
Wadlington, Paul	5, 8	1991
Wafer, Dorothy	199, 201	1992
Wagenfuhr, Emil	238	1991
Wagenfuhr, Grace L.	337	1997
Wagget, David A.	197	1995
Wagner, Alfred B. (Rev.)	144, 145	1991
Wagner, Dale A.	184	1991
Wagner, Esther	15	1994
Wagner, George E.	233, 234	1992
Wagner, Mary C.	367, 370	1995

Name	Page	Year
Wahl, Mada	120	1989
Wahlstrom, Carl F.	56	1997
Wahrmund, Emil T.	243	1998
Wahrmund, Gloria E.	270, 271	1990
Waibel, George	40, 42	1997
Waight, Kenneth D.	320	1991
Wait, Edith	393, 394	1994
Wait, Eugene	274	1987
Waite, Richard	265	1991
Waite, Sam	166	1999
Waite, Thelma E.	124	1989
Walch, Francis	224	1991
Walcott, Blance Rose	102	1992
Walcott, Ivor M. (Wally)	46	1991
Waldo, Louise	156, 163	1998
Waldow, Louis Andrew	143	1990
Waldrop, Curtis E.	241, 242	1991
Waliky, Helen Mae	261, 265	1996
Walker, Arlena L.	88, 89	1999
Walker, Avis	148, 149	1993
Walker, Berry D.	22, 24	1991
Walker, Carrie M.	57, 58	1999
Walker, Carl	31, 33	1988
Walker, Charley	182	1998
Walker, Donald G.	167	1997
Walker, Dorothy	105	1992
Walker, Douglas R.	320, 324	1994
Walker, Earl	86	2000
Walker, Edd W.	258	1986
Walker, Edwin A. (Maj. Gen.)	299, 300	1993
Walker, Ellet C.	269, 273	1987
Walker, Frieda	92, 93	1994
Walker, Gary Lee	331	2000
Walker, George P.	107	1988
Walker, George W.	361	1992
Walker, Harry M.	163	1995

Name	Page	Year
Walker, Helen G.	271, 272	1991
Walker, Hollan A.	109, 110	1986
Walker, Homer S.	171	1990
Walker, Jean	142	1994
Walker, Jessie	160	1995
Walker, John Martin	97, 97, 100	1993
Walker, Lucille S.	349	1996
Walker, Margie J.	64	1992
Walker, Mary K.	214	1986
Walker, Merle D.	62, 64	1996
Walker, Myrtle P.	255	1986
Walker, Norma L.	2	1996
Walker, Oscar	164, 165	1987
Walker, Patricia L.	89	1994
Walker, Robert J.	220	1995
Walker, Sarah	31	1986
Walker, Simon	113	1986
Walker, Thelma	167	1993
Walker, U. D.	381, 382, 383	1999
Walker, Weldon C.	401	1994
Walker, William A.	234, 235	1996
Wall, Aaron Edward	7, 9	1989
Wall, Caroline Morris	98	2000
Wall, Edward	191	1998
Wall, Florence E.	147	1995
Wall, Robert F.	271, 272	1995
Wall, R. O. (Rudy)	188, 189	1990
Wallace, Beulah	20	1991
Wallace, Clarence W.	248, 253	1997
Wallace, Emmalene A.	167, 169	1993
Wallace, James Lee	111, 417, 419	1999
Wallace, Josephine E.	271, 272	1995
Wallace, Joyce Ann	59	1994
Wallace, Mona E. Duke	391	2000
Wallace, Nola	284, 286, 288	1993
Wallace, Robert N.	88	1994

Name	Page	Year
Wallace, Wilford W.	174, 175	1989
Wallendorf, Alvin	176	1990
Waller, Jennie M.	314, 315	1999
Waller, Tessie E.	326, 330	1994
Walls, David	217	1993
Walsh, David C. (Jr.)	12, 13	1992
Walsh, Justa Z.	56	1988
Walter, Jim	301	2000
Walters, Bette C.	116, 137	1991
Walters, Dorothy E. Schraer	41, 43	1999
Walters, Fred W.	245	1987
Walters, Joyce L.	173	1987
Walters, Lura M.	223, 224	1987
Walters, Olive L.	255	1991
Walters, Roland	264, 266	1994
Walters, Thomas J. (Jr.)	181, 183	1991
Walthall, Carl M.	284	1990
Walton, Duna	264, 266	1990
Walton, Emma B.	135, 138	1993
Walton, Frances Amanda	35	1989
Walton, Marris M.	376	1997
Walton, Ruth	127	1987
Walton, William D.	108, 110	1987
Walzer, Francis (Frank)	173	1993
Wampler, Cecil	293	1995
Wappler, Frieda A.	334, 335	1992
Wappler, Willey R.	56	1986
Waraksa, Stella	17, 19	1993
Ward, Charles V.	107, 108	1996
Ward, Doris A.	199	1988
Ward, Everett B.	72	1995
Ward, George H.	239, 240	1993
Ward, Hollis	122	1991
Ward, Ida M.	42, 44	1996
Ward, J. B.	211	1986
Ward, Marcus L.	162, 163	1992

Name	Page	Year
Ward, Mattie W.	57, 58	1999
Ward, N. S. (Sr.)	267	1990
Ward, Neva Elizabeth	15	1998
Ward, Redford M.	61, 62	1989
Ward, Rose Marie	367, 369, 387	1998
Ward, Roy O.	39, 40	1989
Ward, Tommy K.	71, 72	1987
Warden, Joe	407	2000
Ware, Anita	4, 7	1994
Ware, Billy R.	141, 142	1990
Ware, Brooks B.	178, 179	1987
Ware, Lillie Pearl	103	1987
Ware, Nettie	157, 158	1993
Ware, Nettie B.	200	1995
Warf, Marvin Hensley	290	1996
Warlich, Ellen L.	381	1996
Warmbier, Ed	154, 157	1988
Warner, James D.	174, 175	1993
Warner, Alma M.	163, 165	1992
Warner, Earnest Clyde	214, 219	1997
Warner, Lorrien Zamora	2	1997
Warner, Marjorie H.	198, 200	1998
Warner, Wilmot F.	14, 15	1986
Warren, Fredeerick (Bud)	442, 447	2000
Warren, John Russell	152	1997
Warren, Melvin C.	260	1995
Warren, Mildred M.	169	1992
Warren, Raymond L.	186, 188	1992
Warren, Stanford Robert	124, 128	1999
Warrick, James L.	51, 52	1989
Warwick, George C.	117	1987
Washburn, Charles V.	355	1996
Washburn, Mack	352, 354	1999
Washburn, Terry Lee	49	1998
Washburn, Tony Lee	368	1996
Washington, Bernice (Mrs. Charlie)	49, 51	1988

Name	Page	Year
Washington, Helen	131, 133	1986
Washington, Lucilla	201, 205	1992
Washington, Sandy (Jr.)	197, 198	1987
Wasserman, Mark A.	254	1987
Water, Charley L.	249, 251	1992
Waterman, Jeffie Day	22	1987
Waters, David E.	29	1990
Waters, Judy	340, 343	2000
Waters, William B.	54, 56	1994
Watkins, Frank R.	298	1991
Watkins, Lorraine C.	207	1990
Watkins, Louie A.	249, 252	1986
Watkins, Mildred A.	78	1995
Watkins, Una	164	1995
Watkins, Vera	255, 257	1988
Watkins, William C.	312	1995
Watrous, Frederick (Jr.)	299	1992
Watson, Alleene L.	197, 199	1990
Watson, Arla Campbell	256, 258	1996
Watson, Bertie	150	1999
Watson, Deborah S.	138, 141	1990
Watson, Floyd A.	324	1991
Watson, Iola Mae Ward	370	1996
Watson, James B.	104	1993
Watson, James L.	99	1991
Watson, John A.	324	1998
Watson, Nannie B.	254, 255	1992
Watson, Virgil	175	1995
Watts, Dorothy M.	188	1988
Watts, Marjorie F.	171, 172	1988
Watts, Thomas C.	355	1995
Waxcler, Lena E.	113	1996
Way, Dianna G.	210, 211	1988
Way, Kenneth R.	345, 347	1999
Way, Timothy James (Rev.)	137, 139, 141	1987
Weatherby, James A.	39	1986

Name	Page	Year
Weatherford, Floyd	187, 188	1989
Weaver, Clyde W.	28, 29, 30	1995
Weaver, Edna E.	328	1995
Weaver, Esther M.	317, 321	1992
Weaver, Frederick (Col.)	155	1993
Weaver, Gregory	140	2000
Weaver, Hershel	276	1993
Weaver, James D.	123, 124	1992
Weaver, Marion (Jr.)	332	1999
Weaver, Sidney E.	204, 206	2000
Webb, Alfred	14	1986
Webb, Cloumn Gooden Cole	357	1994
Webb, Dorothea B. Oehler	116	1998
Webb, Frank	76, 78	1995
Webb, Joe W.	311	1990
Webb, Kay	70	2000
Webb, Olive B.	152	1990
Webb, Mrs. Pat	206	1987
Webb, Philip Andrew	80	1997
Webb, Rachel	194, 195	1992
Webb, Richard	190	1992
Webb, Thomas D.	239, 240	1991
Webb, William R.	94, 97	1986
Webber, Charles J.	161, 167	1993
Webber, Charles T.	145, 147	1988
Webber, Floyd Nelson	223	2000
Webber, Marion Ruth	209, 210	1988
Webeler, Lois C.	171, 172	1993
Weber, Daisy B.	241, 242	1990
Weber, David	152	1998
Weber, Dayton L.	308, 310	1997
Weber, Erna M.	248	1989
Weber, Fritz	225, 226	1992
Weber, James W.	328, 329	1992
Weber, Mrs. Marcus (Julie Davis)	75, 77	1991
Weber, Martha M.	91, 93	1998

Name	Page	Year
Weber, Melvin G.	101	1994
Weber, Peter G.	239, 240	1996
Wedgeworth, Calvin	150, 151, 154	1999
Wedgeworth, Lisa Kay	386	1996
Weed, Earl J. (Tex)	249	1992
Weed, Ella	338, 339	1992
Weed, Joe R.	124, 125	1987
Weed, Mellie	237	1997
Weed, Patricia L.	163, 164	1990
Weeks, Elbert M. (Jr.)	247	1994
Weeks, Ernest	117	1989
Weeks, Jewell	36	1997
Weeks, Lea Belle	204, 205	1999
Wegner, Alvin E. (Jr.)	127, 129	1986
Wehmeyer, Carl	202, 207	1995
Wehmeyer, Frances Leinweber	281	1999
Wehmeyer, Marcus	2	1996
Wehmeyer, Ruby Young	121, 122	2000
Wehmeyer, Theodore A.	106	1986
Wehmeyer, Werner F.	210	2000
Weichert, Raymond M.	276, 277	1989
Weichlein, George V.	190	1993
Weidenfeller, Lester	371	1993
Weigand, Mary	84	1995
Weimer, Edwin A.	29	1988
Weimer, Lucille	197, 199	1990
Weinert, Hazel Turner	180, 181	2000
Weingartner, Mary	101	1991
Weinheimer, Hilmer L. (Sr.)	215	1986
Weinheimer, Jacob. (Lt. Col)	241	1992
Weinheimer, Lawrence	77, 79	1986
Weinheimer, Mary M.	17, 18, 19	1992
Weinheimer, Reuben	265	1991
Weinheimer, Ruby	186	1992
Weinheimer, Scott	7	1992
Weinheimer, Selma K.	282	1990

Name	Page	Year
Weir, Agnes M.	285	1990
Weir, Arthur R.	1	1988
Weise, Clarence A.	275	1999
Weise, James Neal	173	1992
Weiss, Alma	13	1996
Weiss, Ralph L.	40	1994
Weiss, Rudy	232	1987
Weissman, Ruth	182	2000
Welch, Bobby C.	266	1990
Welch, Carlisle E.	64	1987
Welch, Erwin L.	233	1991
Welch, Helen F.	233, 236	1993
Welch, John A.	250, 252	1987
Welch, Larrie Latton	162, 166	1992
Welch, Lorena Afton	228	1999
Welch, Lottie H.	16, 18	1991
Welch, Norman	103	1991
Welch, Walter W.	388, 389	1997
Welch, Wesley E/	433	2000
Welch, William A.	153	1991
Wellborn, Ernest	51	1986
Wells, Christine L.	185, 186	2000
Wells, Daisy E.	220, 222	1988
Wells, Dorothy	124	1995
Wells, Dorothy M.	317, 319	1993
Wells, I. D.	141	1986
Wells, John A. (Sr.)	132	1998
Wells, John E.	14	1991
Wells, John P.	43	1992
Wells, Kenneth J.	257, 258, 259	1990
Wells, Lloyd K.	93, 96	1991
Wells, Lorene T.	252	1998
Wells, Lucille	248	1996
Wells, Pauline S.	354, 356	2000
Wells, R. A.	356, 359	1993
Welsh, Erik Michael	191	1995

Name	Page	Year
Welty, Inez	124, 125	1986
Welty, Pearl E.	131, 132	1989
Wendel, Damon A.	239	1998
Wendel, Else	18	1992
Wendel, James (Red)	159	1996
Wendel, Margaret Alice Guill	288	1999
Wendel, Mary Frances	312	2000
Wendel, Victor A.	185	1994
Wendel, William	65	1999
Wendele, Durwood R.	234	1988
Wendt, Lottie J.	276, 277	1987
Wentworth, Evelyn J.	344, 345	1999
Werner, Gertrude M.	115, 117	1987
Werner, Helen	82	1994
Werner, Irene De Masters	123, 126	2000
Werner, Valley L.	74	1993
Werthwine, Marie	35	2000
Wesby, Marie C.	24, 34	1999
West, Bonnie	257, 258	1993
West, Donna Eileen Boecker	38	1999
West, Elizabeth R.	285	1987
West, Emmitt	339, 344	1996
West, George	342, 343	1992
West, Gladys D.	204	1986
West, Horace Edwin	379, 383	1997
West, Jeremiah Scott	227	1996
West, John W.	23	1994
West, Marjorie	46, 48, 59	1998
West, Temple L.	179, 181	1986
West, William E.	135	2000
West, Wofford Randle	20, 24	1998
Westbrook, Daniel W.	185	1988
Westbrook, Louise M.	138	1992
Westbrook, Mary L.	154	1997
Westby, Ernest G.	55	1999
Westby, Lillian	102, 111, 112	1998

Name	Page	Year
Westcott, Viola Margaret	445	2000
Wester, Willis H.	178	1988
Westerman, Meta H.	164	1987
Westfall, James D.	19, 20	1996
Westfall, Shirley I.	249, 252	1998
Westmoreland, C. W.	159	1991
Westmoreland, Frances K.	189	1993
Weston, Bess	61	1988
Weston, Ellena	27, 31	1998
Weston, Teddy D.	339	1995
Wetzel, Joyzelle L.	132, 135	1996
Wever, Bernard M.	9, 13	1999
Weyand, Alex M.	30	1994
Weymouth, Jean C.	32	1999
Whaley, James R.	134, 135	1987
Wharton, Lloyd M.	155	1986
Wharton, Maxine	277	1998
Whatley, Jim Lee	224	1998
Whatley, Oscar Wayne	327, 328	1998
Whayne, Trevor	132, 138, 139	1999
Wheatley, Clifford E,	80, 82	1996
Wheatley, Jackie D.	327, 328	1992
Wheatley, Marie Heimann	263	1989
Wheatley, Vernon Allen	266	1988
Wheeler, Elmer L.	332	1995
Wheeler, Gary	26, 27	1998
Wheeler, Glen W. (Blackie)	208	2000
Wheeler, James G.	106, 110	1992
Wheeler, John Q.	251, 252	1990
Wheeler, John W. (Red)	43	1991
Wheeler, Linden E.	416, 420	2000
Wheeler, Marie	318	1996
Wheeler, Paul H.	325, 328	2000
Wheelock, Inez	152, 153	1988
Wheelock, William L.	231, 235	1992
Wheelus, Cleveland C.	183, 185	1999

Name	Page	Year
Wheelus, Myrtle A.	264	1994
Whelan, Bernard J.	241, 242, 245	1990
Whelan, Charles J.	198, 199	1991
Whelan, Elsie M.	17, 19	1996
Whelan, James	208, 209	2000
Wherry, Thomas C.	27	1986
Whetsotne, Timothy D.	219	1991
Whiddon, Laura	407	1997
Whigman, Charles B.	364, 367, 368	1998
Whipple, Robert A.	140, 141	1989
Whipple, Robert A. (Jr.)	195	1991
Whipple, Thelma	353, 354	1996
Whitacker, Olga	293, 294	1992
Whitacre, Mary M.	153	1999
White, Adele	55	1998
White, Adele	331, 332	1999
White, Alice C. Welch	161, 162	1996
White, Archie Louis	45, 47	1995
White, Bessie E. Hood	139, 143	1999
White, Billy J.	417	2000
White, Carlton S.	423, 424	1994
White, Christmas Ezell	60	1997
White, Clara H.	287, 288	1990
White, Constance	194, 196	1992
White, Del Bradford	31	1994
White, Don C.	377, 379, 387	1994
White, Edward B. (Jr.)	20, 22	1999
White, Edwin Hardy	106	1988
White, Ethel B.	49	1993
White, Eugene L.	331	2000
White, George H.	301, 303	1991
White, Gerald A.	15, 17	1991
White, Harper John	177	1997
White, Helen	187, 192	1992
White, Helen B.	377	1999
White, Horace Edward	298	1995

Name	Page	Year
White, Irene G.	171, 172	1988
White, J. W. (Billy)	384	2000
White, Jack R.	202	1995
White, Jeffrey M.	134	1987
White, Joseph D.	341, 342	1994
White, Juliet R.	125	1986
White, Kelly Albert	270	1993
White, Laverne	281, 284	1993
White, Lena V.	180	1991
White, Leo E.	256	1997
White, Lettie	140	1986
White, Lila Faye Webber Mahaffey	97, 104	2000
White, Loda G.	382, 385	1996
White, Mabel L.	91, 93	1989
White, Mae B.	82, 84	1995
White, Opal Lena	219	1999
White, Pearl Coker	33, 35	1987
White, Robert E.	173, 175	1996
White, Stanford	85, 87	1994
White, Stanley M. Sr.	224, 225	1988
White, Toxie Wiley	239	1995
White, Virginia	117	2000
White, Wilson	274	1995
Whited, Leslie E.	168	1994
Whitehead, George L.	126, 128	1998
Whitehead, Kirk	153	1995
Whitehead, Lovander M.	12, 13	1986
Whitehead, Robert	147, 149	1992
Whitehead, Robert Leonard	274, 275	1996
Whitehead, Ruth	245	2000
Whitehead, Sadie L.	241	1988
Whitehead, Rose	363	1999
Whitehouse, Mary L.	231	1990
Whitehurst, Elmore	33	1990
Whiteside, Lucile K.	59	1989
Whitewood, Edith B.	172	1991

Name	Page	Year
Whitewood, Fred J.	172	1986
Whitley, Helen L.	236, 237	1989
Whitely, Jeffery Joe	200	1997
Whitley, Malcolm A.	122	1986
Whitley, N. H.	230, 232	1993
Whitmire, Allyne F.	405	1999
Whitmire, John L.	343	1995
Whittaker, Robert	143	1992
Whittall, Betty J.	235	1989
Whittemore, Starling	72, 73	1986
Whittenberg, Douglas	285, 287	1998
Whittenberg, Douglas W.	239	1993
Whittleman, John	52	1986
Whitton, Jewel W.	63, 65	1992
Whitworth, Colon O.	163	1990
Whitworth, Estella M.	92	1993
Whitworth, Jack Nichols (Jr.)	411	1997
Whitworth, Lena G.	8, 9	1998
Whitworth, Margarine	143	1991
Whorton, Frank B.	118	1993
Wiard, Leon	103	1988
Wick, John Frank	228, 229	1994
Wickham, George Collins	88, 90	1999
Wickline, Cecelia A.	51	1995
Wicklund, Opal R.	103, 105	1986
Wicklund, Richard H.	275, 276	1989
Wickson, E. T (Hot Shot)	217	1990
Wickson, Prentice D.	127, 129	1986
Widelski, Karol Z.	108	1989
Wied, Henry Henke	166, 167	1991
Wiededhoft, Emily	343, 350	1992
Wiedenfeld, Dennis W.	68	1993
Wiemers, Pearl A.	245, 246	1988
Wienecke, Adolph	156	2000
Wiese, Hazel B.	380	2000
Wienecke, Henry	382	1996

Name	Page	Year
Wiggins, Bess Barabara	11, 14	1999
Wiggins, Frances T.	17, 20	1991
Wiggins, Lamar	66	1987
Wiggins, Platt K.	232, 233	1986
Wiggins, Valda Grace	410, 416	1994
Wight, Leonard L.	49, 50	1997
Wigington, John Paul	273, 274	1996
Wigley, Leora V.	68, 70	1993
Wikle, Lillian E.	22, 25	1988
Wilbar, Charles Russell	2, 4	1992
Wilbar, Helen	164, 165	1990
Wilcoxen, Gladys F.	107	1991
Wilcutt, Mae	81, 83	1987
Wilder, Madeline	189	1993
Wilder, William B.	423, 424	1995
Wilds, Sheffield P.	278	2000
Wilemon, Tirey C. (Jr.)	348	1996
Wiley, Gordon Y.	77, 80	1993
Wilhelm, Casper S.	301	1992
Wilhelm, Willetta M.	279, 280, 283	1991
Wilhoit, Marvin M.	236, 237	1996
Wilhoit, Sarah E.	262, 265	1991
Wilka, Glenn D.	78	1996
Wilka, Maude A.	319, 321	1993
Wilke, Alice	276	1994
Wilkens, Alpha L.	204, 207	1990
Wilkens, Christine	206, 208	1994
Wilkenson, Winona	117, 118	1999
Wilkerson, Artis W.	362	1992
Wilkerson, Jackson L.	196	1993
Wilkerson, Larry J.	264, 265	1995
Wilkerson, Margaret	205	1995
Wilkerson, Toni M.	24, 27	1997
Wilkes, Harvey Alonzo	46, 47	1987
Wilkins, Dorothy	177	1996
Wilkins, George L.	295, 296	1999

Name	Page	Year
Wilkins, Richard	160	1998
Wilkinson, Leona	241, 247	1999
Wilkinson, Luther W.	135, 137	1991
Wilkinson, Sara L. M.	238, 239	1988
Wilkinson, Willis K.	385	1996
Willard, Mildred W. (Cissie)	160, 163	1999
Willbern, Eva	14	1996
Wille, Berthold	107	1994
Willeford, Helen J.	48, 49	1991
Willeford, Lala C.	132, 134	1988
Willemsen, Bettye	299, 300	1990
Willemsen, Lebern V.	216, 217	1986
Williams, Amber Ashley Nichole	46	1987
Williams, Barney K. Jr. (Dr.)	446, 449	2000
Williams, Barney N. (Sr.)	192	1987
Williams, Betty L.	144, 145	1992
Williams, Bill	164, 165	1999
Williams, Bruce	38, 39	1993
Williams, Burton E.	289, 297	2000
Williams, Carl	399, 401, 403	1999
Williams, Carrol	413, 414	1995
Williams, Chester G.	186, 188	1998
Williams, Curtis J.	17	2000
Williams, David (Pete)	297, 298	1996
Williams, Dessie	235	1996
Williams, Donald T.	274	1987
Williams, Edna T.	257, 259	1986
Williams, Elah	15	1994
Williams, Elmer C.	120	1991
Williams, Ellarie Hurst	252	1999
Williams, Ernest W.	288, 289	1993
Williams, Gerald C./G.	12, 17	1992
Williams, Glen Thomas	156, 157	1991
Williams, Helen M.	12, 14	1999
Williams, Ira	403	1996
Willaims, James Theron	20, 21	1992

Name	Page	Year
Williams, Jim	139, 140	1986
Williams, Jim	169	2000
Williams, Joe T.	165,166,170, 173	1992
Williams, Joel C.	254	1993
Williams, John D.	135	1990
Williams, John R.	265, 267, 270	1998
Williams, Johnny M. (Sr.)	151	1987
Williams, Katherine	131, 133	1998
Williams, Laverne D.	53	1996
Williams, Lee E.	138	1986
Williams, Leo	252, 255	1988
Williams, Lewis F. (Sr.)	25, 27	1988
Williams, Linda	162	1992
Williams, Loretta	352	1994
Williams, Maggie	385, 388	1994
Williams, Marion N.	67, 70	1998
Williams, Mary Catherine	19, 21	1997
Williams, Maxine M.	425	1995
Williams, Michelle D.	48	1986
Williams, Nora A.	282	1993
Williams, Orillian G. Jr. (Willie)	207, 208	1991
Willaims, Orville L.	196	1996
Williams, R. L.	153	1987
Williams, Rita	306	1999
Williams, Robert H	142, 143	1994
Williams, Robert H. (Jr.)	21, 27	1993
Williams, Robert W.	153, 158	1997
Williams, Ruth	73	1999
Williams, Spurgeon	113	1996
Williams, Vada Marie	265, 267	2000
Williams, Vernon A.	267, 268	1987
Williams, Vesta	218	1992
Williams, Vivian L.	68, 70	2000
Williams, Vivian T.	332	1994
Williams, Walter Scott	281, 286	1996
Williams, Wilburn W.	360	1996

Name	Page	Year
Williams, William L.	322, 324	1995
Williams, Zada Isabelle	20	1997
Williamson, Barbara (June)	392, 394	2000
Williamson, Brett W.	214	1994
Williamson, Clarice	211	1993
Williamson, Dorothy H.	379, 381	1998
Williamson, Frances T.	303	1995
Williamson, H. Maxine	79	1995
Williamson, Robert L.	110	1993
Williford, Calvy E.	6	1997
Williford, Hazel	434	2000
Willingham, Raymond E.	129	1987
Willis, Alice M.	269	1996
Willis, Glen Joel	364, 369	2000
Willis, Robert Stanley	394	2000
Willis, Roberta	317, 318	1995
Willis, Roger	173	1988
Willman, Helen E.	103	1991
Willmann, Helen I.	42	1996
Willmann, Anton W.	219	1992
Willmann, Lee Roy	13	1992
Willoughby, Nadine	329, 330	1992
Willoughby, Pauline	139, 140	1993
Willoughby, Russell	67	1988
Willoughby, Shannon Diane	56	1986
Wilmer, Michelle D.	81	1993
Wilowski, Alfred J.	288	1996
Wilsford, Beverly Jane Raisin	103	1997
Wilsford, Claude M.	220, 222	1993
Wilson, Augustus (Jr.)	171	1997
Wilson, Addine W.	205	1995
Wilson, Berry	303	1998
Wilson, B. T. (Bertrust Tobias)	250, 252, 254	1998
Wilson, Billy Ray	407, 410	1999
Wilson, Carroll L.	122, 127	1991
Wilson, Chester L.	1, 2	1987

Name	Page	Year
Wilson, Dale (Jake)	288	1996
Wilson, Della E.	108, 109	1986
Wilson, Dorothy A.	185, 187	1991
Wilson, Dorris L.	4, 6	1990
Wilson, Earl C.	233	1990
Wilson, Earl L. (Jr.)	220, 221	1988
Wilson, Elizabeth L.	209	1991
Wilson, Ethel M.	40, 41	1990
Wilson, Eyvonne E.	392	1997
Wilson, Fama H.	363, 364	1995
Wilson, Forrest W.	174, 176	1998
Wilson, George	263	1987
Wilson, George T.	162, 163	1986
Wilson, Gracie A.	402	1997
Wilson, J. M. (Pete)	33	1993
Wilson, Jack A.	83, 84	1988
Wilson, James L.	264, 265	1992
Wilson, Jessie Mae	168, 172	1997
Wilson, John C.	110	1998
Wilson, Josephine W.	49, 50, 52	1997
Wilson, Juanita	96, 99	1996
Wilson, L. D.	41	1988
Wilson, L. O. (Shorty)	321	1996
Wilson, L. R.	165, 167	1988
Wilson, Lena M.	76, 78	1988
Wilson, Lila	156	1987
Wilson, Lloyd Harold	64	1988
Wilson, Lorene R.	242	2000
Wilson, Loyd Harold (Sr.)	235, 236	1994
Wilson, Mamie L.	352	1997
Wilson, Martha	365	1994
Wilson, Marvin	393	1994
Wilson, Mary Alice	388	1997
Wilson, Mary Johnie	55, 58	1997
Wilson, Maxine E.	34	1997
Wilson, Merriam Rose Horton	369	2000

Name	Page	Year
Wilson, Myrtle P.	112	1997
Wilson Pearl	211, 214	1996
Wilso, Raymond E. (Rev.)	68	2000
Wilson, Robert	241	1988
Wilson, Victor Anthony	45	1999
Wilson, Wesley H.	170, 172	1989
Wiltshire, Donald F.	228, 229	1992
Wimberly, Annie Mae	139	1990
Wimberly, Lawrence R.	221, 222	1988
Windham, Carlisle M. (Mike)	336	1998
Windom, Iva E.	14	1995
Winfield, Christopher	283, 285	1994
Winger, Robert Lawrence	84, 94	1999
Winger, Ruby S.	192	1990
Wingo, John W.	101	1987
Winkel, Ernest W.	279	1995
Winkfield, Otta Mae	308	1995
Winn, Elsie F.	240	2000
Winn, Mary E. T.	115	1986
Winsett, Vernon Lee	115	1999
Winter, Joe Dell	7, 12, 16	1999
Wise, Charles M.	126, 133	1994
Wise, Robert M.	231	1990
Wise, Winiford A.	176, 177	1988
Wise, Woodrow W.	203, 205	1987
Wiseman, Ed M.	73	1996
Wiseman, Nannie	132	1990
Wiseman, Walter L.	248, 249	1986
Wisnower, Camille B.	170	1992
Wita, Earl M.	203	1986
Witherel, Allen W.	87	1993
Witherel, Edna Earl	363, 365	2000
Withers, Kathleen C. (Bunky)	225, 228	1994
Withers, Zona May	355	1995
Witt, Billie	142	1989
Witt, Herbert L.	126	1989

Name	Page	Year
Witt, Lemmie J.	293	1995
Witt, Morris M.	30, 31	1991
Wittlinger, H. Virginia	251, 252	1991
Wittlinger, Robert (Sr.)	238	1992
Wittington, La Stell	216	1997
Wix, Barbara A.	41, 49, 50	1999
Wlos, Wanda J.	363	1994
Woerner, Alanzo	197	1991
Woerner, Bernice	39	1986
Woerner, Cecelia	291, 293	1994
Woerner, Charlie J.	84	1986
Woerner, Edna M.	104	1991
Woerner, Raymond E.	187	1995
Wofford, Mary Leona	335, 336	1996
Wolf, Pearl B.	189, 190	1988
Wolfmueller, Albert C.	5	1993
Wolfmueller, Jeffery C.	37, 38	1987
Wolfrum, Elva	180	1997
Wolpert, Vira G.	238, 240	1989
Wolters, Ethel Edna	376	2000
Woltersdorff, Mildred	259, 260	1989
Wolz, Anne M.	116	1989
Womack, Bertha L.	146, 147	1992
Womack, L. F.	111	1987
Womack, Lillie E.	168, 170	1990
Womack, Merreta N.	81	1988
Wondrashi, Maurice	218	1998
Wood, Alvise C.	288	1993
Wood, Ann	64, 70	1996
Wood, Bruce A.	148	1994
Wood, Clifford J. (T.)	144, 146	1988
Wood, Mrs. Harry	263	1986
Wood, Helen M.	149	1986
Wood, Horace E.	156, 157	1989
Wood, J. Gertrude	88, 90	1988
Wood, James Ralph	22, 24	1989

Name	Page	Year
Wood, Jeanne S.	133	1991
Wood, Joel	297	1996
Wood, Kenneth J, (Sr.)	48, 55	1999
Wood, Leola	44, 45	1997
Wood, Mertie A.	112	1987
Wood, Nettie	175	1993
Wood, O. J. (Rev.)	180	1998
Wood, Ruby A.	246	1989
Wood, Stepehn	17, 19	1990
Wood, Thomas L.	14	1986
Wood, Virginia M.	134, 136, 137	1988
Woodard, Erma Lawler	12	1989
Woodbury, Jovita C.	310, 312	1992
Woodfin, Robert L.	30, 31	1994
Woods, Charles Lewsi (Sr.)	214	1997
Woods, Clemmie E.	411	1997
Woods, Clemmie E.	4, 6	1998
Woods, Dwight H.	53, 55	1989
Woods, Elmer L.	171, 172	1993
Woods, Jennie	177, 179	1995
Woods, Jonathon D.	199	1989
Woods, Lula H.	244, 246	1992
Woodin, Lulu M.	52	1992
Woodward, Charles	320, 322	1994
Woodward, Charles Day	357, 359	1992
Woodward, Grace Logan	137	1997
Woodward, Herbert G.	310, 312	1992
Woodward, Herbert W.	441	2000
Woodward, John M.	366	1999
Woodward, Juanita	91	1994
Woodward, Katherine	262	1997
Woodward, Royce A.	99, 100	1992
Woody, Velma Fay	76	1999
Woolfley, Lenora (Pete)	330	1992
Woolls, Selby L.	227	1998
Woolnough, Harry B.	296, 297	1994

Name	Page	Year
Woolsey, Lillian	268, 269	1987
Wooster, David K.	53, 55	1989
Wootton, Archie L.	144, 146	1988
Wootton, Berney	359, 362	2000
Wootton, Grace	376	1997
Wootton, Marie	84	1997
Wootton, Taylor	324	1996
Wopat, Josephine L.	222, 225	1986
Word, Charles Freeman	213	1999
Word, Grace	40	1986
Worden, Clifford W.	138, 140, 159	1986
Worden, Darline	154	1998
Worden, John M.	245	1994
Worden, Katherine S.	122	1987
Workman, Dorothy	72	2000
Workman, Ursula Dita	98, 99	1998
Works, Jeannette	350, 351	1997
Works, Mildred (Pat)	164, 166	1989
Worley, Ronald	239, 240	1993
Wormily, Louis F.	53, 54, 55	1993
Worrell, Clarence	25, 26	1987
Worrell, Lottie M.	28, 30	1996
Worrells, Ronnie Louis	8	1997
Worsham, Sherri L.	33	1986
Worthington, G. T.	398	1998
Worthington, G. T. (Gus)	4	1999
Worthington, Joseph A.	76	1987
Wortman, Frank W. (Comdr.)	240	1992
Wortman, Rosa Lee	199, 201	1998
Woselowsky, Elvira M.	139	1991
Wothe, Phyllis M.	95	1988
Wray, Ora Mae	8, 15	1999
Wray, Richard	253, 262	2000
Wrede, Janeen	163	1999
Wren, Elmer Earl	249	1988
Wren, Lee	314, 322	1995

Name	Page	Year
Wright, Alfred Philip	66	1999
Wright, Alice A.	5	1986
Wright, Alma	186	1997
Wright, Alvin T.	19	1991
Wright, Bessie	232, 234	1993
Wright, Carrie K.	49, 50	1989
Wright, Chester	408	1999
Wright, Crettie	113, 115	1987
Wright, David N.	29	1992
Wright, E. W.	267, 268	1987
Wright, Edna S.	56	1999
Wright, Elsie	67, 69	1998
Wright, Frankie Mae	256, 257	1987
Wright, Gerald C.	179, 181	1988
Wright, Gladys P.	234, 236	2000
Wright, Grace Trubon	228, 229	1997
Wright, Harriet (Dockus)	384, 388	1997
Wright, James H.	220, 222	1993
Wright, Laura E.	10, 11	1993
Wright, Lillian Thelma Lachman	347	1999
Wright, Newton W.	389	1999
Wright, Pauline Burkholder	196, 197	1997
Wright, Raymond	352	1998
Wright, Roslyn L.	14	1997
Wright, Stanley G.	94, 96	1991
Wright, Stephen R.	39	1990
Wright, Thomas	349, 351	1992
Wright, Thorold W.	193	1996
Wright, Virgil J.	288, 295	1993
Wright, William J.	347, 351	1994
Wright, William V.	7, 9	1995
Wright, Willie	71	1997
Wright, Wilma La Verne	185	1997
Wuest, Nettie	296	1993
Wulf, Irving	385	1998
Wulfman, Gladys	1, 3	1989

Name	Page	Year
Wyatt, Charles W.	2, 4	1996
Wyatt, Cody Carter (Red)	237	1991
Wyatt, Donny Carole	307	1998
Wyatt, Mary Alice	59	1998
Wyatt, Ray F.	48	1990
Wyatt, Rose M.	298, 301	1990
Wyatt, Willie	191, 193	1988
Wyatt, Velma	377	1999
Wyle, Vernon C.	55, 56	1986
Wylie, Marjorie	254	1995
Wylie, Sherrell W.	65, 66	1989
Wylie, William P.	300	1994
Wylowski, Albert	64	1996
Wynn, Opal Marie	68	1999
Wynne, Charlotte V.	138	1991
Wynne, Cleveland	163, 164	1986
Wynne, La Vonne	271	1997
Wynne, Louise	265	1992
Wynne, W. E. (Will)	88, 91	1986

X

Xinos, Geraldine	224	1994

Y

Yago, Marvin H.	165, 170	1992
Yancy, R. A.	16	1996
Yant, Don Hemely	261	1991
Yant, Ruby O.	203	1988
Yarborugh, Alfred	348	1996
Yarborough, Ruby J.	59, 60	1998
Yarbrough, George D.	182	1987
Yarbrough, Ola M.	221, 224	1992

Name	Page	Year
Yaringer, Pauline M.	165, 166	1986
Yashanawong, Noi	164, 165	1989
Yates, Emily G.	65, 66	1993
Yates, Grace	143, 145	1990
Yates, N. Kenneth	139	1997
Yates, Richard O.	132	1993
Ybarra, Henrietta M.	264, 268	1993
Ybarra, Lorenzo L. (Sr.)	187	1991
Ybarra, Luciano F.	226, 228	1993
Ybarra, Olga G.	156	1994
Ybarra, Rogelio (Roy)	390	1998
Yeargan, Roy A.	22	1990
Yell, Olease	48, 50	1999
Yeoman, Ella Jean	321	1998
Yergan, Fay K.	127, 128	1989
Yocum, Janet	363	1992
York, Charles C.	147, 148	1988
York, Marjorie M.	295	1996
York, Richard (Ricky)	111	1994
Yose, Elwin E.	172, 176	1991
Yose, George L.	67, 68	1987
Yose, Linda Z.	330	1994
Yost, Elizabeth H.	103, 104	1986
Yost, George E.	100	1994
Young, Carmen Alice Hogsten	429, 432	2000
Young, Durbert B.	7, 9	1989
Young, Edwin H.	84	1996
Young, Ella	179	1989
Young, Ellen T.	336, 338	1995
Young, Francis T.	84, 85	1988
Young, Jr., James W. (Dr.)	72, 75	1996
Young, John	359, 366	2000
Young, John Edwin	28, 30	1997
Young, Juanita	123	1992
Young, Kenneth E.	186	1987
Young, Lola F.	376	1995

Name	Page	Year
Young, Mac	282	1993
Young, Mary A.	12, 16	1989
Young, Ronald, B.	402	1995
Young, Ruby Sutton	224, 225	1989
Young, Ruth M.	128, 129	1999
Young, Sarah Dyke	185, 186, 188	1992
Young, Thelma K.	271, 275	1994
Youngberg, Elsa Maria	21, 24	2000
Youngberg, Eric	368, 380	2000
Youngblood, Charles F.	135	1994
Youngblood, Jack A.	94	1987
Youngblood, Lillie M.	128	1987
Youngblood, Occo F.	242, 245	1995
Youngstedt, Etelka R.	134, 136	1998
Yount, C. L.	224	1993
Younts, Ethyl	206, 207	1992
Younts, Mildred C.	311	1991

Z

Zager, John	323, 325	2000
Zaharescu, Barbu	395	2000
Zaharescu, Betty Plich	356	1999
Zalusky, Ralph	60	1992
Zander, Vivian M.	95, 96	1987
Zanotti, Eileen	77, 81	1999
Zant, Sheila Maner	400	1994
Zapata, Infant	273, 275	1989
Zapata, Jose	391	1998
Zarker, Ralph	60	1992
Zarker, Ray H.	190, 192	1988
Zaustenshy, Mary D.	205	1990
Zbanek, Leo	55, 58	1993
Zboril, Willie	287	1989
Zehntner, Sylvia A.	376	1994

Name	Page	Year
Zeigler, Billy	234	1996
Zenner, Freddie	8	1993
Zenner, Thekla R.	303	1995
Zgourides, Tacia P.	352	1993
Zickler, Mary A.	376, 378	1994
Zickler, Russell L. (Rusty)	95, 98	1997
Zichuhe, Myrtle Minnie	24	2000
Zickuhr, W. W.	113, 115	1987
Ziegler, John R.	43	1988
Ziegler, Lela M.	140, 141	1991
Ziehr, Helen Linda	255	1998
Zier, Geraldean W.	208, 210	1990
Zier, James Robert (Dr.)	296	1995
Zilk, James T.	16, 19	1994
Zilk, John	181, 183	1997
Zimmerman, Donald D.	376, 378	1994
Zimmerman, Edward M.	209	1997
Zimmerman, Fred A,	135, 136	1990
Zipper, Julian	83	1994
Zirkel, Frances L.	186	1988
Zirkel, Harry R.	272, 273	1987
Zirkel, Jane E.	375	1997
Zirkel, Katherine	255, 256	1998
Zirkel, Milford R.	276, 279	1987
Zirkel, Raymond	123	1992
Zoch, Frank Peter	205	1998
Zolkoske, Leon	19, 20	1995
Zoll, Marjorie	33	1987
Zoller, Henry	38	1988
Zoller, Trudy	38	1993
Zorn, Bruce	263	1990
Zowarka, Vivian Young	260	1996
Zschiesche, Carrell	351, 353	1994
Zschiesche, Edna Ruth	33, 46	1992
Zuber, M. Marion	293	1996
Zuercher, Ella	130	1992

Name	Page	Year
Zugai, Doris	57, 58	1998
Zumsteg, Beverly	253, 256	1997
Zumwalt, John H.	206	1994
Zumwalt, Reuben I.	220, 224	1995
Zwernemann, Edwin R.	118	1993
Zwiener, Eva Herrera	200	1997

www.ingramcontent.com/pod-product-compliance
Lightning Source LLC
Chambersburg PA
CBHW071953220426
43662CB00009B/1106